1857

हमने सुनी कहानी थी

प्रवीण कुमार झा

Bonzuri Project

1857 हमने सुनी कहानी थी

© प्रवीण कुमार झा

Published by Bonzuri Project 2025

प्रकाशक

Bonzuri Project

Cover: Zwantum

1857 Humne Suni Kahani Thi

by Praveen Kumar Jha

अध्याय

● भूमिका — 5

1. ईस्ट इंडिया कंपनी के लुटेरे — 9

2. जब शुरू हुई हड़प नीति — 23

3. चिनगारी जो आग में बदलने लगी — 32

4. मंगल पांडे से मेरठ और दिल्ली तक — 50

5. कानपुर से अवध तक — 69

6. झाँसी से आरा तक — 99

7. आख़िरी लड़ाई — 148

8. सन सत्तावन का धुआँ — 199

● संदर्भ — 212

भूमिका

मुझे नहीं लगता कि 1857 पर कुछ नया लिखना सहज है। भारतीय इतिहास लेखन में इस एक वर्ष के घटनाक्रम पर सर्वाधिक लिखा गया। अलग-अलग कोणों से, अलग-अलग काल-खंडों में अलग-अलग शीर्षकों से लिखा गया। मैं जब इस पर लिखने की सोच रहा था, तो पुस्तकों और लेखों की सूची बनाने लगा। अंतत: लगा कि शायद मेरे आलमीरे में इतनी जगह न हो कि उन्हें रखा जा सके। अगर एक कमरा इन किताबों से भर भी दिया, तो उन्हें पढ़ जाने की मियाद कितनी रखूँ? जब एक दशक बाद उन्हें पढ़ कर कमरे से निकलूँ तो क्या मेरा दिमाग यह निर्णय कर पाएगा कि इसे कहना क्या चाहिए? सिपाही विद्रोह या स्वातंत्र्य संग्राम? क्या यह उत्तर मिल जाएगा कि इसका कारण धार्मिक था या राजनैतिक? इसे मुसलमानों का विद्रोह कहा जाए या हिंदुओं का? राजा-नवाबों की लड़ाई कही जाए या किसानों की? बंगाल से पेशावर तक बिखरी घटनाओं का चिट्ठा कहा जाए, या संपूर्ण भारत की क्रांति? इसे अंग्रेजों की निर्णायक जीत कहा जाए या भारतीय राष्ट्रवाद की चिनगारी? एक गुलाम देश की मामूली घटना कही जाए या एक वैश्विक घटना?

इतिहास विशेषज्ञ भी संभवत: इन प्रश्नों पर सहमति बनाने में सक्षम न हों। ये प्रश्न इतिहास के 'गोल्डबैक कंजेक्चर' की तरह हैं जिसे आज तक कोई सुलझा नहीं पाया। मैं अपनी सहूलियत या वैचारिक प्रतिबद्धता से सुलझाने वालों की बात नहीं कर रहा। न ही ब्रिटिश बनाम भारतीय कोण, हिंदू बनाम मुसलमान कोण, नव-मार्क्सवाद बनाम नव-दक्षिणपंथ कोण से देखने वालों की। यह प्रश्न तो विद्यालयों की वाद-विवाद बैठक में रखा जाना चाहिए, और विद्यार्थी में यह क्षमता विकसित करनी चाहिए कि वह हर बिंदु पर दोनों पक्ष रख सके। किसी अंतिम सत्य से बचना चाहिए। अगर कोई ताल ठोक कर कुछ कहे तो उसे प्रतिप्रश्न करिए। जब तक सभी सूक्ष्म-इतिहास, सभी उत्तर नहीं मिल जाते, तब तक कुछ यूँ गुनगुना कर

अपनी अपूर्णता जतायी जा सकती है-'सन सत्तावन को सन सत्तावन ही रहने दो, कोई नाम न दो'।

'बाइनरी युग' के पैरोकारों को पहला प्रश्न तो यही है कि किसने इसे सिपाही विद्रोह कहा, और किसने स्वतंत्रता संग्राम? अगर आप दुकानों में सिपाही विद्रोह नाम से किताबें ढूँढेंगे तो दर्जनों मिल जाएगी। अगर आप '1857 के स्वतंत्रता संग्राम' नाम से किताबें ढूँढेंगे, तो एक जैसी शीर्षक से दो किताबें मिलेगी। एक कार्ल मार्क्स की लिखी, और दूसरी विनायक दामोदर सावरकर की। आज दोनों के राजनैतिक अनुयायी भारत में दो खेमे बन चुके हैं, किंतु इतिहास को विद्यार्थी की तरह देखने के लिए किसी तीसरे बिंदु पर खड़े होना चाहिए।

कई बार भारतीय इतिहास का अर्थ हम भारत तक सीमित रखते हैं। हम सोचते हैं कि भला रोम, रूस या फ्रांस से हमें क्या लेना-देना? लेकिन, जिस तरह आज अमरीका चुनाव पर पूरी दुनिया की नज़र होती है, इतिहास में भी नेपोलियन की जीत या हार का असर भारत पर पड़ता था। सिराज-उद-दौला हों या टीपू सुल्तान, ये युद्ध कंपनी बनाम बंगाल या मैसूर तक सीमित नहीं, बल्कि इंग्लैंड बनाम फ्रांस युद्ध का भी विस्तार हो सकता था। 1857 को समझने के लिए हमें एक वैश्विक विहंगम-दृष्टि (Bird's eye view) रखनी होगी। जो रूसी साम्यवाद का इतिहास पढ़ चुके हैं, वह इस बात पर नहीं चौंकेंगे कि भला कार्ल मार्क्स को क्या पड़ी थी। जब उन्होंने कभी भारत नहीं देखा तो न्यूयार्क टाइम्ज़ में 1857 के संग्राम पर लगातार लेख क्यों लिख रहे थे?

ईस्ट इंडिया कंपनी एक पूँजीवादी व्यवसायिक कंपनी थी, जो नफ़ा-नुकसान से चलती थी। भले आज के अमेजन, वालमार्ट आदि से उसकी तुलना नहीं हो सकती, लेकिन सैद्धांतिक रूप से मॉडल मिलता-जुलता था। वह दो राजशाहियों के मध्य संबंधों, स्थानीय प्रशासन से साँठ-गाँठ, और सैन्य-सहयोग से अपनी पकड़ बना रही थी। आज वे सिद्धांत डिप्लोमैटिक रिलेशन, क्रोनी कैपिटलिज्म, या आर्म्स डील कहलाते हैं। फ़र्ज़ करें कि अमेजन या माइक्रोसॉफ़्ट भारत जैसे देशों से कमा कर अमरीकी राष्ट्र से भी ताकतवर हो जाएँ। अगर उनकी निजी सेना में इतने फौजी हों, जितने किसी देश में होते हों। अगर उनके शेयर का महत्व अमरीकी डॉलर से कहीं अधिक हो। अगर न्यूयॉर्क से लेकर भारत की सड़कें

ईस्ट इंडिया कंपनी के लुटेरे

"देवियों और सज्जनों! यह जाम हिंदुस्तान की लाश के नाम"

[Ladies and gentleman! I drink to the corpse of India.]

-लॉर्ड वेलेजली, गवर्नर जनरल, बंगाल प्रेसीडेंसी

(टीपू सुल्तान की मृत्यु की खबर सुन कर शराब का प्याला उठाते हुए)[1]

2007 में दिल्ली के आइटीओ चौराहे से चहलकदमी करते हुए इरविन अस्पताल की ओर रात की ड्यूटी करने जा रहा था। हालाँकि अस्पताल का नाम बदल कर लोकनायक जयप्रकाश अस्पताल हो चुका था, लेकिन यह इरविन नाम इस कदर चिपक चुका है कि जयप्रकाश अक्सर फिसल जाया करते हैं। उस सड़क का नाम मुग़ल शासक बहादुर शाह ज़फ़र के नाम पर था। सड़क के बीचों-बीच डिवाइडर पर ही पेड़ों के झुरमुटों के बीच एक जर्जर इमारत थी। वहाँ दो मेडिकल कॉलेज के लड़के सड़क पार करने खड़े थे, जिनसे मैं बतियाने लगा।

मैंने पूछा, "इसका इतिहास जानते हो?"

उन्होंने कहा, "इसका इतिहास तो पूरा कॉलेज जानता है। यहाँ कुछ साल पहले एक हादसा हुआ था।"

मैंने बात टाल कर दुबारा पूछा, "इतिहास में सौ-डेढ़ सौ साल पीछे जाकर बताओ।"

उन्होंने दरवाजे के बायीं तरफ़ लगी लाल तख़्ती पढ़ कर कहा, "यह ख़ूनी दरवाजा है जिसे शेरशाह सूरी ने बनवाया था"

---

1 सुभान, अब्दुस, टीपू सुल्तान-इंडियाज़ फ्रीडम फाइटर पार एक्सीलेंस, अनिरुद्ध रे (संपादित), टीपू सुल्तान एंड हिज एज: अ कलेक्शन ऑफ़ सेमिनार पेपर्स, कलकत्ता, 2002, पृष्ठ 39 (डेलरिम्पल, विलियम, द एनार्की, ब्लूम्सबरी पब्लिशिंग, लंदन, 2019 में उद्धृत)

मैंने ज्ञान बघारते हुए कहा, "जहाँगीर ने अब्दुर-रहीम-ख़ानख़ाना के बच्चों को, और औरंगज़ेब ने दारा शिकोह के कटे हुए सर को यहीं लटकाया था।"

एक ने दरवाजे के दायीं तरफ़ लगी सफ़ेद तख़्ती पढ़ कर मेरी बात काटी, "यहाँ ऐसी बात तो नहीं लिखी।"

जो बात लिखी थी, वह तो ख़ैर मालूम थी। उस पर लिखा था-

"कैप्टन हडसन ने मिर्ज़ा मुगल, खिज्र सुल्तान और मिर्ज़ा अबूबकर तीन राजकुमारों को हुमायूँ के मकबरे पर दिनांक 22 सितंबर 1857 को हिरासत में लिया और एक बैलगाड़ी में दिल्ली भेज दिया। कैप्टन हडसन उनके पीछे आए और इस स्थान पर उन्हें मिले। चारों ओर बहुत भीड़ थी। इस भय से कि भीड़ कहीं राजकुमारों को मुक्त न करवा ले, कैप्टन ने उनके ऊपरी वस्त्र उतरवा लिए और एक-एक कर तीनों को गोली मार दी।"

बहादुरशाह ज़फ़र मार्ग की छाती के बीचों-बीच शूल की तरह यह खूनी दरवाजा मौजूद है, जहाँ उनके शहज़ादों को मौत के घाट उतारा गया। भले अब वहाँ से गुजरते लोगों की निगाह भी नहीं जाती। इसकी पटकथा तो सदियों पहले लिखी जा चुकी थी।

❋ ❋ ❋

एक वाक्य में पूछा जाए कि 1857 से आखिर क्या हासिल हुआ, तो यह कहा जा सकता है कि ईस्ट इंडिया कंपनी का नाम-ओ-निशां हमेशा के लिए मिट गया।[1]

31 दिसंबर, 1600 ई. में महारानी एलिज़ाबेथ प्रथम ने ईस्ट इंडिया कंपनी के चार्टर पर हस्ताक्षर किए थे, जिसके अनुसार वह डच ईस्ट इंडिया कंपनी (VOC) की तरह ईस्ट इंडीज़ (इंडोनेशिया आदि) में अपनी दुकान बिठा सकती थी[2]। मगर

---

1   अब 'ईस्ट इंडिया कंपनी' नामक ब्रांड के मालिक संजीव मेहता नामक एक भारतीय व्यवसायी हैं, हालाँकि विलियम डैलरिम्पल ने अपनी पुस्तक 'अनार्की' में किसी केरल के व्यवसायी को इसका मालिक बताया है।

2   VOC-Vereenigde Oost Indische Compagnie

कंपनी की नज़र भारत पर थी। उन्होंने पैरवी लगवा कर शाही राजदूत थॉमस रो को शहंशाह जहाँगीर से मुलाक़ात करने का अनुरोध किया। स्वयं थॉमस रो के वर्णन के अनुसार जहाँगीर को चित्रकलाओं का शौक था। थॉमस ने अपनी एक प्रेमिका का चित्र उन्हें तोहफ़े में दिया[1]। उन्होंने लिखा है,

"(जहाँगीर) पूछते कि मैं कौन सी शराब पीता हूँ? कितनी पीता हूँ? बीयर (Beere) क्या होता है? क्या यहाँ बनाया जा सकता है?"

आगरा में हुई इस चकल्लस के कुछ ही दशकों के अंदर सूरत, मसुलीपट्टनम और पटना में ईस्ट इंडिया कंपनी के अड्डे खुल चुके थे। अगली दो सदियों में एक तरफ़ मुगलों का अवसान होता गया, दूसरी तरफ़ ईस्ट इंडिया कंपनी ने अपने प्रमुख पश्चिमी प्रतिद्वंद्वी फ्रांस को भारत से लगभग बेदख़ल कर दिया। दिल्ली की गद्दी पर बैठे दृष्टिहीन हो चुके शाह आलम के लिए तो चुटकुला था,

"सुल्तान-ए-शाह आलम
अज दिल्ली ता पालम"

[सुल्तान का राज दिल्ली से पालम तक]

कंपनी के वजूद को अगर कोई खतरा था, तो शायद वह भारत से नहीं, लंदन से था। ब्रिटिश संसद इस भ्रष्ट कंपनी से छुटकारा पाने (या इसे हथियाने) की ज़मीन तैयार कर रही थी। लेकिन वहाँ तक पहुँचने से पहले कंपनी के इतिहास में लौटते हैं। क्या ईस्ट इंडिया कंपनी वाक़ई इतनी भ्रष्ट थी कि लंदन के गले का फाँस बन गयी थी? या वह उस मुक़ाम पर पहुँच गयी थी कि बेहतर था महारानी ख़ुद उसका अधिकार ले ले? कंपनी पर अभियोगों की शुरुआत तो बंगाल के पहले गवर्नर जनरल से ही हो गयी।

एडमंड बर्क द्वारा वारेन हेस्टिंग्स पर लगाए अभियोग वक्तव्य (13 फरवरी, 1788) में कहा गया[2]-

"यह आदमी डाकू है, चोर है, हैवान है। अपराध में पारंगत यह व्यक्ति

---

1   रो, थॉमस और फ्रायर जॉन, ट्रैवल्स इन इंडिया इन द 17 थ सेंचुरी, लंदन, 1873, पृष्ठ 26-29 और 38-9

2   फ़ीलिंग, कीथ, वारेन हेस्टिंग्स, लंदन, 1954, पृष्ठ 355

भ्रष्टाचार की कीचड़ में डूबा हुआ सूअर है। जब गरीब और लाचार कराह रहे होते हैं, यह निर्दयी हुंकार भरता है। इस एक व्यक्ति के अंदर पूरे हिंदुस्तान पर किये गये अत्याचार सिमटे हुए हैं....याद रखें! जब तुर्क चीन या हिंदुस्तान में घुसे तो एक राष्ट्र की तरह गए। गॉथ का यूरोप पर आक्रमण या नॉर्मन का इंग्लैंड जीतना उनके राष्ट्र की विजय थी। लेकिन, सज्जनों! ईस्ट इंडिया कंपनी का अर्थ ब्रिटेन राष्ट्र नहीं है!"

वारेन हेस्टिंग्स पर लगाए गए अधिकांश आरोप ख़ारिज कर दिए गए। ईस्ट इंडिया कंपनी से ब्रिटिश संसद तो क्या कई भारतीय रियासत भी खुश थे। ब्रिटेन में प्रशासन का चौथाई खर्च और भारतीय रियासतों के अधिकांश प्रशासनिक और रक्षा-संबंधी खर्च कंपनी वहन करती थी। यह बताने की ज़रूरत नहीं कि उसके पास इतना धन आता कहाँ से था। जब बंगाल, निजाम और मैसूर से लेकर दिल्ली तक कंपनी का शिकंजा कसने लगा, तो लॉर्ड वेलेजली भारत के अघोषित सम्राट बन गए। उन्होंने मुगल बादशाहों की तर्ज़ पर अपना एक राजसी महल बनवाना शुरू कर दिया। 1803 में लंदन में एक बार फिर कहा गया[1],

"वेलेजली के नेतृत्व में भारतीय सरकार (Govt Of India) तानाशाही में तब्दील हो गयी है"

इससे पहले कि पानी सर के ऊपर चढ़ जाए, वेलेजली को वापस लंदन बुला लिया गया। कंपनी का भारत से व्यापार पर एकाधिकार खत्म कर दिया गया, और अन्य विदेशी कंपनियाँ कलकत्ता पहुँचने लगी। 1833 में ईस्ट इंडिया कंपनी से व्यापार का अधिकार पूरी तरह छीन लिया गया। वह एक प्रशासनिक ईकाई बन कर रह गयी।[2] लंदन के आदेश पर लॉर्ड विलियम बैंटिक सिर्फ़ बंगाल के नहीं, बल्कि 'इंडिया' के पहले गवर्नर जनरल बन गए। लेकिन दुनिया की यह विशालतम कंपनी कोई 'कोका-कोला' तो थी नहीं कि आदेश मिला और फ़ैक्ट्री बंद कर निकल जाए। वह गोला-बारूद और प्रशिक्षित फौज की नींव पर बनी

---

1   मार्शल पी जे, प्रॉब्लम्स ऑफ़ एम्पायर-ब्रिटेन एंड इंडिया, 1757-1813, लंदन, 1968, पृष्ठ 142-44

2   यह सैंट हेलेना एक्ट 1833 कहा जाता है

        1857 हमने सुनी कहानी थी

कंपनी थी, जिसने इंग्लैंड को कई जीतें दिलायी थी। भारत जैसे देश का बेशक़ीमती ताज़ दिलाया था। अपना बोरिया-बिस्तर बाँध कर ताला लगाने से पहले 'कंपनी बहादुर' के हाथों ब्रिटिश इतिहास का सबसे भीषण, विस्तृत और क्रूर रक्तपात होना बाकी था।

1857 पर सावरकर लिखित पुस्तक[1] की आख़िरी पंक्तियाँ हैं-

"दिल्ली के सम्राट बहादुरशाह एक महान् कवि भी थे। क्रांतियुद्ध के रंगमंच पर प्रवेश से पूर्व ही उन्होंने एक ग़ज़ल की रचना की थी।

उन्होंने स्वत: यह प्रश्न किया था-

दमदमे में दम नहीं, अब ख़ैर माँगो जान की
ऐ ज़फ़र! ठंडी हुई शमशीर हिंदुस्तान की

उन्होंने इस प्रश्न का उत्तर भी अपने ही शब्दों में दिया-

ग़ाजियों में बू रहेगी जब तलक ईमान की
तख़्त-ए-लंदन तक चलेगी तेग़ हिंदुस्तान की"

✻ ✻ ✻

"अगर इस (सती) प्रथा पर रोक लगायी जाती है, तो हमारे स्थानीय सैनिक भड़क सकते हैं। कंपनी ने आज तक इस सिद्धांत का पालन किया है कि कभी भी हिंदुस्तान के धर्म में टाँग नहीं अड़ाएँगे। अगर हमारे सिपाहियों को यह लगा कि हम उनके धर्म से खिलवाड़ कर रहे हैं, तो एक दिन वे विद्रोह ज़रूर करेंगे।"

-ले. कर्नल प्लेफेयर, 1828[2]

अंग्रेज़ों ने भारत पर आक्रमण नहीं किया, बल्कि वह तो तोहफ़े लेकर आए थे। बाद में सेटल होने के बाद युद्ध लड़े, लेकिन कारतूस गिन कर, लाभ-हानि तौल कर लड़े। वह दौर ही ऐसा था कि एक नमक, मसाला, अफ़ीम, रेशम और चाय का व्यापार करने वाली कंपनी भी तोप-बंदूक वाली एक सेना रखती थी। चाहे ब्रिटिश हों या पुर्तगाली, डच, फ्रेंच या डैनिश। अगर पेप्सी-कोला भी उस समय होते, तो

---

1 सावरकर, विनायक, 1857 का स्वातंत्र्य समर, प्रभात प्रकाशन, पृ 422-23
2 फरगुसन, निल, एम्पायर-हाउ ब्रिटेन मेड द मॉडर्न वर्ल्ड, पेंगुइन, 2004, पृ 143-144

आपस में दो-चार युद्ध लड़ लेते। जब तक कंपनी भारत में रही, उसने खूब धन कमाया जिसे भारतीय 'लूट' कह कर संबोधित करते हैं। लेकिन, उस कालखंड के एक विदेशी कारोबारी से नैतिकता की उम्मीद क्या की जाए? उनका तो काम ही था धंधा बढ़ाना और लंदन में बैठे बोर्ड को टारगेट पहुँचाना। अगर वस्तुनिष्ठ होकर देखा जाए, तो अपने दो सौ वर्ष के व्यवसाय में उन्होंने ईसाई धर्म-प्रचार बहुत कम किया। उनसे कहीं अधिक गिरजाघर तो पुर्तगालियों ने बना दिए थे। कंपनी तो हिंदुओं को 'अधिक हिंदू' और मुसलमानों को 'अधिक मुसलमान' बनाए रखने में ही अपनी धंधे की भलाई देखती थी।

जब सत्ता प्राइवेट कंपनी से सरकारी कंपनी की ओर जाने लगी, तो रास्ते बदलने लगे। अब बात धंधे की नहीं, बल्कि सभ्यता के झंडाबरदारों की नैतिकता की थी। अचानक ईसाई गतिविधियाँ तेज़ होने लगी। जितनी अंग्रेज़ी भाषा कंपनी ने दो सौ साल में नहीं सिखायी, उतनी ब्रिटिश 'राज' ने दस साल में सिखा दी। समाज की कुरीतियाँ कुरेदी जाने लगी। मकाले जैसों ने 'कंपनी बहादुर' को लंबी डाँट लगा दी, जिसका सारांश यह था कि भला तुमने इतने वर्षों में इन्हें 'सभ्य' क्यों नहीं बनाया?

1857 पर छह खंडों में पहला विस्तृत इतिहास लिखने वाले जॉन केय (John Kaye) ने ब्राह्मणों को विद्रोह का खलनायक सिद्ध करते हुए लिखा,

"जब पंडितों के दानवीय झूठ खुल गये, घृणास्पद प्रथाओं पर रोक लगा दी गयी, तो वे भड़क उठे। इन कुरीतियों की जड़ हिंदूवाद (Hindooism) में है, और उसे उखाड़ने में कुछ घाव तो उभरेंगे ही। कुछ दुर्घटनाएँ होंगी ही। किसी की जलती चिता पर स्त्री को लिटा देना, जनाना में बालिकाओं को मार देना, वृद्धों को जबरन नदी में डुबा कर मार देना…ऐसी क्रूर रीतियों से पंडितों को ताकत और धन मिलता है। जब यह दुष्टता खत्म हो रही है तो पंडितों को यह बात चुभ रही है, ख़ास कर यह कि उनके वर्षों से पाले-पोसे अंधविश्वास खत्म किए जा रहे हैं।"

समाज में कुरीतियाँ तो रही ही, लेकिन क्या वाकई 1857 के पीछे सती प्रथा उन्मूलन की बड़ी भूमिका थी?

इसी दशक में एडिनबरा से सात खंडों में छपे गहन पुनरावलोकन 'Mutiny at the margins' के अनुसार यह नैरेटिव वज़नदार नहीं, लेकिन हिंदुओं को यह बात खल रही थी कि यह हस्तक्षेप आखिर फिरंगी क्यों कर रहे हैं। यह प्रथा बृहत भारत में पहले से ही आंतरिक सुधारों से क्रमश: घटती जा रही थी, लेकिन ईसाई मिशनरियों द्वारा अति-प्रचारित धर्म-निंदा से वे चिढ़ रहे थे। मुमकिन है वे भी गिरजाघरों में हो रहे यौन-शोषण पर टिप्पणी से भड़क जाते, ख़ास कर अगर छुपा उद्देश्य धर्म-परिवर्तन होता।

1828 में अपना पद संभालते ही लॉर्ड बैंटिक ने 49 न्यायाधीशों और सेना अफ़सरों को चिट्ठी लिखी,

"अगर मैं सती प्रथा को खत्म कर दूँ तो क्या सिपाही विद्रोह कर देंगे? क्या ऐसे कदम से हमारे प्रशासन के प्रति किसी तरह के असंतोष की संभावना है?"

उनको बहुमत से उत्तर मिला-"नहीं!"

अगले ही वर्ष यह प्रथा खत्म करने का आदेश दिया गया और वाकई किसी तरह का सिपाही विद्रोह नहीं हुआ। यह नैरेटिव तो उसके तीन दशक बाद बना- 'जब अंग्रेजों ने क्रूर हिंदुओं से उनके स्त्रियों की रक्षा की तो हिंदू भड़क उठे'।

इसी तरह भारतीय मुसलमानों को खलनायक बनाने के लिए भी नैरेटिव बना, जिसकी चर्चा आगे करूँगा।

✳ ✳ ✳

जब मैंने लिखा कि कंपनी कारतूस गिन कर लड़ती थी, तो इसका यह अर्थ था कि वह फ़िज़ूल की लड़ाई नहीं लड़ती। भारत के विकेट अपने-आप ही गिर रहे थे, कंपनी सिर्फ़ गिल्लियाँ समेट रही थी। औरंगज़ेब की मृत्यु के बाद जब मुगलों का अवसान तय हो गया, तो मुसलमानों का मनोबल गिरने लगा था। बंगाल के नवाब सिराज-उद-दौला की हार के बाद जब टीपू सुल्तान की भी अंग्रेजों से हार हुई, तो शाह अब्दुल अज़ीज़ दहलवी ने अपने फतवे में कहा,

"हिंदुस्तान अब दार-उल-इस्लाम नहीं रहा"

वहीं, हिंदुओं की आखिरी उम्मीद मराठों से थी, जो पहले ही एक संघ (confederacy) रूप में थे। पेशवा, होलकर, सिंधिया, गायकवाड़, भोंसले और

तमाम खेमे आपस में ही भिड़ने लगे थे। उस समय जब कंपनी लगभग पूरे प्रायद्वीप पर प्रत्यक्ष-अप्रत्यक्ष शासन चलाने लगी थी, तो कितने अंग्रेज़ अफ़सर या सिपाही रहे होंगे?

1800 ई. की गिनती के अनुसार 600 अंग्रेज अफ़सर कुल 1, 55, 000 भारतीय सिपाहियों की सहायता से शासन चला रहे थे। मात्र 600!

मराठों से आखिरी युद्ध का उदाहरण देता हूँ, जो 1817-19 में लड़ा जा रहा था। खड़की (पुणे के निकट) में मराठों की लगभग तीस हज़ार सैनिकों की सेना के सामने मात्र तीन हज़ार की ब्रिटिश फौज थी। उस फौज में भी कुछ अफ़सरों को छोड़ कर सभी भारतीय सिपाही। फिर भी पेशवा की हार हुई। जहाँ 500 मराठा सिपाही मारे गए, वहीं सिर्फ़ 90 ब्रिटिश भारतीय सिपाही मरे। मैं जब नासिक के त्र्यंबकेश्वर मंदिर गया था, तो मालूम पड़ा कि उसी युद्ध के दौरान वहाँ सुशोभित 90 कैरेट का नासिक हीरा गायब हो गया। मान्यता है कि बाजीराव द्वितीय ने छुप-छुपा कर वह हीरा अंग्रेजों के हाथ में दे दिया, और अपनी पेंशन पक्की कर ली। बाद में उन्हें कानपुर के निकट गंगा किनारे बिठूर में टिका दिया गया। वह हीरा लंदन-न्यूयार्क होते हुए टुकड़ों में बिखर कर अब लेबनान में किसी सेठ के पास है।

राजा-नवाबों या कंपनी के लिए उस हीरे का महत्व भले लेन-देन तक सीमित हो, मगर मंदिर के तीर्थयात्रियों पर इसका प्रभाव न पड़ा हो, यह संभव नहीं। उन्हें जब यह मालूम पड़ा कि उनके शिवालय का हीरा लंदन में नीलाम हो रहा है, तो वह किसी विद्रोह की अपेक्षा करने लगे। जबकि 1857 के ब्रिटिश इतिहास में इस कारण को तवज्जो ही नहीं दी गयी। वे सती प्रथा उन्मूलन से इसे जोड़ते रहे, जिसे धार्मिक कुरीति से जोड़ने में सहूलियत थी। अगर नैतिक जीत ही दिखानी थी, तो मंदिर का हीरा ही वापस कर देते। यूँ भी उसकी कीमत मात्र तीन हज़ार पाउंड लगायी गयी थी, जिससे ब्रिटिश खजाने में भला क्या इज़ाफ़ा हुआ होगा!

हिंदुओं और मुसलमानों के अतिरिक्त एक तीसरा खेमा भी था। बल्कि यह इकलौता खेमा था, जो उन्नीसवीं सदी में गिरने के बजाय चढ़ता ही चला गया। बिखरने के बजाय जुड़ता चला गया। कमजोर होने के बजाय शक्तिशाली होता गया।

आज अगर पाकिस्तान के कुछ प्रांत महाराजा रणजीत सिंह को अदब से याद करते हैं, उसकी वजह यह है कि पूरा वर्तमान पाकिस्तान उनके द्वारा ही एकीकृत किया गया था। यह 'सिख खालसा राज' कहा जाता, हालाँकि इसमें बहुसंख्यक मुसलमान और हिंदू थे। अंग्रेज़ों के साथ करार यह था कि दोनों में कोई भी सतलज नहीं पार करेंगे। मोटे तौर पर कुछ ऐसी ही सीमा-रेखा अब भारत-पाकिस्तान के मध्य है। जब लॉर्ड बैंटिक 'इंडिया' के गवर्नर बने तो कुछ अफ़सर घोड़े पर बैठ कर सतलज किनारे घूम आते। उन्हें उस पार दो खजाने दिख रहे थे। पहली थी जोश से भरी खालसा सेना, जिसे वह अपने औपनिवेशिक युद्धों में प्रयोग कर सकते थे। दूसरी तो कुछ ऐसी ही चीज थी जिसे उन्होंने मराठों से हासिल किया था।

✹ ✹ ✹

हर दिन कोई सरकारी अफ़सर ब्रिटिश साम्राज्य में चालीस लाख की प्रजा लाकर नहीं देता। हर दिन कोई मुगलों के बेशक़ीमती रत्नों और ऐतिहासिक किलों को सरकार की संपत्ति नहीं बनाता। हर दिन कोई कोहिनूर हीरे को अपनी साम्राज्ञी के ताज़ में नहीं सजाता। यह सब मैंने किया है। मैं बेवजह नहीं इतरा रहा।''

-लॉर्ड डलहौज़ी द्वारा पंजाब विजय के बाद
अपने मित्र को लिखी चिट्ठी[1]

कोह-ए-नूर (रोशनी का पर्वत) हीरे की यात्रा सुना कर मैं 1857 के मूल कथा से नहीं भटकना चाहता। लेकिन, वहाँ तक पहुँचने के लिए ऐसी कथाओं को छूकर गुजरना ही होगा। यह ऐसी कड़ी है, जिसके बिना सभी तार नहीं जुड़ पाएँगे। उन दिनों 'ग्रेट गेम' ऐसा जासूसी खेल था जो दो बड़ी शक्तियों रूस और इंग्लैंड के मध्य खेला जा रहा था। ईनाम था-'भारत'। यह वही समय था जब ब्रिटेन ईस्ट इंडिया कंपनी से कमान अपने हाथ में ले रही थी। उसे डर था कि ईरान और अफ़ग़ानिस्तान में पैठ बना रहा रूस भारत पर कभी भी दस्तक दे सकता है। कंपनी के चंद रंगरूट भला रूस का क्या मुकाबला करते? यह तो महाशक्तियों की लड़ाई थी, जो शासकों के बीच ही लड़ी जा सकती थी।

---

1   डैलरिम्पल, विलियम और आनंद, अनीता, कोहिनूर, जगरनॉट, 2016

विलियम बैंटिंक के आते ही 1830 की जनवरी से 'ग्रेट गेम' शुरू हो गया। पहले यह अफ़ग़ानिस्तान के रास्ते रूस की जासूसी तक सीमित था, लेकिन ध्येय था कि काबुल जीत कर रूस को ब्लॉक कर दिया जाए। समस्या यह थी कि ब्रिटिश भारत और काबुल के बीच महाराजा रणजीत सिंह ने नाकाबंदी कर रखी थी। बूढ़े और लकवाग्रस्त हो चुके ठिगने कद के रणजीत सिंह में अब भी जान बाकी थी। इसका अंदाज़ा इसी से लगाया जा सकता है कि अंग्रेजों ने उस समय अपनी आधी पलटन सतलज किनारे ही लगा रखी थी। फिर भी सतलज पार नहीं कर रहे थे। ऐसा नहीं कि ब्रिटिश तोपों में दम नहीं था, मगर वह उन पर कूटनीति से विजय चाहते थे।

जब कैप्टन ऑसबोर्न महाराज रणजीत सिंह के पास पहुँचे, वह सोने के तख़्त पर बैठे थे और बाजूबंद में कोहिनूर हीरा लगा था। इस हीरे की यात्रा पर पुस्तक में विलियम डैलरिम्पल लिखते हैं कि रणजीत सिंह इतने सवाल पूछते थे, जैसे वहाँ भी 'रैपिड फायर राउंड' हो रहा है। 'कौन सी शराब पी?', 'कितने कप पी?', 'बोतल में कितनी बची?', 'वह कब पीयोगे?' ऐसे ही बेतुके प्रश्नों के मध्य वह काम की बात निकलवा भी लेते। 1838 में स्वयं गवर्नर जनरल 'अर्ल ऑफ ऑकलैंड' अपनी खूबसूरत बहन के साथ आए। अंग्रेज़ों और खालसा सेना की संयुक्त ड्रिल शुरू हो गयी। यह एंग्लो-अफ़ग़ान युद्ध की पूर्वपीठिका थी।

अंग्रेज़ रणजीत सिंह के मरने का इंतज़ार कर रहे थे। 1839 में वह आखिरी साँसें ले रहे थे, तो अंग्रेजों के जासूस यह रपट बना रहे थे कि कोहिनूर का क्या होगा? कलकत्ता से लंदन कोहिनूर का स्टेटस अपडेट भेजा जा रहा था, वह भी उस जमाने में!

रणजीत सिंह को दरबारी ब्राह्मणों ने इस वसीयतनामे के लिए तैयार कर लिया कि ब्रह्माण्ड के संतुलन के लिए इस 'श्यामांतक मणि' को जगन्नाथ जी के चरणों में लौटाना आवश्यक है। उन्होंने विष्णु पुराण और भागवत पुराण के हवाले यह स्थापित किया कि दरअसल यह हीरा पौराणिक है, भगवान कृष्ण से जुड़ा है, जिसे नादिरशाह ने कूह-ए-नूर बना दिया। आखिरी वक्त में ईश्वर को स्मरण करते रणजीत सिंह 'रैपिड फायर' सवाल-जवाब की हालत में नहीं थे। उन्होंने सर हिला कर सहमति दे दी। जब अंग्रेजों को यह खबर मिली तो लंदन में हड़कंप मच गया। उन्हें

डर था कि हीरा एक बार जगन्नाथपुरी चला गया, तो उसे निकालना बड़ा कठिन होगा। 20 अक्तूबर 1839 को इंग्लैंड के 'The Era' अख़बार में एक ख़बर छपी,

"शेर-ए-पंजाब की मृत्यु हो चुकी है। उन्होंने अपने वसीयत में कोहिनूर हीरे को जगन्नाथ मंदिर को दान कर दिया है। अब पुरोहित इसे निर्जीव मूर्ति में लगाएँगे। इस तानाशाह ने दुनिया के सबसे महंगे रत्न को फालतू, मूर्तिपूजक पुरोहित को दे दिया!"

ब्रह्माण्ड का संतुलन का तो पता नहीं, मगर इस हीरे के फेर में भारत का संतुलन बिगड़ने वाला था। ब्रिटिश जनरल गॉग के सहायक (Aide-de-Camp) हर्बर्ट एडवर्ड्स ने लिखा[1]

"पूरब से ईसाईयत को उखाड़ फेंकने के लिए पूरे हिंदू भारत की नज़र खालसा सेना पर थी"

महाराजा रणजीत सिंह की मृत्यु के बाद शाहखाने के प्रभारी मिश्र बेली राम ने यही उचित समझा कि कोहिनूर जगन्नाथपुरी न भेजी जाए, बल्कि इसे पंजाब के राजा के बाजूबंद में ही बाँधी जाए। वह उस वफ़ादार परंपरा के थे, जो उनके बेटों से भी तब तक हीरा छुपाते रहे, जब तक उनमें से एक गद्दी पर न बैठ गया। बहरहाल, महाराज के मरते ही इतने षडयंत्र शुरू हुए कि चार साल के अंदर तीन राजा मारे गए। अब बचे थे एक आख़िरी राजकुमार दलीप सिंह, जिनकी उम्र थी मात्र पाँच वर्ष। शंका तो यह भी थी कि पक्षाघात के बावजूद बूढ़े महाराज ने उनको जन्म कैसे दिया होगा। लेकिन, महाराज ने ही उन्हें अपना उत्तराधिकारी चुना था, इसलिए ऐसी शंका का मूल्य नहीं। 1843 में जब एक अनपढ़ माँ रानी जिन्दां ने गोद में बिठा कर उस बालक के बाजू में कोहिनूर बाँधा तो अंग्रेजों को अपना लक्ष्य बच्चों का खेल लगने लगा।

महाराज के कुत्तों के प्रभारी के बेटी महारानी जिन्दां ने उनकी आशाओं के विपरीत पूरे कौशल से कमान संभाली। 1845 की दिसंबर तक अंग्रेजों ने बंगाल से अपनी सेना बुला कर सतलज किनारे क़िलाबंदी शुरू कर दी थी। रानी ने अपनी खालसा सेना को आक्रमण का निर्देश दे दिया। मगर अंग्रेजों के युद्ध लड़ने का

---

1   सिधु, अमरपाल, द फर्स्ट एंग्लो सिख वार, एंबरले, 2013, पृ 13

तरीका सदा से गुप्तचरी और उपमा दें तो 'मीर जाफ़री' पर आधारित था। महारानी के दोनों ओपनिंग बैट्समैन लाल सिंह और तेज सिंह पहले ही फिक्स कर लिए गए थे। ब्राह्मण परिवार के लाल सिंह वज़ीर थे, और सिख तेज सिंह सिपहसलार। इसके कई प्रामाणिक उल्लेख हैं कि दोनों अंग्रेज़ों से मिले हुए थे। जम्मू के राजा गुलाब सिंह भी उनसे मिले हुए थे, जिन्हें बाद में अंग्रेजों ने कश्मीर दिलाया और डोगरा वंश की स्थापना हुई।

खैर, इन षडयंत्रों से बेखबर सिख सेना पूरे जोश से लड़ी। फ़िरोजशाह के युद्ध में स्थिति यह हो गयी कि जनरल हार्डिंग स्वयं पकड़े जाने की स्थिति में आ गए। उन्होंने अपनी हार देखते हुए सभी दस्तावेज जलाने के आदेश दे दिए, और नेपोलियन बोनापार्ट की वह बेशक़ीमती तलवार अपने सहयोगी को दे दिया, जिसे उन्होंने बड़े जतन से पाया था। हार्डिंग ने उस रात को 'दहशत की रात' संबोधित किया है, जब पंजाबी सेना उन पर टूट पड़ी थी। लेकिन, तभी तेज सिंह ने सेना को वापस लौटने का आदेश दे दिया, और बाज़ी पलट गयी। अंग्रेज़ों ने अगले दिन बैक-अप बढ़ा कर सिखों का कत्ल-ए-आम कर दिया।

सोबरन के युद्ध में तो तेज सिंह ने हद ही कर दी। जब सेना अंग्रेजों से लड़ रही थी। वह स्वयं पुल पार कर वापस अपनी सीमा में आ गए, और सभी पुल उड़वा दिए। अब उनकी सेना सतलज के पार मर रही थी, और वह दूसरी तरफ़ से खड़े-खड़े देख रहे थे। यहाँ एक महत्वपूर्ण जिक्र यह ज़रूरी है कि सिखों के सामने गोरे अंग्रेज़ नहीं थे, बल्कि उन्हें मारने वाले बंगाल रेजिमेंट के वे सैनिक थे जो 'पुरबिया' कहलाते। यह मुख्यत: आज के बिहार-यूपी के सैनिक थे। यह पुरबियों से ऐसी नफ़रत बो गया, जिसकी छाप 1857 में दिखाई देनी वाली थी। कुछ ऐसे ही मराठों से युद्ध में मद्रास रेजिमेंट मद्रासियों से नफ़रत बो गयी थी।

बहरहाल इन नफ़रतों से भला अंग्रेजों का ही हुआ। 1847 की भैरावल संधि के अनुसार अब उनका एक रीजेंट बालक राजा के वयस्क होने तक दरबार में मौजूद रहने वाला था, और उनकी सेना पंजाब की सुरक्षा करने वाली थी। संधि में यह कहा गया था कि राजा के वयस्क होते ही अंग्रेज पंजाब छोड़ कर खुशी-खुशी लौट जाएँगे। अंग्रेज़ भला कहाँ लौटने वाले! अगले ही साल एक ऐसा व्यक्ति

गवर्नर जनरल बन कर आ रहा था, जो ऐसी ही ऊट-पटांग पॉलिसी से कई रियासत हथियाने वाला था।

मूल नाम था जेम्स ब्राउन-रैम्से, भारत में कहलाए लॉर्ड डलहौजी!

❋ ❋ ❋

क़िस्सा है कि जब अंग्रेज़ों ने युद्ध में हरा कर अपनी सेना पंजाब में रखनी शुरू कर दी, तो रानी जिन्दां ने अपने सिपहसलारों पर चूड़ियाँ फेंकते हुए कहा,

"लो! यह पहन लो! फिरंगी लाहौर में घूम रहे हैं और तुमलोग चुप बैठे हो? गद्दार तेज सिंह को अंग्रेजों ने सियालकोट की गद्दी दे दी। तुम्हें अब भी कुछ समझ नहीं आया? आँखे खोलो! जागो! पंजाब के लिए, अपनी मिट्टी के लिए, लड़ो! निकाल बाहर करो फिरंगियों को!"

फिरंगी तो क्या निकलते, अंग्रेज़ रीजेंट हेनरी लॉरेंस ने वज़ीर लाल सिंह के मार्फ़त रानी जिन्दां को लाहौर जेल में बंद करने का आदेश दे दिया। जब रानी को घसीट कर ले जाया जा रहा था, रानी ने पंजाबी में कहा,

"फिरंगियों! तुमने हम पर धोखे से वार किया है। निर्दयियों! एक माँ को पुत्र से अलग कर रहे हो? मुझे राज्य नहीं चाहिए। मेरा बेटा मुझे दे दो"

रानी की एक न सुनी गयी। कुछ समय बाद पंजाब के मुल्तान से एक चिनगारी ज़रूर जन्मी जब सूबेदार मूलराज ने सिखों को संगठित किया। कुछ अंग्रेज़ अफ़सरों की सार्वजनिक पिटाई भी की। लेकिन, नए गवर्नर जनरल लॉर्ड डलहौज़ी अलग ही मिशन के साथ आए थे। उन्होंने तमाम तोप और हथियार लगा कर टूटी-बिखरी सिख सेना पर 1849 के चिलियाँवाला युद्ध में निर्णायक जीत पायी। दस साल के बालक दलीप सिंह से लाहौर में ऐसे करारनामे पर हस्ताक्षर कराए गए, जिसे वह समझने की स्थिति में नहीं थे। उनकी माँ पहले से कारागार में बंद थी। करार के मुताबिक़-

1. दलीप सिंह या उनके कोई भी उत्तराधिकारी पंजाब की सत्ता से वास्ता नहीं रखेंगे

2. राज्य की संपत्ति और ख़ज़ाना ईस्ट इंडिया कंपनी द्वारा युद्ध-खर्च के मुआवज़े के रूप में जब्त कर ली जाएगी

3. दलीप सिंह अपने बाजू में बंधा 'कोहिनूर हीरा' महारानी विक्टोरिया को सौंप देंगे

4. महाराज अपनी पदवी 'बहादुर' लगा सकते हैं, उन्हें चार से पाँच लाख तक पेंशन मिलेगी और उन्हें सम्मान के साथ ब्रिटिश महारानी और कंपनी के निगरानी में रखा जाएगा।

दलीप सिंह को कुछ साल फतहगढ़ (वर्तमान उत्तर प्रदेश में) में रख कर बाद में लंदन ले जाया गया। वहाँ कोहिनूर गले में डाले महारानी विक्टोरिया ने कुछ समय उन्हें अपने महल में राजकुमारों के साथ भी रखा। मगर दलीप सिंह को भारत और अपनी माँ रानी जिन्दां की याद सताने लगी। अंग्रेज़ों ने न भारत आने दिया, न माँ से मिलने दिया। वह आखिर बाइस वर्ष की अवस्था में अपनी बूढ़ी और दृष्टिबाधित हो चुकी माँ से मिल पाए, जब उनको लंदन लाया गया। दलीप सिंह को एक बड़ा एस्टेट और तमाम सुविधाएँ दी गयी थी, मगर वह आखिर पंजाब तो नहीं था। उन्होंने कोहिनूर वापस करने की अर्ज़ी दी, जो ठुकरा दी गयी। उन्होंने मरने के बाद लाहौर में एक सिख की तरह अंतिम संस्कार कराने की अर्ज़ी दी। मगर उन्हें पेरिस से इंग्लैंड लाकर एक गिरजाघर में ईसाई की तरह दफ़नाया गया। अंग्रेज़ों को अंत तक यह भय था कि उनका या उनके शव का पंजाब आना विद्रोह की चिनगारी बन सकता है।

पंजाब को मिलाने के बाद लॉर्ड डलहौज़ी के 'ब्रिटिश भारत' में सभी बड़े राज्य मिल गए थे या उन पर आश्रित थे। अपने कमरे में मानचित्र निहारते हुए, वह अपनी आँखों के ठीक सामने एक रियासत देख रहे थे, जो अब भी पूरी तरह हिस्सा नहीं बनी थी। महारानी को कोहिनूर का तोहफ़ा देने वाले डलहौज़ी को यह कीमती तोहफ़ा तो देना ही था। उसके बिना भारत की तस्वीर कैसे सोची जा सकती थी?

वह तोहफ़ा था – अवध!

जब शुरू हुई हड़प नीति

"ब्रिटिश प्रभुत्व मुगलों से विरासत में नहीं मिली। कुछ जीत कर मिली। कुछ संधियों से मिली। कुछ उनके उपयोग से मिली।"

-उन्नीसवीं सदी के एक ब्रिटिश अधिकारी[1]

एक प्रश्न जिसे हम अपने वाद-विवाद में रख सकते हैं,

'अगर डलहौज़ी पंजाब, अवध और अन्य रियासतों को नहीं मिलाते, तो आधुनिक भारत की संरचना कैसी होती?'

मैं कुछ उदाहरण विकल्प देता हूँ-

क)	भारत लगभग छह सौ रियासतों में बँटा होता। राजतंत्रों की समाप्ति के साथ 'संयुक्त राज्य' (confederacy) बन कर आधुनिक यूरोप की तरह तीस-चालीस स्वतंत्र राज्यों का रूप ले सकते थे।

ख)	किसी जन-प्रभावी व्यक्ति/तानाशाह या बड़े राज्य के शासक द्वारा सांस्कृतिक या नस्लीय एकता के हुंकार के साथ पूरे भारत को एकीकृत किया जाता, जैसे जर्मनी या इटली जैसे राज्यों का किया गया

ग)	अमरीका की तरह कुछ स्वायत्त संघ संरचना (Federal Democracy) बन सकती थी, जिसमें भिन्न-भिन्न रजवाड़े लोकतांत्रिक होकर एक 'United States of India' बनाते

घ)	रियासतों और रजवाड़ों को येन-केन-प्रकारेण खत्म कर उन्हें भारतीय संघ में मिला लिया जाता

जब हम कहते हैं कि फलाँ अंग्रेजों से मिले हुए थे, तो यह सोचना चाहिए कि कौन नहीं मिला हुआ था। जो नहीं मिले थे, उनका लक्ष्य क्या भारतीय स्वतंत्रता

1	पिल्लई, मनु, फाल्स एलाइज, जगरनॉट, 2021

थी? हम अठारहवीं-उन्नीसवीं सदी की बात कर रहे हैं, जब पंजाब का अर्थ पंजाब ही था, भारत नहीं। मराठे बंगाल से लड़ रहे थे। मैसूर मराठों से।

एक आँकड़ा रखता हूँ।[1] 6500 वर्ग-मील में लगभग 325 रियासत और उनके राजा थे। काठियावाड़ में एक विजानोनेस रियासत आधे किलोमीटर में खत्म हो जाती थी, और मात्र दो सौ लोग रहते थे! डलहौज़ी के विलयन या हथियाने के सौ साल बाद भी जब भारत आज़ाद हुआ तो 40 प्रतिशत क्षेत्रफल में 565 रियासत तकनीकी रूप से ब्रिटिश भारत में नहीं थे। अगर 60 प्रतिशत क्षेत्रफल में 'ब्रिटिश भारत' नाम की चीज़ नहीं होती, तो हज़ार से अधिक रियासतों को एक सूत्र में बाँधना होता।

ऐसा नहीं कि यह संभव नहीं था, या यह सिर्फ़ अंग्रेज़ ही कर सकते थे। भारत एक ईकाई रूप में तो सदा से मौजूद था। अंग्रेज़ जोधपुर या त्रावणकोर पर नहीं, बल्कि 'भारत' पर शासन करने के इरादे से आए थे। वह भले ही यह तर्क देते रहे कि भारत कोई देश नहीं, यह सैकड़ों रियासतों में बँटा हुआ है; मगर वह स्वयं एकीकरण से पहले भी 'इंडिया' पुकारते थे। अगर उनकी नज़र में एक देश नहीं था, तो वह सैकड़ों नाम क्यों नहीं लेते थे?

डलहौज़ी पर भारतीयों का जो भी आरोप हो, कुछ ब्रिटिशों का आरोप यह था कि वह 1857 को भाँप नहीं पाए। या यूँ कहें कि उनकी ग़लतियों की वजह से ही यह हुआ। जिस व्यक्ति ने दो बड़े राज्यों-पंजाब और अवध को ब्रिटिश भारत में जोड़ा, तीसरे बड़े राज्य कश्मीर में अपना प्यादा बिठाया, महारानी को कोहिनूर दिलाया, वह इतनी बड़ी घटना भाँप नहीं पाए? मैं डलहौज़ी के मन में झाँकने के लिए उनकी दिनचर्या देखने लगा, जो लगभग सभी पुस्तकों में एक जैसी वर्णित है। लिखा है,

"वह सवा नौ बजे काम पर बैठ जाते, और सवा पाँच बजे तक लगातार बैठे रहते। भोजन भी वहीं दूसरे हाथ से काम करते हुए खाते...जब वह 43 वर्ष की उम्र में इंग्लैंड लौटे तो काम के बोझ से इतने बीमार दिख रहे थे कि चार साल बाद चल बसे।"

---

1   देखें-पिल्लई, मनु, इंडियाज प्रिंसेज, द इंजीनियस रिबेल्स अगेंस्ट द क्राउन, द इंडिया फोरम, 20 अक्तूबर 2021 (इंटरनेट जर्नल 13 मई 2023 को आखिरी बार देखा गया)

मुझे ताज्जुब हुआ क्योंकि मैं जब डलहौज़ी स्थान घूमने गया था तो इतनी सुंदर माहौल वाली जगह लगी कि मैंने सोचा यहाँ कभी कोई जल्दी बीमार नहीं हो सकता। बाद में पढ़ा कि डलहौज़ी स्वयं कभी डलहौज़ी गए ही नहीं।[1]

ऊपर दिए गए विकल्पों में मैं भारत के 'डलहौज़ीकरण' या विलयन (Annexation) का पक्षधर नहीं, बल्कि विकल्प 'ग' यानी संघीकरण (Union) पसंद करता। लेकिन, ऐसा विकल्प तो स्वयं बल्लभभाई पटेल ने नहीं चुना। यह शायद संभव नहीं था कि सैकड़ों रियासतों को स्वायत्त ईकाई रख कर संघ बनाया जाए। फिर तो कुछ यूँ स्थिति होती जैसे सभी राज्यों में धारा 370 लगी हो।

एक राज्य था सतारा, जहाँ अंग्रेजों ने मराठों का दिल रखने के लिए (और उनका भविष्य में उपयोग करने के लिए) छत्रपति शिवाजी के वंशजों को एक छोटी गद्दी थमा दी थी। यह राज्य 1818 में आंग्ल-मराठा युद्ध के बाद अंग्रेजों ने ही बनाया, और 1849 में डलहौज़ी ने इसका बही-खाता बंद कर अपने ब्रिटिश इंडिया में मिला लिया।

यह कहलाया 'डॉक्ट्रिन ऑफ़ लैप्स' (हड़प नीति)

❋ ❋ ❋

अंग्रेज़ अगर सिख महाराज दलीप सिंह और मराठा राजा शाहजी (अप्पा जी) को सम्मान दे रहे थे, इसकी स्पष्ट वजह थी कि ये दोनों ही योद्धा वर्ग थे। ब्रिटिश सेना को इनकी ज़रूरत थी। बंगाल रेजिमेंट और मद्रास रेजिमेंट के बाद भारी संख्या में सिखों और मराठाओं को भर्ती कर उनकी सेना शक्तिशाली हो रही थी। 1848 में सतारा के छत्रपति शाहजी की मृत्यु हो गयी। लॉर्ड डलहौज़ी चार महीने पूर्व ही कुर्सी पर बैठे थे, और यह प्रश्न उठा कि नि:संतान शाहजी के राज्य का क्या किया जाए?

ईस्ट इंडिया कंपनी के मुलाजिम और ब्रिटिश इतिहासकार जॉन केये लिखते हैं[2],

---

1   चड्ढा, किरण, डलहौजी श्रू माई आइज, ग्राफिक लॉजिस्टिक, 2017

2   केये, जॉन और मेलेसन, हिस्ट्री ऑफ द इंडियन म्यूटिनी ऑफ 1857-58, लॉनमेन्स ग्रीन, 1898

"हिंदुओं में मान्यता है कि पुत्र ही पितर को मुखाग्नि देता है और मुक्ति में सहयोग देता है। पुत्र जन्म से भी हो सकता है, दत्तक भी, और कुछ अन्य रूप भी हैं। हिंदू धर्म में दत्तक पुत्रों का ऐतिहासिक महत्व रहा है। लेकिन, जहाँ तक राजाओं की बात है, उनकी कई रानियाँ होती हैं; इसलिए किसी और के पुत्र को दत्तक बनाने की अमूमन ज़रूरत नहीं होती। ब्रिटिश साम्राज्य के नियमों के मुताबिक़ भी दत्तक पुत्र को पिता की संपत्ति का अधिकार है। लेकिन, जहाँ तक राज्य की गद्दी का प्रश्न है, उस पर यूँ ही अधिकार नहीं बन जाता। कुछ दुर्लभ अपवादों में ही ऐसा संभव है।"

शाहजी ने अपनी मृत्यु के दो घंटे पूर्व ही एक दत्तक-पुत्र अपनाया था, इसलिए मामला पेचीदा हो गया था। बंबई के गवर्नर जॉन क्लर्क ने सुझाया कि मराठों को नाराज़ करना अच्छा न होगा। राजा ने जो भी उत्तराधिकारी चुना है, उन्हें ही राजा बनाया जाए। मगर उनका कार्यकाल खत्म हो रहा था। नए गवर्नर फॉकलैंड का मानना था कि निजी संपत्ति पर अवश्य अधिकार स्वीकार्य है, किंतु राज्य की ज़िम्मेदारी इस तरह तय नहीं हो सकती। मराठा राजपरिवार अपने पक्ष में तर्क रख रहे थे कि हिंदू धर्म में दत्तक परंपरा से राजा बनाए जाने के अनेकों उदाहरण हैं।[1]

लॉर्ड डलहौज़ी ने आखिर सभी दलीलें सुन कर अंतिम निर्णय दिया,

"अगर यह पुत्र अयोग्य भी होता, किंतु राजा का रक्त होता, तो मुझे राज्य सौंपना ही होता। चूँकि ऐसा नहीं है तो निर्णय हमारे हाथों में है। सतारा राज्य एक समृद्ध राज्य है, जहाँ एक कुशल प्रशासन की आवश्यकता है। यह जो भी दत्तक-पुत्र हैं, इनके विषय में स्वयं राजा भी मृत्यु-शय्या पर ही जान पाए। हम यह भला किस आधार पर मान लें कि वह योग्य हैं? इसलिए, सतारा प्रशासन अब ब्रिटिश राज के अंतर्गत कंपनी के ज़िम्मेदारी में ली जाती है।"

यह नीति पहले भी कुछ राज्यों में अपनायी गयी थी, मगर सतारा मराठों का एक प्रतीकात्मक गढ़ था, शिवाजी की गद्दी थी, इसलिए इसका महत्व भिन्न था। इस राज्य की सालाना आय ही पंद्रह लाख रुपए थी, जो उस काल-खंड में अच्छी-खासी कही जाएगी। दूसरी बात यह थी कि मराठों के मुख्य पेशवा बाजीराव

---

1   मार्शमैन, जॉन क्लार्क, द हिस्ट्री ऑफ इंडिया, सीरामपुर प्रेस, 1863

द्वितीय पिछले पच्चीस वर्षों से अधिक से बिठूर (अब उत्तर प्रदेश) में अपने पंद्रह हज़ार मराठी परिजनों आदि के साथ थे। उनकी सालाना पेंशन आठ लाख रुपए थी, जो किसी भी पेंशन से अधिक थी। वह ब्रिटिश सरकार से लगभग ढाई करोड़ रूपए पा चुके थे, और वहाँ मंदिर आदि निर्माण कर स्थापित थे।

समस्या तब आयी जब उन्होंने ढोंढू पंत यानी नाना साहेब को दत्तक-पुत्र बनाया और मर गए। ब्रिटिश राज ने पेंशन बंद कर दी तो नाना साहेब ने अपने दीवान अज़ीमुल्ला ख़ान को लंदन भेजा कि पेंशन जारी रखी जाए। उनका तर्क था कि उनके पिता ने आखिर पुणे की गद्दी सौंपी थी, जिससे चार लाख सालाना ब्रिटिश सरकार कमा रही है। कुछ तो उन्हें मिले ही।

ब्रिटिश सरकार ने यही निर्णय दिया कि बाजीराव द्वितीय की संपत्ति और बिठूर पर तो उनका अधिकार होगा, लेकिन पेंशन नहीं मिलेगी। बाजीराव द्वितीय ने लगभग 28 लाख रूपए की रकम छोड़ी थी, और बिठूर की जायदाद मिल रही थी। आगरा के लेफ़्टिनेंट जनरल ने उन्हें सुझाया कि वह सपरिवार वापस दक्कन लौट जाएँ, और बिठूर से धन अर्जित करते रहें।

तभी, उनकी बचपन की दोस्त मणिकर्णिका ताम्बे की एक आवाज़ उन तक पहुँची। वह अब बिठूर से कुछ ही दूर एक प्रांत की महारानी थी, जो कह रही थी,

"मैं अपनी झाँसी नहीं दूँगी"

✳ ✳ ✳

ब्रिटिश हड़प नीति (Doctrine of Lapse) में दो मूलभूत समस्या दिखती है, जो उनकी अपनी आधुनिकता पर भी प्रश्न उठाती है। पहला यह कि जहाँ भारत में 'दत्तक पुत्र' के माध्यम से वंशज परंपरा रही, कुछ राज्यों में मातृवंशीय परंपरा (matrilineal) रही, इंग्लैंड आज तक दकियानूसी रक्त-वंशज परंपरा पर अटका हुआ है। इस परंपरा की हानि भी हम पढ़ चुके हैं, कि किस तरह महारानी विक्टोरिया का 'हीमोफ़ीलिया' रोग कई वंशजों की असमय मृत्यु और रूसी ज़ारशाही के आखिरी वारिस की बीमारी की वजह बनी।

दूसरा यह कि जिस साम्राज्य की शासक ही एक स्त्री हो, वह भला एक

स्त्री को राज्य का अधिकार क्यों नहीं देती? आधुनिकता की डींग हाँकने वाली इंग्लैंड में न लड़कियों के लिए स्कूल थे, न मताधिकार था। बल्कि, 1918 में जब मताधिकार मिला, तो उसके लिए लड़ाई लड़ने वालों में सोफ़िया दलीप सिंह (महाराज दलीप सिंह की बेटी) अग्रणी थी।

मणिकर्णिका पर कई मिथकीय और काव्यात्मक चर्चाएँ हुई हैं। रानी लक्ष्मीबाई भारतीय जनमानस में लगभग एक 'देवी' की तरह देखी जाती है। लेकिन, यहाँ लिजेंड को अलग कर जो पहलू है, उसी की चर्चा करूँगा।

आंग्ल-मराठा युद्ध के बाद बिठूर में बसाए गए मराठियों में पेशवा और उनके कई अन्य सहयोगी परिवार थे। यह क्षेत्र एक मिनी-महाराष्ट्र था। आज भी आइआइटी कानपुर के निकट उनके मराठी वंशज वहाँ मिल जाएँगे। उत्तर भारत के एक गाँव में यह एक संगठित समाज रहा होगा, जहाँ मणिकर्णिका और उनसे कुछ ही वर्ष बड़े ढोंढू पंत साथ बड़े हो रहे थे। तांत्या टोपे इन दोनों से ज्येष्ठ थे। हालाँकि पक्के जन्म के रिकॉर्ड तो नहीं मिले, लेकिन, 1842 में झाँसी रियासत के राजा गंगाधर राव से उनका विवाह दर्ज है। 19 नवंबर, 1853 को गंगाधर राव द्वारा ईस्ट इंडिया कंपनी के मेजर एलिस को लिखी चिट्ठी मिलती है,

"ईश्वर की इच्छा रही तो मैं पुन: स्वस्थ हो जाऊँगा। मैं अब भी बहुत बूढ़ा नहीं हुआ, और संतान संभव है। अगर ऐसा होता है, तो मैं अपने दत्तक पुत्र के संबंध में उचित निर्णय लूँगा। लेकिन अगर मेरी मृत्यु हो जाती है, तो मेरी पिछली निष्ठा को ध्यान में रखते हुए मेरे (दत्तक) पुत्र से उदारता दिखायी जाए। मैं यह अनुरोध करूँगा कि जब तक मेरा पुत्र वयस्क नहीं होता, मेरी पत्नी को महारानी का दर्जा दिया जाए।"

गंगाधर राव कुछ ही समय बाद चल बसे। लॉर्ड डलहौज़ी ने इस अनुरोध को नहीं माना। इससे पहले भी सतारा, नागपुर, जैतपुर, संबलपुर आदि में यह उत्तराधिकार समस्या आयी थी। झाँसी में अलग निर्णय की कोई वजह नहीं थी। हालाँकि महारानी को संपत्ति और पेंशन आदि की पेशकश की गयी, जो अन्य रियासतों में भी किए जाते थे।

16 फरवरी, 1854 को लिखे एक खरिता (चिट्ठी) में लक्ष्मीबाई ने लिखा[1],

"मैं बुंदेलखंड से ऐसे उदाहरणों की सूची भेज रही हूँ, जब विधवा को महारानी पद मिला। आशा है कि शिवराव भाऊ की बहू को भी ऐसा ही अधिकार मिलेगा।"

2014 में भारतीय प्रधानमंत्री ने एक ट्वीट किया था-"ऑस्ट्रेलियाई वकील जॉन लैंग याद हैं?"

जॉन लैंग एक ऑस्ट्रेलियाई घुमक्कड़ थे, जिन्होंने भारत यात्रा पर काफ़ी लिखा है, और उन्होंने लक्ष्मीबाई को वर्णित किया है। हालाँकि उसे पढ़ते हुए साधारण पाठकीय समझ से भी गप्पबाज़ी अधिक दिखती है। वह संभवत: महारानी और कंपनी के मध्य अंग्रेज़ी ड्राफ्ट बनाने में मदद कर रहे थे, जिसे संदर्भों में वकालत भी लिख दिया जाता है। संभवत: स्त्री अधिकारों पर जो प्रश्न लक्ष्मीबाई के चिट्ठियों ने उठाया, वह उन ब्रिटिशों को असहज कर गया, जो कुछ ही समय पहले स्वयं को सती प्रथा उद्धारक और भारतीय स्त्रियों का रक्षक कह रहे थे। यहीं थोड़ी चर्चा अवध की भी करता हूँ।

❋ ❋ ❋

बक्सर के युद्ध (1764) में अवध के नवाब शुजा-उद-दौला, बंगाल के नवाब मीर कासिम और मुग़ल शहंशाह शाह आलम को सामूहिक रूप से अंग्रेजों ने हराया। स्वतंत्र तो अवध पहले भी नहीं था, युद्ध के बाद वह कंपनी के प्रभाव में आ गया। यहाँ कंपनी एक तरह से मराठों के प्रभाव को घटाने के लिए अपनी फ़ौज रख कर कठपुतली सरकार चलाती थी। फ़ौज कंपनी की थी, मगर खर्च नवाब के जिम्मे था। कभी यह वर्तमान उत्तर प्रदेश के ठीक-ठीक हिस्से तक फैली थी, मगर अंग्रेजों का खर्च चुकाने के फेर में पहले बनारस, ग़ाज़ीपुर आदि हाथ से गए, बाद में रूहेलाखंड और लगभग पूरा पूर्वांचल ब्रिटिश जागीर बनते गए। कंपनी के खर्चों और नवाबों की अपनी रईसी के फेर में प्रशासन बद से बदतर हो रहा था।

---

1   देखें संकलन-https://www.copsey-family.org/~allenc/lakshmibai/feb-16-1854.html

अवध में भारत की पचास लाख जनसंख्या थी, जिसका बड़ा प्रतिशत गरीबी से जूझ रहा था।

जब लॉर्ड डलहौज़ी गवर्नर जनरल बन कर आए, उस समय वाजिद अली शाह अवध के नवाब बने ही थे। वाजिद अली शाह कला और संगीत में रुचि वाले नवाब थे, जिनके लिए प्रशासन टेढ़ी खीर थी। तुर्रा यह कि विलियम स्लीमैन लखनऊ के रीजेंट बन कर आए जिन्होंने मध्य भारत के सैकड़ों ठगों को फाँसी दिलायी थी। वह ऐसे मिथकीय लोकप्रियता लिए हुए व्यक्ति थे, जिन पर उस जमाने का क्राइम-थ्रिलर 'कंफेशन्स ऑफ ठग' लिखा जा चुका था। (एक फ्लॉप बॉलीवुड फ़िल्म भी बनी)

नवाब वाजिद अली शाह के लिए स्लीमैन एक डंडा लेकर घूमते हुए अक्खड़ प्रिंसिपल की तरह थे। स्लीमैन ने पद संभालते ही रिपोर्ट लिखी,

"इस नवाब को प्रशासन में न कोई रुचि है, न कौशल। हालाँकि यह किसी का नुकसान नहीं करेगा, लेकिन किसी की रक्षा भी नहीं करेगा। यह जितने दिन गद्दी पर रहेगा, प्रशासन बदतर होती जाएगी। यह पागल और बेवकूफ़ व्यक्ति है, जो भ्रष्ट मंत्रियों, गवैयों और हिजड़ों से घिरा रहता है।"

समस्या यह थी कि हड़प नीति (Doctrine of Lapse) में कुशलता कोई पैमाना नहीं थी। अगर ऐसा होता तो भारत के अधिकांश रियासतों में ऐसे राजा भरे पड़े थे। जब कंपनी पूरे भारत में पसर चुकी थी, वे गहनों से लदे, हाथी पर घूमते और शराब-शबाब में डूबे रहते। 1857 से पहले और बाद में भी वे अंग्रेजों से गलबहियाँ करते रहे, पेंशन पाते रहे। उनको राजा से बेहतर जर्मींदार कहना ही बेहतर, लेकिन सामंतवादी परंपरा में प्रजा उनका थोड़ा-बहुत आदर तो करती ही थी। स्वयं स्लीमैन किसी भी तरह के हड़प के विरोधी थे, और उन्होंने एक गुस्से भरी चिट्ठी लिख कर इस्तीफ़ा दे दिया कि अवध को हड़पना उचित न होगा। उन्होंने यह संकेत दिए कि ऐसा करने से विद्रोह हो सकता है।

4 फरवरी, 1856 को नए रीजेंट ओटरैम ने नवाब से अपनी गद्दी छोड़ने के करारनामे पर दस्तख़त करने कहा। नवाब ने अपनी पगड़ी उतार कर उन्हें सौंपते हुए कहा,

“करार तो बराबरी वालों में होती है। मेरे दस्तख़त की भला क्या ज़रूरत?”

वाजिद अली शाह कलकत्ता के गार्डन रीच जाने की तैयारी करते हुए ‘बाबुल मोरा नैहर छूटो जाए’ लिख रहे थे। वहीं गार्डन रीच से जहाज पर लॉर्ड डलहौज़ी अपने नैहर लौट रहे थे, और 25 फरवरी, 1856 को नए गवर्नर जनरल लॉर्ड कैनिंग जहाज से उतर रहे थे।

कैनिंग ने पहले हफ़्ते की अपनी डायरी में दर्ज किया है,

“पाँच बजे सायं। …एक तेज हवा के झोंके ने खिड़की और दरवाजे झटके से खोल दिया। मेज पर रखा का़ग़ज फड़फड़ाने लगा, झूमर झूलने लगे, पानी का गिलास काँपने लगा। जैसे किसी तूफ़ान की आहट हो।”

चिनगारी जो आग में बदलने लगी

"हिंदुस्तानियों को यह लगने लगा कि हर कानून उन्हें नीचा दिखाए जाने के लिए बनाए जा रहे हैं। उनके मज़हब से भटका रहे हैं। आखिर वह समय आ गया जब उन्हें ब्रिटिश सरकार एक धीमा जहर, एक रेत की रस्सी, एक विश्वासघाती आग की लपट की तरह दिखने लगी। उन्हें लगने लगा कि अगर आज उनका घर बच भी गया, तो कल नहीं बचेगा।"

-सैयद अहमद ख़ान (द कॉज ऑफ़ थे इंडियन रिवोल्ट पुस्तक में)

सिपाही विद्रोह या राजे-रजवाड़ों द्वारा उकसाया हुआ ब्रिटिश-विरोधी संग्राम कहना 1857 के साथ न्याय नहीं है। ब्रिटिश प्रधानमंत्री डिज़रायली का भी मानना था कि इसे मात्र विद्रोह (mutiny) तक सीमित रख कर नहीं देखा जा सकता। कई राष्ट्रवादी गीतों के रचयिता सावरकर अपनी अलंकृत भाषा में 'विस्फोट', 'अग्नि-कल्लोल' जैसे खंडों में अक्सर जोश से भरे उद्गार लिखते हैं, जहाँ इतिहास और काव्य में भेद कठिन है। जैसे उन्होंने भगीरथी (गंगा नदी) के शब्द लिखे-"हे कुंवर सिंह! तेरे कारण यह देवी जाह्नवी पुत्रवती हुई है"। इसमें पारंपरिक इतिहासकार टिप्पणी कर सकते हैं कि भला भगीरथी ने ऐसा कब और कैसे कहा, लेकिन इसके मायने अलग थे। उनके पाठक यूपीएससी के लिए इतिहास के नोट्स बनाने वाले लोग नहीं थे, बल्कि वह आम जनता से संवाद कर रहे थे।

1843 से 1849 के मध्य सुदूर उत्तर-पूर्व में सिंघपो जनजाति के नेता निरंग फिदू और कदमा सिंघपो ने ब्रिटिश छावनी पर हमला कर उन्हें भारी हानि पहुँचायी और कई ब्रिटिश फौजियों को मार डाला। वे किस तरह के राष्ट्रवाद से प्रेरित होकर ऐसा कर रहे थे? इसे समझना आधुनिक दुनिया के लिए भी आवश्यक है। एक उदाहरण देता हूँ।

बंगाल प्रांत का एक बड़ा हिस्सा पहाड़ों और जंगलों का था, जिसका एक अंश अब झारखंड राज्य बन चुका है। राजमहल पहाड़ियों और उसकी तराई के इस इलाके में पहाड़िया लोग जंगलों में रह कर झूम खेती करते हुए जीवन-यापन करते थे। कंपनी के लिए यह समृद्ध इलाका कोई कमाई नहीं देता, और यहाँ के पहाड़ी इन्हें हस्तक्षेप भी नहीं करने देते। अठारहवीं सदी के अंत से अंग्रेज़ों ने संथाल जनजाति के लोगों को यहाँ बसाना शुरू किया। ये उनके आदेश पर जंगलों को काट कर मैदान में बदल कर पारंपरिक खेती करने लगे। जैसे-जैसे जंगल कटने लगे, पहाड़िया लोग बचे-खुचे जंगलों में सिकुड़ते चले गए। संथालों का यह मैदानी इलाका कहलाया 'दामन-ई-कोह' (पर्वतों का आंचल)।

इसका विस्तार इसी से समझें कि 1838 में यहाँ कुल 40 संथाल गाँव और 3,000 संथाली थे। 1851 में कुल 1471 गाँव और 82,795 संथाली (और अन्य) जनसंख्या आ गयी। कितने जंगल काट दिए गए होंगे! एक पूरी संस्कृति ही बदल दी गयी। मैं यहाँ अभी मिशनरी ईसाई अतिक्रमण की बात नहीं छेड़ूँ, तो भी हज़ारों वर्षों के पहाड़ी जीवन को एक दशक में यूँ बदल देना कितना सही था?

धीरे-धीरे यहाँ बंगाल प्रांत के जमींदार, महाजन, और अन्य व्यवसायी आने लगे, जो संथालों से उनकी ज़मीन भी हथियाने लगे। एक वर्णन है कि उस समय दो तरह के बटखरे रखे जाते-एक भारी बटखरा था 'किनाराम', जिससे संथालों से अनाज खरीदा जाता, और एक हल्का बटखरा था 'बेचाराम' जिससे उन्हें चीजें बेची जाती। कई संथाली अपनी ही ज़मीन में बंधुआ बनते गए, तो उनके 'देवताओं' ने आदेश दिया कि उन्हें एकजुट होना होगा। अलग-अलग गांवों में बीर सिंह, सिद्धू-कान्हू, मोरगो राजा ने संथालों को संगठित करना शुरू किया। 25 जुलाई, 1855 को कैथी लिपि में एक घोषणापत्र तैयार किया गया जिसका अर्थ था,

"इन महाजनों और इनके मालिक कंपनी साहबों का पाप अब खत्म करना होगा। इन सबने मिल कर हमारे जीने का तरीका बदल दिया।"

उसके बाद के घटनाक्रम को लूट, डकैती और हत्याओं की तरह दर्ज किया

गया है, जो न सिर्फ़ अंग्रेजों बल्कि बंगाली और अन्य सवर्ण महाजनों के ख़िलाफ़ भी था। भागलपुर के कमिश्नर ने एक चिट्ठी में लिखा है,

"वे छोटे-छोटे समूहों में घूमते हैं, लेकिन जैसे ही पकड़ने जाओ तो ढोल बजाते हैं; और न जाने कहाँ से दस हज़ार संथाल अचानक सामने आ जाते हैं!"

16 जुलाई, 1855 को अपने तीर-धनुष से संथालों ने मेजर बरॉ की सशस्त्र फौज को हरा दिया, और पच्चीस सिपाही वहीं के वहीं मारे गए जिनमें अंग्रेज़ सर्जेंट भी शामिल थे। उनके पीछे जो बैक-अप आ रही थी, वह खबर सुनते ही रास्ते से लौट गयी।[1]

इस पूरे घटनाक्रम को कंपनी ने अपने ख़िलाफ़ एक 'विद्रोह' का नाम दिया, जिसके लिए उन्हें अपनी कई टुकड़ियाँ तैनात करनी पड़ी, कई संथालों को मारा गया। आखिर इस पूरे दामन-ई-कोह को विभाजित कर संथाल परगना में तब्दील करना पड़ा।

अरुणाचल और असम में हो रहे विद्रोह की नींव भी कुछ ऐसी ही थी, जो जीवन-शैली में अचानक बदलाव और जंगलों के व्यवसायीकरण से उपज रही थी। इनकी वजह यह नहीं थी कि फलाँ राजा की पेंशन बंद हो गयी, या उत्तराधिकार न होने के कारण गद्दी चली गयी। उससे अधिक सूक्ष्म स्तर पर थी। इनके लिए मातृभूमि का अर्थ मूलभूत था और इस कारण विद्रोह के मायने स्पष्ट थे। जब हम जन-आंदोलन की छवि बनाते हैं, तो वह कुछ यूँ बनती है कि ढोल बजाते ही हुंकार करते दस हज़ार लोग जमा हो जाएँ। अगर ऐसा विस्तृत स्तर पर होता तो किसी भी प्रशासन के लिए इसे सँभालना असंभव होता। लेकिन, भले अंतिम लक्ष्य एक हो, अक्सर लोग यह ढूँढते हैं कि ढोल बजाने वाला किस क्षेत्र, किस जाति, किस धर्म का है। यह बात अंग्रेज़ बखूबी जानते थे।

❋ ❋ ❋

---

1   दत्ता, कालिकिंकर, द संताल इनसरेक्शन ऑफ 1855-57, यूनिवर्सिटी ऑफ कलकत्ता, 1940

"तुम लज़ारस की चमड़ी हो गंगा दीन
भले मैंने तुम्हें पीटा होगा, मारे होंगे चाबुक
जिस   ईश्वर   ने   तुम्हें   बनाया
तुम मुझसे बेहतर इंसान बने गंगा दीन"
-**रडयार्ड किपलिंग** की कविता की पंक्तियाँ एक भारतीय
भिश्ती को समर्पित

बदलाव सिर्फ भारतीयों में ही नहीं, बल्कि अंग्रेजों में भी हो रहा था। जब थॉमस रो पहली बार जहाँगीर के दरबार में आए, तो उन्हें पुर्तगालियों से कम तवज्जो दी गयी। उनके रहने का इंतज़ाम उनके ही शब्दों में साधारण था, और सूरत बंदरगाह में तो उनकी तलाशी भी ली गयी थी। वहीं, 1756 में मुग़ल दरबार में यह कहा जा रहा था,

"क्या हमें अब इन चंद व्यापारियों से आदेश लेना होगा, जिन्होंने अब तक अपना पिछवाड़ा धोना भी नहीं सीखा?"

अठारहवीं सदी तक ब्रिटिश भारतीयों को कुछ मिली-जुली नज़र से देखते थे। कई ब्रिटिश भारतीय स्त्रियों से संबंध बनाते और चार्ल्स स्टुअर्ट के शब्दों में, "अगर मैं तानाशाह होता तो ब्रिटेन की गोरियों को भारतीय स्त्रियों की नकल उतारने कहता"। वहीं, कैप्टन एडवर्ड सेलोन ने लिखा, "प्रेम की जो समझ भारतीय स्त्रियों को है, दुनिया की किसी स्त्री में नहीं"। उन्नीसवीं सदी तक आते-आते और ख़ास कर ब्रिटिश 'राज' द्वारा कंपनी को किनारे करने के बाद उनका नज़रिया बदल चुका था। जहाँ अठारहवीं सदी के लेखों में ब्राह्मणों को ख़ासा आदर दिया गया, उनसे ग्रंथों की शिक्षा ली गयी; उन्नीसवीं सदी में ब्राह्मणों को एक घृणास्पद पोंगापंथी वर्ग कहा जाने लगा। यह मात्र ईसाई मिशनरी द्वारा पुरोहितों पर प्रहार नहीं था, बल्कि भारतीय नस्ल को मानवीय स्तर पर निकृष्ट कहा जाने लगा। अपनी पुस्तक 'द फ़िशिंग फ्लीट' में ऐन डी कुर्सी लिखती हैं कि जहाज भर-भर कर फिरंगी महिलाएँ भारत लायी जाने लगी, ताकि अंग्रेज़ अफ़सरों को इस घृणित नस्ल से संबंध न बनाना पड़े। वायसरॉय लॉर्ड एल्जिन ने लिखा,

"मुझे जब इस निम्न नस्ल के लोग सलाम करते हैं तो मैं उनको दुम हिलाते कुत्तों की तरह नहीं देखता। कुत्तों को तो आप प्यार से सहलाते हैं, सीटी बजा कर बुलाते हैं। मैं इन्हें उन निर्जीव मशीनों की तरह देखता हूँ, जिनसे हम कोई भावनात्मक संबंध नहीं रखते"

हर छोटे-बड़े ब्रिटिश अधिकारी भारत के राजा-महाराजाओं की नकल उतारने लगे थे। लेफ्टिनेंट क्युबिट जिक्र करते हैं कि उनके घर के आस-पास झोपड़ियों में उनके निजी माली, सफाईकर्मी, जमादार, दर्जी, भिश्ती, धोबी और तमाम ख़िदमतगार रहते थे। उनके आस्तीन के बटन से लेकर जूते का फीता बांधने के लिए, लेटे-लेटे हजामत बनाने के लिए, और पूरे दिन अनवरत पंखा झलने के लिए नौकर थे। भारत में बचपन बिता चुकी एक अंग्रेज़ महिला ने लिखा कि अगर चलते हुए रुमाल भी गिर जाए, तो हम धीमी आवाज में कहते-'बॉय!', और एक भूरे रंग की दुबली छाया आकर रुमाल उठा देती।

उन्नीसवीं सदी से ही उन्होंने राजा-महाराजों का आदर भी धीरे-धीरे कम या बहुत ही सतही कर दिया। एक वर्णन है कि पटियाला के राजा जब इतवार को पंजाब के कमिश्रर लॉरेन्स से मिलने आये, तो उनके पीछे चल रहे गाजे-बाजों को डाँट कर बंद कराया गया। कारण कि यह ईसाइयों के 'मास' का समय था। उनकी घृणा का स्तर इस कदर बढ़ रहा था कि भारतीय सिपाहियों पर भी वह नस्लीय टिप्पणियाँ करने लगे थे, और यदा-कदा बेल्ट खोल कर मारने लगे थे। विलियम हॉवर्ड रसेल के शब्दों में[1]-

"ये घी और मिठाई में नहाए हुए दुर्गंध करते निग्गर (अश्वेत) दिन-रात चिलम फूँकते हैं। इन्हें प्रशिक्षित करना जैसे सूअरों के बाड़ में डंडा लेकर घूमना"

यह तय था कि अगर कारतूस वाली बात न भी होती, तो इस बढ़ती नस्लीय घृणा के दौर में निरीह से निरीह नस्ल भी कभी न कभी उबल पड़ती। ख़ास कर तब जब फ़ौज में भारतीयों की संख्या अंग्रेजों से छह गुणा अधिक थी। अंग्रेज़ों की संख्या अभी और घट रही थी, क्योंकि वह युद्ध शुरू हो चुका था, जिसे मैंने

---

1   रसेल, विलियम हावर्ड, माय डायरी इन इंडिया 1858-9, कैम्ब्रिज यूनिवर्सिटी प्रेस, 2010

अपनी पुस्तक 'रूस, रशिया और रासपुतिन' में 'मिनी वर्ल्ड वार' संबोधित किया था-क्रीमिया युद्ध।

1854 में जब क्रीमिया युद्ध की शुरुआत हुई, तो यह भारत के ब्रिटिश फ़ौजियों की अग्निपरीक्षा थी। यह रूस और ब्रिटेन के मध्य एक निर्णायक युद्ध सिद्ध हुआ जिसके बाद रूस ने भारत की तरफ़ पाँव फैलाने का इरादा त्याग दिया। हालाँकि यह अफ़वाह चलती रही कि 1857 के पीछे रूस और फ़ारस का हाथ था। कुछ ग़ैर-ज़रूरी चिट्ठियाँ भी मिली, लेकिन अब यह माना जा सकता है कि वे वाकई कोई ख़ास महत्व नहीं रखती थी।

पंजाब विजय में बड़ी भूमिका निभाने वाले लॉर्ड क्लाइड जब क्रीमिया पहुँचे, तो उनका ताज़ा अनुभव काम आया, और रूस को रोकने में वह सफ़ल हुए। चूँकि क्रीमिया युद्ध की कवरेज अख़बारों में जम कर हो रही थी, यह पहला ऐसा वैश्विक युद्ध था जिसमें पढ़े-लिखे भारतीय खूब रुचि ले रहे थे। इसी युद्ध में पहली बार टेलीग्राफ का भी जम कर प्रयोग हो रहा था। एक तरफ़ क्रीमिया युद्ध में उलझे ब्रिटेन के ख़िलाफ़ भारतीयों की क्रांति की टाइमिंग अच्छी कही जा सकती है। वहीं, दूसरी तरफ़ सिख युद्ध और क्रीमिया युद्ध का अनुभव लेकर लौट रहे लॉर्ड क्लाइड से भिड़ना तो कुछ यूँ था जैसे आइपीएल और विश्व कप विजेता टीम से रणजी मैच खेलना।

इसका अर्थ यह नहीं कि भारत ने टक्कर नहीं दी। मैं लंदन के वेस्टमिंस्टर गिरजाघर के ठीक बाहर लगे स्तंभ पर नाम पढ़ रहा था, जिसमें एक साथ क्रीमिया युद्ध (1854-56) और भारतीय युद्ध (1857-58) के ब्रिटिश शहीदों के नाम हैं। ध्यान दें कि जहाँ इतिहासकार सिपाही विद्रोह और स्वतंत्रता संग्राम के पोलेमिक्स में उलझे हैं, वहाँ उन्होंने इसे 'इंडियन वार' लिखा है। क्रीमिया में महाशक्ति रूस के ख़िलाफ़ युद्ध में दस शहीदों के नाम हैं, जबकि गुलाम भारत के साथ असंगठित युद्ध में नौ!

❋ ❋ ❋

1857 के कई आयाम से पाठ हो सकते हैं। आप जहाँ खड़े हैं, वहीं से नयी लाइन शुरू हो सकती है। लाइन से याद आया, भारत में रेलवे लाइन बिछनी शुरू

हुई थी, टेलीग्राफ़ आया था, पहले विश्वविद्यालय खुल रहे थे। औद्योगिक क्रांति के बिगुल बजने लगे थे, रुड़की में इंजीनियरिंग कॉलेज खुल गया था। ऐसे कई भारतीय थे, जो इस आधुनिकीकरण से उत्साहित थे। हिंदू राष्ट्रवाद से जोड़े जाने वाले बंकिमचंद्र चट्टोपाध्याय भारत के पहले ग्रैजुएट बनने के लिए कॉलेज जा रहे थे; वहीं मुस्लिम राष्ट्रवाद के पुरोधा कहे जाने वाले सैयद अहमद ख़ान बिजनौर में ईस्ट इंडिया कंपनी के सदर अमीन थे।

यहाँ दो रोचक अवलोकन हैं। पहला यह कि कंपनी के इतिहासकार जॉन केये की पुस्तक को सावरकर ने संदर्भ ग्रंथ की तरह प्रयोग किया, घटनाएँ भी मेल खाती हैं। लेकिन, पहले पुस्तक के खलनायक दूसरी पुस्तक के महानायक हैं। यह स्वाभाविक ही है। दोनों दो टीम थे, तो दोनों के नायक भिन्न होंगे ही। दूसरा यह कि सैयद अहमद ख़ान और सावरकर का आकलन कई स्तरों पर मेल खाता है। दोनों ही अंग्रेज़ों द्वारा उनके धर्म की निंदा करने को एक महत्वपूर्ण कारण कहते हैं।

सैयद अहमद ख़ान कुछ संदर्भ देते हैं कि किस तरह 1837 के सूखे में अनाथ हुए बच्चों को मिशनरियों ने ईसाई अनाथालय में रख कर ईसाई बना दिया। वह लिखते हैं कि पर्दा-प्रथा और महिला अशिक्षा के मुद्दों को धर्म की कमजोरी बता कर ईसाई बनने के लिए प्रेरित करना मौलवियों को भड़काता है। वहीं सावरकर हिंदुओं को heathen कहे जाने, गाय की चर्बी खिला कर धर्मभ्रष्ट किए जाने पर विस्तृत चर्चा करते हैं। ऐसा नहीं कि हिंदू और मुसलमान अंग्रेजों के विरुद्ध फिर कभी एक साथ नहीं लड़े। गांधी के समय ख़िलाफ़त और असहयोग आंदोलन भी जुड़ गये थे, लेकिन बंदूक और हथियार लेकर अलग-अलग स्थानों पर ब्रिटिश सिपाहियों से लड़ना अलग बात थी। ताज्जुब की बात थी कि 1855 में ये दोनों धर्म अयोध्या के हनुमानगढ़ी विवाद पर हुए दंगे में एक दूसरे की जान ले रहे थे। अगले ही वर्ष इनके धर्मगुरु साथ घूम-घूम कर अंग्रेजों का ख़िलाफ़ सामूहिक धर्मयुद्ध छेड़ रहे थे। मुसलमानों के लिए धर्म-युद्ध का एक और कारण वर्णित है। अवध से नवाब वाजिद अली शाह की पगड़ी छीनने वाले जनरल औटरैम अब ईरान की ओर कूच कर रहे थे, क्योंकि ब्रिटेन के फ़ारस पर आक्रमण की ज़िम्मेदारी उन्हें ही मिली। यह पाठ रोचक बन जाता है, जब सावरकर मुसलमानों के जिहाद और हिंदुओं के धर्मयुद्ध को साथ जोड़ देते हैं। वह लिखते हैं,

"शिवाजी के समय मुसलमानों से बैर उचित था, लेकिन अब ऐसा बैर रखना बेवकूफ़ी होगी...

अपने सनातन आर्य धर्म का, और अपने प्राणप्रिय इस्लाम धर्म का मीठी छुरी से गला काटा जा रहा है था। दिल्ली के मस्जिदों में सार्वजनिक घोषणा होने लगी-'फिरंगियों के कब्जे से हिंदुस्थान को मुक्त करने ईरानी फ़ौज जल्दी ही आ रही है'...

इस तरह दिल्ली के दीवान-ए-आम और ब्रह्मवैवर्त के राजमंदिर में स्वतंत्रता संग्राम की गुप्त तैयारी हो रही थी...देशभक्त मौलवी अहमद शाह को लखनऊ में हिंदुओं और मुसलमानों को भड़काने के लिए फांसी की सजा दी गयी।

उपर्युक्त मौलवी की तरह तमाम प्रचारक, फकीरों और संन्यासियों के भेषों में घूम-घूम कर गुप्त प्रचार करने लगे...

विशेषत: सेना में इनका महत्व अधिक था, क्योंकि हर टुकड़ी में एक पंडित और मुल्ला रखना अनिवार्य था। स्वतंत्रता के बिना धर्मरक्षण असंभव है, यह मर्म जानकर हज़ारों धर्मगुरु इस राजनीतिक जिहाद का आह्वान करने लगे।"

सावरकर ने लिखा है कि नाना साहेब पेशवा के दीवान अज़ीमुल्ला ख़ान अंग्रेजों की निगरानी करने के लिए क्रीमिया युद्ध पहुँच गए थे। यह बात जॉन लोवरिंग कुक के डायरी में भी दर्ज मिली, जो 1857 में भारत में पोस्टेड थे। भले ही ऐसी हर गुप्त योजना का सत्यापन कठिन हो, लेकिन 1856 का यह वर्ष भारतीय इतिहास का ऐसा वर्ष ज़रूर था, जब सतह के नीचे जमीन गरम हो रही थी, और अंग्रेज़ों के भारी-भरकम बूट इस तपिश को महसूस नहीं कर पा रहे थे।

✳ ✳ ✳

22 जनवरी, 1857. दमदम, कलकत्ता (लेफ़्टिनेंट जे. ए. राइट की चिट्ठी)

एक अफ़वाह की वजह से सिपाहियों में असंतोष है। किसी दुष्ट ने यह खबर फैला दी है कि हमारे कारतूस में जिस चिकनाई का प्रयोग हो रहा है, उसमें सूअर और गाय की चर्बी है। एक ब्राह्मण सिपाही अपने चौका की ओर लोटे में पानी लेकर खाना बनाने जा रहा था। उससे एक निचली जाति के खलासी ने पानी माँगा।

सिपाही ने कहा, "मैंने अभी-अभी लोटा माँजा है। यह अपवित्र हो जाएगा"

खलासी ने तंज किया-"आपको अपनी जाति की बहुत चिंता है? अभी साहब लोग जब गाय और सूअर की चर्बी वाला कारतूस दाँत से कटवाएँगे, तो कहाँ जाएगी जाति?"

मुझे सिपाहियों ने बताया कि यह खबर बाज़ार से आयी है, और पूरे भारत में फैल गयी है। उन्हें डर है कि गाँव से उनको बहिष्कृत कर दिया जाएगा। सिपाहियों का सुझाव है कि चिकनाई का सामान उन्हें स्वयं बाज़ार से लाने की इजाज़त दी जाए, जिससे वह निश्चिंत हो सकें कि उनका धर्म नहीं भ्रष्ट हो रहा।

6 फरवरी, 1857; विशेष कचहरी, बैरकपुर, 34 रेजिमेंट

गवाह 1: बृजनाथ पाण्डे, सिपाही, सेकंड रेजिमेंट

"क्या तुम परेड में थे, जब नए कारतूस दिखाए गए थे?"

"हाँ"

"क्या तुम्हें कारतूस से कोई समस्या थी?"

"कारतूस से नहीं, उसके काग़ज़ से शंका थी। वह कुछ अलग चमकीला दिख रहा था।"

"क्या तुम्हें ऐसी कोई जानकारी है कि इससे जाति भ्रष्ट हो सकती है?"

"बाज़ार में खबर मिली कि इसमें किसी जानवर की चर्बी है"

(कागज दिखाते हुए) "क्या यही वह कागज है? ग़ौर से देख कर कहो कि इसमें क्या खराबी है?"

"यह कपड़े की तरह कड़क है, जो जल्दी फटता नहीं। यह पुराने काग़ज से पूरी तरह अलग है"

गवाह 2: चाँद ख़ान, सिपाही, सेकंड रेजिमेंट

"इस कचहरी में मौजूद कारतूस में लगे कागज से तुम्हें कोई दिक्कत है?"

"यह कागज कड़क है, और जब जलता है तो इससे चिकनाई की गंध आती है"

"तुमने इसे जला कर देखा है?"

"दो दिन पहले ही। इसके जलने पर कुछ फड़फड़ाने सी आवाज़ आती है, जैसे चर्बी जल रही हो।"

(एक कागज कचहरी में जलाया जाता है)

"क्या कोई चर्बी की गंध आ रही है?"

"नहीं। अभी नहीं आ रही। लेकिन, मुझे शिकायत है। हम सभी मानते हैं कि यह कागज कुछ अलग है।"

गवाह 7: जमादार राम सिंह, सेकंड रेजिमेंट

"तुम्हें कैसे पता लगा कि इस कारतूस में चर्बी है?"

"किसी खलासी से बात फैली है, साहब। हम सबको इस कागज पर शक है।"

"हम तुम्हारा शक कैसे खत्म कर सकते हैं?"

"आप अब कुछ नहीं कर सकते"

8 फरवरी, 1857 को लेफ़्टिनेंट एलन ने लिखा,

"परसों शाम जब मैं वरंडा पर बैठा था, तो एक सिपाही चुपके से आया और कहा कि उसके पास एक ख़ुफ़िया खबर है। उसने चार सिपाहियों को यह कहते हुए सुना कि उनको जबरन धर्मभ्रष्ट कर ईसाई बनाया जा रहा है। उनकी योजना है कि वह बदला लेंगे। पहले बैरकपुर के अफ़सरों के बंगले जलाएँगे और उसके बाद फ़ोर्ट विलियम की ओर बढ़ेंगे। उसने कहा कि रात आठ बजे पेड़ के नीचे सभी सिपाहियों की गुप्त सभा है। वह डरा हुआ था और उसने कहा कि उसका नाम किसी को न बताऊँ, वरना वह नहीं बचेगा।"

इस कथन से पूर्व रात को बैरकपुर, रानीगंगे और टेलीग्राफ़ कार्यालय में आग लग चुकी थी। षडयंत्र की खबर देने वाले के लिए एक हज़ार का ईनाम रखा गया। अगले दिन जमादार दरियो ने तीन नाम लिए-सिपाही काशीप्रसाद दूबे, सिपाही मोहन शुक्ल और जमादार मुक्ता प्रसाद पांडे। एक ब्रिटिश अफ़सर ने अपने कथन में कहा कि कलकत्ता के धर्मसभा के कुछ ब्राह्मण विधवा विवाह कानून (1856)

से खार खाकर ऐसी झूठी अफ़वाह फैला रहे हैं। वहीं कंपनी के अधिकारी जॉन लोवरिंग कुक ने लिखा कि यह कलकत्ता आकर बस गए नवाब वाजिद अली शाह के किसी चमचे की करतूत है।[1]

अफ़वाह चाहे जहाँ से फैली हो, 1857 डिस्पैच के इन मूल दस्तावेज़ों को पलटते हुए बचपन में सुनी ये पंक्तियाँ याद आ गयीं।

"न ईरान ने किया, न शाह-ए-रूस ने

अंग्रेज़ों को बरबाद किया कारतूस ने"

✳ ✳ ✳

उन्नीसवीं सदी सबसे तेज भागने वाली सदियों में थी। डार्विन से कार्ल मार्क्स तक, सिलाई मशीन से टाइपराइटर तक, कार से ट्रेन तक, कैमरा से टेलीफ़ोन तक, वैक्सीन से एस्पिरिन तक चीजें बस आए ही जा रही थी।

युद्ध के रूप भी बदल रहे थे। पुराने ढर्रे के बंदूकों की जगह पिस्तौल और राइफ़ल आ रहे थे। क्रीमिया युद्ध में ब्रिटेन की रुसियों पर विजय का एक कारण 1853 में आए .577 बोर के राइफ़ल थे। इनमें कारतूस घुमावदार खाँचों से होकर स्पिन करते हुए तेज़ी से बिल्कुल निशाने पर जाती। मगर इसमें समस्या यह थी कि कारतूसों के पिछले हिस्से पर चिकनाई लगानी पड़ती। ऐसी चिकनाई जो लंबे समय तक टिके। हालाँकि पेट्रोलियम की खोज भी उन्नीसवीं सदी में ही हुई, लेकिन सदी के आखिरी दशकों में हुई। इसलिए चर्बी का तेल ही सबसे अधिक उपयुक्त था। पहली बार ये कारतूस भारत के मौसम में जाँच के लिए 1853 में ही आ गए थे। भारत में ब्रिटिश कमांडर-इन-चीफ़ विलियम गोम ने उसी वक्त चेताया,

"जब तक आप यह स्पष्ट नहीं कर देते कि इसमें लगी चिकनाई सिपाहियों के जाति या धर्म के ख़िलाफ़ नहीं है, तब तक इसे मैं सिपाहियों को जाँचने नहीं दे सकता"

फौजी बोर्ड ने उनकी बात का अनदेखा कर कारतूस दो साल तक जाँचे और रिपोर्ट भेज दी कि भारत की गर्मी में वानस्पतिक तेल या मोम वाले कारतूस

---

1   सेलेक्शन फ्राम द लेटर्स, डिस्पेचेज एंड अदर स्टेट पेपर्स, मिलिट्री डिपार्टमेंट प्रेस, 1893

    1857 हमने सुनी कहानी थी

सूख जाते हैं, मगर पाँच हिस्सा चर्बी के तेल, पाँच हिस्सा स्टियरिन और एक हिस्सा मोम से बनी चिकनाई बिल्कुल ठीक है। 1856 में मेरठ और फ़ोर्ट विलियम (कलकत्ता) के शस्त्रागारों में यह चिकनाई लगी कारतूस तैयार की जाने लगी थी। यह मुमकिन है कि दमदम के जिन खलासी ने सबसे पहले इसका जिक्र किया, वह कारतूस फ़ैक्ट्री से जुड़े रहे हों। उन्हें फ़ोर्ट विलियम के किसी साथी से खबर हुई होगी। जानकारी संभवत: आधी-अधूरी पहुँची थी। सिपाही कारतूस के बजाय उसके ऊपर लगे काग़ज़ को चर्बी में लपेटा बता रहे थे।

जब पहली बार यह बात उठी तो कारतूस फ़ैक्ट्री के प्रभारी कर्नल एब्बोट ने कहा, "इसमें चर्बी और मधुमक्खी का मोम मिलाया गया है। लेकिन चर्बी भेड़ या बकरी की ही हो, इसका सख़्त आदेश है।"

एक हफ़्ते बाद उन्होंने ही नया कथन दिया, "मुमकिन है कि बीच में गाय की चर्बी भी आ गयी हो"

7 फरवरी को स्वयं गवर्नर जनरल लॉर्ड कैनिंग ने कहा, "सभी रिपोर्ट पढ़ने के बाद सिपाहियों का शक वाज़िब नज़र आता है"

इस पूरे घटनाक्रम में सिपाहियों ने अभी तक कारतूस का औपचारिक उपयोग नहीं किया था। उस नए राइफ़ल से एक भी गोली चली नहीं थी, मगर सिपाही एकजुट होने लगे थे। यह शक होने लगा था कि बाहर से कोई सिपाहियों को भड़का रहा है।

वाजिद अली शाह का ठिकाना 'मटिया बुर्ज' (गार्डन रीच) और फ़ोर्ट विलियम, दोनों ही हुगली नदी के किनारे बसे थे, और सात-आठ किलोमीटर की दूरी पर थे। 26 जनवरी, 1857 को नवाब के किसी आदमी को सिपाहियों से मिलते-जुलते पकड़ लिया गया। बंगाल रेजिमेंट के अधिकांश सिपाही अवध इलाके से थे, इस कारण उनका भावनात्मक जुड़ाव भी था। अब एक-एक कर तार जोड़ते चलें।

सिपाही महमद ख़ान के बयान के अनुसार,

"हम पुरबिए अवध के कब्जे और वहाँ हो रही लूट की खबर के बाद योजना बनाने लगे थे। रेजिमेंटों में गुप्त चिट्ठियाँ भेजी जाने लगी कि ये फिरंगी हमारी नौकरी

छीन कर सिखों को दे रहे हैं। बात सिर्फ़ अवध की नहीं है, हमारे सभी राजाओं की जमीन हथिया रहे हैं।''

मामले की जाँच कर रहे अधिकारी हियरसे ने कहा, ''वाजिद अली शाह का साथी राजा मान सिंह 19वीं और 34वीं रेजिमेंट के हिंदू सिपाहियों को पैसे भेज रहा है, और उन्हें किसी न किसी मुद्दे से बाकी सिपाहियों को भड़काने के लिए कह रहा है। इन रेजिमेंट के सिपाहियों ने तो कारतूस देखा भी नहीं है! पता नहीं क्यों भड़के हुए हैं?''

कंपनी के एक भारतीय उच्च अधिकारी सीताराम बावा ने अपना कथन दिया, ''अवध के तालुकदार राजा मान सिंह और नाना साहब पेशवा 1855 से ही योजना बना रहे थे। उन्हें सिपाहियों को भड़काने के लिए मुद्दे की तलाश थी।''

'द टाइम्स' के पत्रकार विलियम रसेल जो क्रीमिया युद्ध के बाद 1857 को कवर करने पहुँचे थे। उन्होंने लिखा है, ''मुझे अजीमुल्ला ख़ान क्रीमिया में मिला, और उसने कहा कि ब्रिटेन की सेना तो फ्रेंच से बहुत कमजोर है...भारत आकर वह और नाना तीर्थयात्रा के बहाने पदयात्रा पर निकलते, और ट्रंक रोड पर स्थित हर छावनी में (उन्हें भड़काने के इरादे से) घुस जाते''

सावरकर के शब्दों में, ''हिंदुस्तान जैसे विस्तृत देश में राज्य क्रांति जैसे गंभीर काम को धूर्त अंग्रेजों से बचाते हुए, गोपनीयता से संगठित करने के लिए, श्रीमंत नाना साहेब, मौलवी अहमद शाह, वज़ीर अली नकी ख़ान की जितनी प्रशंसा की जाए, कम है।''

सिपाही सीताराम पांडे ने अपने कथन में कहा, ''कलकत्ता के बाज़ारों में झूठी खबर बतायी गयी कि रूस की जीत हुई है, उनके सारे जहाज डुबो दिए गए। हमें बताया गया कि अब जितने अंग्रेज़ सैनिक जिंदा बचे हैं, वे बस भारत में ही बचे हैं।''

'कारतूस' तो एक ऐसा इक्का था, जिसने बाज़ी जीत ली। पत्ते तो कब से चले जा रहे थे। फरवरी, 1857 में एक विचित्र खबर आनी शुरू हुई कि उत्तर भारत के गाँवों में जंगल से कोई चौकीदार को चपाती देकर जाता है, और यह 'ख़ुफ़िया' चपाती आगे बँटती जाती है।

❈ ❈ ❈

"यहाँ पूरे देश में कुछ विचित्र चीजें घट रही है। यह कहाँ से और कब शुरू हुआ, कोई नहीं जानता। अखबारों में तरह-तरह की कहानियाँ हैं। इसे चपाती आंदोलन कहा जा रहा है"

-डॉ. गिल्बर्ट हैडो द्वारा अपनी बहन को लिखी चिट्ठी, मार्च 1857

मथुरा की एक सुबह, मार्च का महीना, 1857

मजिस्ट्रेट मार्क थोनहिल जब अपने कार्यालय पहुँचे तो आटे की पाँच मोटी चपातियाँ मेज पर रखी मिली। उन्होंने जब तलब की तो पता लगा कि पास के जंगल से रात को कोई व्यक्ति चौकीदार को दे गया और कहा, "ऐसी ही पाँच चपातियाँ बना कर पड़ोस के पाँच गाँव के चौकीदार को दे आना। उससे कहना कि तुम्हें पाँच चपातियाँ बना कर आगे भेजनी है।"

आगरा के कमिश्नर ने रिपोर्ट लिखी कि ये चपातियाँ एक रात में दो सौ मील का सफ़र कर रही हैं। कलकत्ता से चली चपाती की शृंखला अंबाला तक पहुँच रही है।

एक ब्रिटिश अधिकारी ने कहा, "जितनी देर में हमारी ब्रिटिश डाक नहीं पहुँचती, उससे तेज तो चपातियाँ पहुँच रही हैं"

आश्चर्य यह था कि किसी चौकीदार को यह नहीं मालूम था कि इस चपाती का महत्व क्या है? यह घूम क्यों रही है? सभी किसी अंधविश्वास की तरह चपाती बना कर भेजे जा रहे थे। कोई कह रहा था कि शहर में हैजा फैला है, इसलिए ताज़ा चपातियाँ पहुँचायी जा रही हैं। कोई कह रहा था कि चपाती में गुप्त संदेश है, जो किसी को नज़र नहीं आ रहा। कोई कह रहा था कि चपाती क़बूल करने का अर्थ था कि वह क्रांति में साथ देंगे। हर प्रांत के अपने तर्क थे। कोई बाबू कुंवर सिंह का नाम ले रहा था, कोई नाना साहब का, कि उन्होंने भिजवाए हैं।

एक विवरण के अनुसार ग्वालियर की राजमाता बैजाबाई और नाना साहब ने मिल कर एक 'सर्वतोभद्र यज्ञ' किया। इस यज्ञ के गुरु दास्सा बाबा ने मखाना पीस कर आटे में मिला दिया और कहा, "जहाँ जहाँ इसकी बनी चपाती पहुँचेगी, वहाँ

से अंग्रेजों का राज खत्म होगा''। जैसे अश्वमेध की तरह चपातीमेध यज्ञ हो रहा हो!

कैप्टन कीटिंग का कथन है कि चपाती सबसे पहले इंदौर से बाजानगर होते हुए ग्वालियर तक पहुँची। वह एक निमार गाँव का नाम लेते हैं, जहाँ हैज़ा फैला था और जनवरी से ही चपाती घूम रही थी। वहीं कर्नल जी. बी. मैलेसन ने फ़ैज़ाबाद के मौलवी अहमदुल्ला शाह को चपाती आंदोलन का मास्टरमाइंड बताया है। वह पटना तक यात्रा कर मुसलमानों को फतवे के साथ चपाती भिजवा रहे थे। एक तीसरी अफ़वाह का वर्णन मिलता है कि ईसाई इन चपातियों में गाय और सूअर के रक्त छिड़क कर पूरे भारत का धर्म भ्रष्ट कर रहे थे। कुछ इलाकों में कमल के फूल, बैगन के पत्ते और मुसलमानों के बीच गोश्त की टुकड़ियाँ भी भेजी जा रही थी। जो यह लेकर आता, बस इतना कहता, "सब लाल होगा!"

क्या लाल होगा, कैसे लाल होगा, यह संदेशवाहक को भी स्पष्ट नहीं था। एक अफ़वाह थी कि साधु कमल लेकर छावनी में घूमते। सिपाही कमल के फूल के पत्ते तोड़ कर जेब में रख लेते, और डंठल वापस आ जाती। इससे पता लगता कि कितने सिपाही साथ हैं।

सैयद अहमद ख़ान के अनुसार खामखा ब्रिटिश इतिहासकार मूल मुद्दों से भटकाने के लिए ऐसे बकवास विषयों पर पन्ने भर रहे थे। समकालीन इतिहास लेखक विलियम डैलरिम्पल के अनुसार चपाती के दिल्ली पहुँचने की संभावना बहुत कम है। गुड़गाँव के कलक्टर फोर्ड के अनुसार जब दिल्ली के आंदोलनकर्मियों को पकड़ कर पूछताछ की गयी, इसकी कोई जानकारी नहीं मिल सकी। जॉन केये ने एक सारांश की तरह लिखा है,

"इस छोटी सी गोल चपाती का रहस्य चाहे कुछ भी हो, लेकिन यह आंदोलन इस गति से, इतने विस्तार से, और इतने लंबे समय तक चला कि यह महज़ इत्तिफ़ाक़ तो नहीं कहा जा सकता। इसने जनता में आंदोलन को जिंदा रखने में बड़ी भूमिका निभायी"

✳ ✳ ✳

"अगर आप लोगों को निचली जाति से सिपाही लाने हैं, तो आप लोग ही डोम और हलालखोरों (halalkhors)[1] के रेजिमेंट में काम करें"

-मेजर जनरल रिचर्ड बिर्च

इस मुद्दे को मैं टाल रहा था, लेकिन यह मुद्दा इतना महत्वपूर्ण है कि इसके बिना बात आगे नहीं बढ़ सकती। मैं ब्रिटिश सेना में जाति की बात करने जा रहा हूँ, जिससे 1857 का, और उसके बाद के नज़रिए का सीधा संबंध है।

भारत में पारंपरिक रूप से क्षत्रिय, डोगरा, पठान, अफ़गानी, गोरखा, वन्नियार, बलूची आदि योद्धा वर्ग थे। ब्राह्मणों, वैश्य और शूद्र जातियों से मुगलों की सेना में भी सत्रहवीं सदी तक कम लोग थे। अगर थे भी तो उनकी भूमिका उनके वर्ण के हिसाब से यथोचित रखी गयी थी, या कुछ अपवाद थे। कभी-कभी बड़े युद्ध के समय सभी वर्णों से लोग लाए जाते, जो युद्ध के बाद पुन: अपने वर्ण के कार्य में लग जाते।

मराठा सेना में, ख़ास कर छत्रपति शिवाजी के समय ग़ैर-क्षत्रियों और ब्राह्मणों को सेना में शामिल किया जाने लगा। ‘मराठा’ वर्ग का जन्म कुन्बी, लोहार, गवली, कोली, धांगड़, ठाकर, सुतार आदि जातियाँ मिला कर हुआ। हालाँकि आज के कई मराठा स्वयं को क्षत्रिय कुल से भी जोड़ते हैं, लेकिन यह कयास है कि एक बड़ा योद्धा वर्ग खेतिहरों, और कामकाजी (बढ़ई, लुहार आदि) वर्ग से बना। हट्टे-कट्टे आदिवासी समूहों जैसे धांगड़, भील, संथाल के अतिरिक्त अहीर, कोली, मोपला आदि भी भर्ती किए। महाराष्ट्र के दलित ‘महार’ समुदाय जिससे अम्बेडकर आते हैं, उन्हें एक योद्धा वर्ग बनाने में ब्रिटिशों का योगदान है। लेकिन, ब्रिटिशों ने पहली बार एक बाक़ायदा ‘ब्राह्मण रेजिमेंट’ बनाया जिसमें अधिकांश पुरबिया ब्राह्मण और कुछ ऊँचे वर्ग के मुसलमान रखे गए।

इसके कई तर्क दिखते हैं, जिसमें नस्लीय तर्क को नहीं नकारा जा सकता। खुल कर बात कही जाए, तो ब्राह्मणों का रंग, उनकी ऊँची सामाजिक स्थिति, और उनका पढ़ा-लिखा होना, ब्रिटिश अफसरों को पसंद आता था। आंग्ल-मराठा युद्ध और आंग्ल-सिख युद्ध में ठीक-ठाक ब्राह्मण संख्या वाली बंगाल रेजिमेंट ने अपने

---

1   हलालखोर = मुस्लिम भंगी/मेहतर

अनुशासन से जीत भी दिलायी, जिसके बाद उनकी भर्ती बढ़ गयी। 1857 तक कुछ टुकड़ियों में चालीस प्रतिशत तक ब्राह्मण थे!

प्रश्न यह है कि कर्मकांडी और छुआ-छूत मानने वाले ब्राह्मण भला ऐसे कार्य में क्यों आए? जब उनके पूर्वजों में किसी ने तलवार नहीं उठायी, तो उन्होंने कैसे पकड़ ली? एक कारण तो खैर उनकी घटती धार्मिक सत्ता और बढ़ती आर्थिक दुर्बलता हो सकती है। दूसरी वजह शायद यह थी कि वहाँ ब्राह्मणों और ऊँची जातियों के वर्चस्व में वे अपना लोटा माँज कर, ब्राह्मणों का या अपना बनाया खाकर जनेऊ बचा लेते थे। जैसा ब्राह्मण-खलासी संवाद हमने पहले पढ़ा, वह एक उदाहरण है कि वे फौज में भी छूआछूत मानते थे।

मेजर जनरल बिर्च लिखते हैं, "मैंने अपनी आँखों से एक दिन देखा कि परेड के बाद एक निचली जाति का सिपाही एक ब्राह्मण सिपाही के समक्ष जमीन पर लेट कर दंडवत हो गया"

जातियों के प्रति ब्रिटिशों का रवैया बंगाल आर्मी ऐक्ट 31 से समझा जा सकता है जिसके अनुसार लिखित रूप से इन जातियों की सेना में भर्ती पर पाबंदी थी-कायस्थ, बनिया, नाई, तेली, तंबोली, गदरिया, कहार, माली। इनसे छूआछूत की बात नहीं थी, बल्कि वे मानते थे कि ये योद्धा वर्ग हैं ही नहीं। अगर ये नहीं थे, तो ब्राह्मण किस तर्क से हो गए?

1857 ने उन्हें अपनी 'ग़लती' का अहसास कराया, जब उन्हें मालूम पड़ा कि पूरी योजना के पीछे अधिकांश पुरबिया ब्राह्मण हैं, जो गुटबाज़ी कर अपनी वाक्पटुता और जाति-निहित आदर से बाकियों को भड़काते हैं। जॉन लॉरेंस ने लिखा है,

"जब ये ऊँची जाति के लोग विद्रोह का ऐलान करते, तो निचली जाति के कर्मी जिनका काम टेंट गाड़ना, मिट्टी खोदना आदि था, वे भी भेड़-बकरियों की तरह पीछे-पीछे चल देते। वे हम ब्रिटिशों से अधिक आदर उन ब्राह्मणों का करते थे।"

1857 से पहले बंगाल रेजिमेंट के खलासी आदि पदों पर चमारों की खूब भर्ती हुई थी, जो 1857 के बाद इस कारण से भी घटा दी गयी कि वे ऊँची जाति के सिपाहियों को ही अपना मालिक मानते थे। उनकी जगह मज़हबी सिखों की

भर्ती की गयी। ब्राह्मणों की भर्ती तो खैर बहुत कम कर दी गयी। ब्राह्मण रेजिमेंट का सिर्फ़ नाम ही रह गया, जो बीसवीं सदी तक खत्म ही कर दिया गया। बंबई प्रेसिडेंसी के आर्मी चीफ़ सोमसेट ने कहा,

"इन ब्राह्मणों को सेना में तो क्या, प्रशासनिक सेवाओं से भी बाहर किया जाए। यही सारे फ़साद की जड़ हैं।"

मैं 4 अप्रिल, 1857 को एक सिपाही के कोर्ट-मार्शल में पूछे गए प्रश्न आपके समक्ष रखता हूँ।

"क्या तुम्हें कोई खुलासा करना या कुछ कहना है?"

"नहीं"

"जो तुमने बीते रविवार किया, वह अपनी मर्ज़ी से किया या किसी के आदेश पर?"

"अपनी इच्छा से। मुझे अपनी मृत्यु की आशा थी।"

"तुमने अपनी बंदूक खुद को बचाने के लिए लोड की थी?"

"नहीं। जान लेने के लिए।"

"क्या तुमने एजुटेंट (adjutant) की जान लेने के लिए गोली चलायी, या कोई और निशाना था?"

"जो भी सामने आता, उसे मार देता।"

"क्या तुमने कोई नशा किया था?"

"मैं नशा नहीं करता था। पिछले कुछ दिनों से भांग और अफ़ीम लेने लगा था। उस वक्त मैंने क्या किया था, मुझे मालूम नहीं।"

सिपाही को कई बार पूछा गया कि वह किसी और सहयोगी का नाम लेना चाहेंगे, उन्होंने नहीं लिया। एकांत में ले जाने के बाद भी नहीं लिया।

मूल दस्तावेज में उन सिपाही का नाम दर्ज है-Sepoy Mungul Pandy, 34th regiment, Native infantry'

❑

मंगल पांडे से मेरठ और दिल्ली तक

"निकलो भैंचो! फिरंगी आ गए हैं"

"Come out Bhainchutes, Europeans have come"

[सिपाही मंगल पांडे के अपनी झोपड़ी से निकलते ही पहले शब्द; हवलदार शेख पलटू, 34वें नेटिव इंफ़ैंट्री, की औपचारिक दर्ज़ गवाही से उद्धृत]

रविवार, 29 मार्च, 1857; बैरकपुर छावनी

कलकत्ता के एक छोर पर स्थित इस छावनी की वह दोपहर सुस्त बीत रही थी। मेजर-सर्जेंट जेम्स ह्यूसन अपने बंगले के बरामदे पर धूप सेंकते हुए अधनंगे लेटे हुए थे। तभी एक नायक भागते हुए आए,

"साहब! एक सिपाही ने भांग पी रखी है, और गोलियों भरी बंदूक लेकर क्वार्टर-गार्ड के पास खड़ा है"

"अच्छा? मैं देखता हूँ कौन सरफिरा है। तुम तब तक एज़ुटेंट को खबर कर दो"

कपड़े पहन कर, अपने हाथ में एक तलवार लिए ह्यूसन परेड मैदान की ओर बढ़े। उन्होंने दूर से देखा कि एक सिपाही ने हाथ में बंदूक ले रखी है। ऊपर रेजिमेंट की लाल धारीदार ड्रेस पहनी है, मगर नीचे पतलून के बजाय धोती है। वह कुछ करीब गए और आँखें मिला कर कहा,

"मुंगल पांढी! कंपनी नंबर फ़ाइव?"

सिपाही ने बंदूक उनकी ओर साधी और गोली चला दी। निशाना चूक गया और ह्यूसन भाग कर तंबू (बेल ऑफ़ आर्म्स) में छुप गए। वहाँ उन्होंने जमादार ईश्वरी पांडे से कहा, "तुम यहाँ क्या कर रहे हो? उसे गिरफ़्तार क्यों नहीं किया?"

"मैं अकेले क्या करता? नायक को आपके पास भेजा था, अब तक लौटा

नहीं। हवलदार को फ़ील्ड-ऑफ़िसर के पास भेजा है।"

जमादार गणेश लाल और हवलदार मुक्ता प्रसाद पांडे मिल कर मंगल को समझाने पहुँचे। जेम्स थॉर्नटन ने गवाही में कहा कि वे मंगल पांडे को हथियार डालने कह रहे थे। वे अभी बातें ही कर रहे थे कि घोड़ों की टाप सुनाई दी। एज़ुटेंट लेफ़्टिनेंट हेनरी बॉग मैदान में पहुँचे।

"किधर है वह सिपाही?"

"आपकी बायीं तरफ़। आप दायीं तरफ़ भागिए। वह गोली चलाने वाला है!", ह्यूसन तंबू से निकल कर चिल्लाए

गोली तो चल चुकी थी। हेनरी बॉग का घोड़ा धराशायी हुआ। वह एक पिस्तौल लेकर आगे बढ़े। मंगल पांडे को अगली गोली लोड करने में वक्त लग रहा था, तो बंदूक फेंक कर तलवार निकाल ली। बॉग ने बीस गज की दूरी से गोली चलायी, जो चूक गयी। उन्होंने भी पिस्तौल छोड़ कर तलवार उठा ली। पीछे से ह्यूसन तलवार लेकर दौड़े।

मंगल पांडे ने पहले बॉग के बायें हाथ पर वार किया, और फिर गर्दन पर। आखिर बंदूक के कुंदे से मार कर उन्हें गिरा दिया। उसके बाद ह्यूसन पर तलवार से वार किया। ह्यूसन ने अपनी गवाही में लिखा है कि उसी वक्त किसी और सिपाही ने उन पर पीछे से वार किया, और वह गिर पड़े। उन्हें उस सिपाही का चेहरा याद नहीं। (सिपाही मेही लाल की गवाही के अनुसार यह वार सिपाही हीरा लाल तिवारी ने किया था। घटना के बाद तिवारी रेजिमेंट छोड़ कर चले गए थे।)

मंगल पांडे बॉग के कलेजे में तलवार उतारने ही जा रहे थे कि एक सिपाही शेख पलटू ने उन्हें पीछे से आकर दबोच लिया। तभी मैदान में कर्नल स्टीवन व्हीलर आए। कर्नल नियमित सिपाहियों को ईसाई धर्म-परिवर्तन के लिए प्रेरित करते थे, इस कारण उनसे पहले ही लोग भड़के हुए थे।

मंगल पांडे उनको देखते ही आग-बबूला हो गए और चिल्लाए, "ये गोरे हम सबका धर्म खत्म कर देंगे। गाय खिलाएँगे। ईसाई बनाएँगे।"

व्हीलर ने सिपाहियों से कहा, "गिरफ़्तार कर लो इसे!"

आगे उनका औपचारिक बयान है, "जमादार को मैंने तीन बार आदेश दिया और उसने कहा कि हमारे लोग नहीं जाएँगे। एक बार उसने बुझे मन से अपने सिपाहियों से कहा, तो वे कुछ कदम आगे बढ़ कर रुक गए। मुझे बाद में एक सिपाही ने बताया कि मंगल ब्राह्मण था, इसलिए उसे गिरफ़्तार करने कोई नहीं जा रहा था। आखिर मैं ब्रिगेडियर को बुलाने निकल गया।"

जितनी देर में ब्रिगेडियर और अन्य अफ़सर आते, मंगल पांडे घूम-घूम कर चिल्ला रहे थे, "निकल आओ पलटन! हमारा साथ दो! अपने धर्म की रक्षा करो!"

आखिर ब्रिटिश मेजर जनरल हियरसे अपने दोनों बेटों जॉन और एंड्रयू के साथ घोड़े पर पहुँचे।

उन्होंने सुना कि मंगल पांडे अन्य सिपाहियों को कह रहे थे, "तुम लोगों ने मुझे भड़काया। और अब भैंचो! मेरा साथ नहीं दोगे?" [मूल ब्रिटिश दस्तावेज में अपशब्द Bhainchutes प्रयोग]

हियरसे जैसे ही मंगल पांडे की ओर तेजी से बढ़े, गोली चल गयी। इस बार यह गोली मंगल पांडे ने स्वयं को मारी थी।

हियरसे का कथन है, "उसने बंदूक की नाल अपनी छाती की ओर की, और अपने पैर की उंगली से ट्रिगर दबायी। यह गोली ठीक से चल नहीं पायी, उसकी छाती और गर्दन को रगड़ती हुई गुजर गयी। गार्ड चिल्लाने लगे-उसने खुद की जान ले ली। उसके कपड़ों ने आग पकड़ ली थी, जिसे बुझाने के लिए जमादार और अन्य सिपाही आ गए थे। एक सिख सिपाही उसके शरीर के नीचे से तलवार निकाल रहा था। डॉ. हचिन्सन ने ज़ख़्म की जाँच की, और उसे अस्पताल ले गए।"

हियरसे ने बाकी सिपाहियों को डाँट कर कहा, "तुम लोग भी उतने ही गुनाहगार हो। उसे पकड़ नहीं सकते थे?"

"साहब! उसने भांग-अफ़ीम ले रखी थी। पागल हो गया था वह"

"पागलों से तुम्हें डर लगता है? पागल हाथी या पागल कुत्ते के साथ क्या किया जाता है? पागल आदमी उनसे अलग नहीं होते। तुम्हें गोली मार देनी थी"

मंगल पांडे का कोर्ट-मार्शल किया गया, और 8 अप्रिल को उन्हें फांसी की

सजा दी गयी। तब तक वह अपने जख्मों से कमजोर हो चुके थे। जमादार ईश्वरी पांडे का भी कोर्ट मार्शल किया गया, क्योंकि तीन सिख सिपाहियों ने गवाही दी कि उन्होंने मंगल पांडे को गिरफ़्तार करने से रोका था। 21 अप्रिल को उन्हें फाँसी की सजा दी गयी। हियरसे ने लिखा है,

"ईश्वरी बार-बार गिड़गिड़ा कर जान की भीख माँग रहा था। जब उसे फंदे से लटकाया गया, तो उसने दो बार बोला-सीताराम, सीताराम...मैंने सभी सिपाहियों को बुला कर दिखाया-देख लो! अगर विद्रोह करोगे तो तुम्हारा भी यही हश्र होगा।"

हश्र तो खैर अभी उन्हें देखना था। शेख पलटू को पुरस्कृत कर हवलदार का पद दिया गया। लेकिन, सिपाहियों में यह विभाजन होने लगा था कि कौन साथ है, कौन नहीं। मंगल पांडे ने चिनगारी जला दी थी।[1]

अब यह आग कलकत्ता से मेरठ तक पहुँच रही थी। लेकिन, मेरठ पहुँचने से पहले कुछ देर कलकत्ता में रुकता हूँ। कुछ प्रति-प्रश्न मन में उठे, जिन्हें रखता हूँ।

मंगल पांडे को 1857 का एक प्रतीक माना जाता है। इस विषय पर अधिकांश पुस्तकों में एक अध्याय उनके नाम से होता ही है। लेकिन, मंगल पांडे ने जब 29 मार्च को कलकत्ता के बैरकपुर में गोली चलायी, तो क्रांति का केंद्र बंगाल क्यों नहीं बना? यह कहना तो बेतुकी बात होगी कि बंगाल कम राष्ट्रवादी रहा। बीसवीं सदी के राष्ट्रवाद की नींव ही बंगाल में मिलती है। जहाँ 'आनंदमठ' लिखा जाना था, वहाँ का भद्रलोक समाज क्यों ऐसी घटना के बाद चुप रहा?

अगर पुरबिया ब्राह्मणों की बात करें, तो मैं आँकड़े दे रहा हूँ। मंगल पांडे के रेजिमेंट में उस दिन कुल 196 ब्राह्मण सिपाही, 212 अन्य हिंदू जातियाँ, 49 सिख, और 106 मुसलमान छावनी में थे। मंगल पांडे के अतिरिक्त सिर्फ़ एक अन्य ने बंदूक उठायी। बाकी, उनके लाख कहने पर भी साथ नहीं आए। न ही उसके बाद बैरकपुर या दमदम में ऐसी घटना हुई।

कलकत्ता, जो अंग्रेजों का मुख्यालय था, और जहाँ अवध के नवाब रह रहे थे, वह कुछ महीने सबसे शांत इलाकों में रहा। कारतूस से धर्मभ्रष्ट होने की

---

1   फॉरेस्ट, जी, डब्ल्यू (संपादन), लेटर्स, डिस्पैचेज एंड अदर स्टेट पेपर्स, मिलिट्री डिपार्टमेंट प्रेस, 1902

चर्चा कम हो गयी। उस बदनाम कारतूस का दमदम में पहली बार उपयोग करने वाले 17वीं नेटिव इंवेट्री के एक पुरबिया ब्राह्मण सूबेदार भोला उपाध्याय थे। उनको सूबेदार-मेजर पद देकर पुरस्कृत किया गया।[1] मंगल पांडे की 34वीं नेटिव इंफैंट्री भंग कर दी गयी। लॉर्ड कैनिंग कुछ हद तक कलकत्ता से निश्चिंत हो गए। उन्होंने ब्रिटेन से भेजी जा रही नयी टुकड़ियों को आराम से जून तक आने कहा। आप अगर मंगल पांडे के कथन पीछे जाकर पढ़ें, तो उनकी निराशा थोड़ी-बहुत झलकती है। उन्होंने अपने 'कोर्ट मार्शल' में किसी का नाम नहीं लिया, इसकी वजह साथियों की रक्षा भी हो सकती है; लेकिन, जब वह कहते हैं कि 'तुमने मुझे भड़काया तो अब साथ क्यों नहीं दे रहे?' इसका अर्थ तो यही लगता है कि साथ आने की योजना थी। मंगल पांडे अकेले पड़ गए।

विद्रोह के तौर पर बैरकपुर में यह पहली घटना नहीं थी। मंगल पांडे से पहले उसी छावनी में 1824 में सिपाही विद्रोह हुआ था, जो कहीं अधिक वीभत्स था। उस समय पुरबिया सिपाहियों ने बर्मा की समुद्र यात्रा में धर्म-भ्रष्ट होने का मुद्दा लेकर जहाज पर चढ़ने से इंकार कर दिया था। उन सबको घेर कर ताबड़तोड़ गोलियाँ चलायी गयी, जिसमें लगभग दो सौ सिपाही मारे गए और 12 को फांसी हुई। यह इतना क्रूर था कि सिपाही अपनी जान बचाने के लिए हुगली नदी में कूद रहे थे। विद्रोह के मुखिया सिपाही बिंदा तिवारी के पैरों में बेड़ियाँ बाँध कर पीपल के पेड़ से लटका दिया गया, और उनकी लाश को सड़ने छोड़ दिया गया। उस समय क्यों राजा-नवाबों ने इसके ख़िलाफ़ मुहिम नहीं छेड़ी? डलहौज़ी की हड़प नीति के बाद क्यों नींद खुली?

इन असहज प्रश्नों के बावजूद मंगल पांडे द्वारा अंग्रेजों के गढ़ में बंदूक उठाना एक ऐसा कदम था, जिसे भारत के कई सिपाहियों ने अधिक संगठित रूप से दोहराया। अगर हिंसक क्रांति के मॉडल रूप में देखा जाए, तो 1857 में सभी भौतिक अवयव मिल सकते हैं। बीसवीं सदी के अहिंसक सत्याग्रही राष्ट्रवाद के ठीक विपरीत 1857 में अहिंसा का नाम-ओ-निशां ढूँढना कठिन है। शायद इसलिए

---

1   उनकी ही टुकड़ी के एक अहीर सूबेदार भोंदू सिंह का जिक्र मिलता है, जिन्होंने कारतूस के प्रयोग से मना कर दिया, और बाद में आजमगढ़ में क्रांति-दूत बने।

   1857 हमने सुनी कहानी थी

भी यह कार्ल मार्क्स को पसंद आया, और वह धड़ाधड़ रिपोर्ट लिखने लगे। 1857 में अंग्रेज़ों को लूटना, खदेड़ कर मारना, आगजनी, तोड़-फोड़, अपहरण, सीधे युद्ध लड़ना, सभी एक साथ मिल जाएँगे। उसी अनुपात में भारतीयों की शहादत, उम्र-कैद, क्रूर यातनाएँ, फांसी भी मिल जाएँगी। इतने नाम कि गिनना कठिन हो। इतने नायक कि चुनना कठिन हो। यह असफल होकर भी उस मान्यता को तोड़ता है कि भारतीय एक भीरु समाज हैं, जो हिंसा नहीं कर सकते। इसके उलट यह ऐसी स्थिति सामने खड़ा करता है, जब राजा से प्रजा तक, सिपाही से मौलवी तक, शहरी से ग्रामीण तक, शिक्षित से अनपढ़ तक, पुरुष से स्त्री तक, हर धर्म में, हर जाति में तलवार उठाने की ताक़त दिखती है।

दूसरी तरफ़, हिंसा की ज़मीन कभी-कभार इतनी कच्ची होती है कि वह दमन को भी उचित बना देती है। भविष्य के नायक मंगल पांडे का साथ देने में उनके अपने साथी झिझक गए। भांग के नशे का तर्क अधिक वजन नहीं रखता, क्योंकि मंगल पांडे लड़खड़ा कर नहीं, पूरी क्षमता से वार कर रहे थे। दो अंग्रेज़ अफ़सरों और एक घोड़े को गिरा चुके थे। संभवत: सिपाही इस हिंसा के बाद कोर्ट-मार्शल को लेकर चिंतित हो गए।

मेरठ ने इस भ्रम को तोड़ दिया। वहाँ सिपाही न सिर्फ़ साथ आए, बल्कि शृंखला बना कर दिल्ली तक हुंकार भरते हुए गए।

कलकत्ता से पहले ही गंगा किनारे हलचल शुरू हो चुकी थी। 'चपाती आंदोलन' से लेकर संन्यासियों और फ़क़ीरों के भेष में घूमते लोग कोई झूठी अफ़वाह नहीं लगती। इसके कई प्रामाणिक संदर्भ मिलते हैं कि संगठित रूप से यह गतिविधियाँ हो रही थी। भले कुछ घट नहीं रहा था, मगर हवा बदलने लगी थी।

मार्च 1857 में एलिज़ा स्नेड नामक एक स्त्री ने अपना संस्मरण कुछ यूँ दर्ज किया है,

"शाहजहाँपुर से फ़तेहपुर के रास्ते में 'ओल्ड कानपुर होटल' में रुकने का फ़ैसला किया। एक वही होटल यूरोपीय महिलाओं के लिए कुछ ढंग का था। मुझे बताया गया कि सारे कमरे कुछ राजाओं और ज़मींदारों के गुर्गों और बंदूक़धारियों ने पहले ही आरक्षित कर रखे हैं।

मुझे बरामदे पर एक गंदा और बेतरतीब कमरा दिया गया, जिसमें उनका मुनीम रहता था। मुझे हैरानी तब हुई जब मैंने कुछ सिपाहियों को वहाँ मसखरी करते देखा। अमूमन जब भी कोई सिपाही हमें देखता, तो अदब से पेश आता, सलाम करता। मगर वे मुझे देख कर अजीब से हँसी-ठहाके लगा रहे थे। जब छह बजे शाम को मुझे उनका बचा-खुचा खाना दिया गया, तो मेरा धैर्य टूट गया। मैं तुरंत सवारी बुलवा कर फ़तेहपुर रवाना हुई। ऊबड़-खाबड़, कच्ची सड़कों से गुजरते हुए चौबीस घंटे लग गए।"

उसी दौरान एक अन्य स्त्री एमी होर्न जिनका ज़िक्र आगे कुछ अधिक असहज संदर्भ में आएगा, उन्होंने लिखा है कि लखनऊ में जब वह शाम को टहलने निकली तो कुछ लफ़ंगों ने उनके गले में फूलों की माला फेंक दी।

इनकी बातों का तात्पर्य यह था कि पहले भारतीय अंग्रेज़ों से डर कर रहते या अदब से पेश आते थे, मगर 1857 में वे कुछ बाग़ी मूड में लग रहे थे। इस भूमिका के साथ मेरठ चलता हूँ।

1803 में मराठों से एक संधि के बाद अंग्रेज़ों को यह जगह मेरठ हाथ लगी, और उसके बाद इसका उन्होंने कायाकल्प कर दिया। आज भले ही गंगा और यमुना नदियाँ दूर नज़र आयें, मगर उस वक़्त वह आधुनिक दोआब का हिस्सा था, जहाँ अंग्रेज़ों ने अपनी सबसे बड़ी और सबसे आलीशान छावनी बनायी। कानपुर के अफ़सर अर्ज़ी लगाते कि मेरठ पोस्टिंग मिल जाए। ब्रिटिश इस छावनी से दिल्ली, पंजाब, गुरखाओं, अवध, मराठा सभी पर थोड़ी-बहुत नज़र रख लेते थे। यहाँ यूरोपीय सिपाही भारतीयों की अपेक्षा लगभग बराबर अनुपात में थे, इसलिए यहाँ विद्रोह की आशंका सबसे कम थी। आँकड़ा था-कुल 1778 अंग्रेज़, और 2234 भारतीय सिपाही। ऐसा अनुपात भारत की किसी अन्य छावनी में नहीं था।

छावनी मेरठ के एक बड़े हिस्से में फैली थी, और इसके बीच से उन दिनों एक साफ़-सुथरा 'अबू नाला' गुजरता था। छावनी के एक तरफ़ 'गोरी पलटन' का इलाका था, जहाँ अंग्रेज़ रहते। भारतीयों का हिस्सा 'काली पलटन' कहलाता। बड़े बंगले अंग्रेज़ों के हिस्से थे, और भारतीयों के लिए बैरक थे। गोरी पलटन की तरफ़ ही उत्तर भारत के सबसे प्राचीन गिरजाघर में एक 'सेंट जॉन्स चर्च' 1821 में

 1857 हमने सुनी कहानी थी

बनाया गया। वहीं काली पलटन के पास बाबा औघड़नाथ मंदिर था, जिसे 'काली पलटन वाला मंदिर' भी बुलाया जाता है। एक 'नंबर 9 मस्जिद' का भी ज़िक्र मिलता है, जहाँ मुसलमान सिपाही जाया करते थे।

छावनी के बाहर का 'सदर बाज़ार' यूरोपीय और भारतीयों के लिए एक ही था। वहाँ तमाम थोक-खुदरा दुकानों के अतिरिक्त सिपाहियों के मनोरंजन के लिए वेश्यालय भी थे, जिनमें एक यूरोपीय मूल की 'मिस डॉली' का अड्डा दस्तावेज़ों में मिलता है। मेरठ के आम नागरिक वहाँ से कुछ दूर दीवारों के पार रहते (अब वह दीवाल नहीं)।

आखिर अंग्रेजों की सबसे बड़ी छावनी, जहाँ सबसे अधिक संख्या में कुशल अंग्रेज़ सिपाही थे, वहाँ 1857 की सबसे संगठित और बड़ी क्रांति कैसे शुरू हुई? मंगल पांडे की घटना से वे थोड़े-बहुत प्रेरित हुए होंगे, लेकिन यह अब मान लेना चाहिए कि योजना कहीं बड़ी थी। यह एक झटके में शुरू हो गयी घटना नहीं थी। हालाँकि इसमें सत्य, मिथक और नैरेटिव छाँटना कठिन है। 'ब्रिटिश डिस्पैच' जो अब सार्वजनिक हैं, उनको छोड़ कर ऐसे मूल भारतीय दस्तावेज़ मिलने कठिन हैं, जो उस वक्त व्यवस्थित रूप से दर्ज किए गए हों। पचास-सौ साल बाद कहे-सुने इतिहास की प्रामाणिकता नहीं बनती। जैसे एक संदर्भ है कि अप्रिल के महीने में हाथी पर चढ़ कर कोई हिंदू संन्यासी अपने तमाम अनुयायियों के साथ कालका से अंबाला छावनी होते हुए सूरजकुंड आए, और उसके बाद काली पलटन वाले 'बाबा औघड़नाथ मंदिर' और 'नंबर 9 मस्जिद' में योजनाएँ बनने लगी। किसी दस्तावेज में उन संन्यासी का नाम मुझे अब तक नहीं मिला। 1857 की योजना बनाने वाले अगर ऐसे कोई गुमनामी बाबा थे, तो उन्हें ढूँढा जाना चाहिए। सैकड़ों लोगों ने देखा होगा, सुना होगा, फिर नाम क्यों नहीं लिखा? अंग्रेज़ों की यातनाओं के बाद भी किसी ने मुँह क्यों नहीं खोला?

मेजर जी. डब्ल्यू. विलियम्स के कथन के अनुसार, "वह हिंदू फ़कीर मेरठ से पहले अंबाला में सिपाहियों से बात करते देखा गया था। लेकिन कुछ शक के बावजूद हमें राजद्रोह की संभावना नहीं दिखी"

एक हवलदार के अनुसार उन्हें मेरठ की 20वीं लाइन में देखे जाने के बाद

मजिस्ट्रेट के सामने पेश किया गया। फिर तो नाम दर्ज़ हुआ होगा। कहीं यह नाम जान-बूझ कर किसी अनहोनी के अंदेशे से या किसी समझौते के तहत दबा तो नहीं दिया गया? इस इतिहास में ऐसे कई अनसुलझे रहस्य आएँगे, जिन्हें हम अपनी नज़र से देख कर पल्ला झाड़ेंगे या आड़े हाथों लेंगे।

चाहे ऐसे कोई फ़क़ीर हों या न हों, मेरठ की विद्रोह की जड़ उसी 20वीं लाइन (20th Native Infantry) से बतायी जाती है।

बात सिर्फ़ कारतूस की नहीं थी, अंग्रेज़ों के रवैये की थी। कारतूस के लिए तो सावधानियाँ बरती जा रही थी, सिपाहियों को बारंबार विकल्प दिए जा रहे थे। लोड करने के तरीके से लेकर चिकनाई के अवयव बदले जा रहे थे। लेकिन, अंग्रेज़ों ने अपने ही सिपाहियों के मध्य वर्गीकरण की जो खाई बनायी थी, वह दिख जाती थी। जब आपकी फ़ौज में आधे से अधिक सिपाही भारतीय हों, तो आप उनको जूते की नोक पर नहीं रख सकते। जैसे मुसलमान सिपाहियों को जान-बूझ कर 'सूअर' कहना, सभी भारतीय सिपाहियों से आवेदन में 'yours slave' लिखवाना, उन्हें कहीं कम वेतन और सुविधाएँ देना, और बाइबल पढ़ाना।

जब मैंने 1824 के बैरकपुर विद्रोह की बात की, तो वहाँ धर्म मुद्दा बना; मगर नेपथ्य में बात यह भी थी कि भारतीय सिपाहियों को मथुरा से बैरकपुर (कलकत्ता) तक पहले पैदल मार्च कराया गया और उसके बाद बर्मा के जहाज पर बिठा कर युद्ध लड़ने कहा गया। सिपाही भड़क गए कि यह कैसी यातना दी जा रही है? तुम लोग बग्घी में घूम रहे हो, और हमें भेड़-बकरी समझ रखा है? उसके बाद उन सिपाहियों की जालियाँवाला बाग की तरह घेर कर निर्मम हत्या की गयी, जिससे लंदन भी हिल उठा कि यह कैसी तानाशाही चल रही है। मगर ब्रिटिशों का बर्ताव बहुत अधिक नहीं बदला। यह तो भारत के शासकों की कमजोरी थी कि खेतिहर प्रजा परिवार पोसने के लिए अंग्रेज़ों की फौज में लात-जूते खाकर भी भर्ती हो रही थी। जब सवाल रोटी का हो, तो इन सिपाहियों में नायक, खलनायक और गद्दार क्या ढूँढना?

अलग-अलग इतिहास लेखकों ने मंगल पांडे के बाद और मेरठ से पहले अंबाला छावनी के विद्रोह की बात लिखी है। इसे पढ़ कर उन रहस्यमयी गुमनामी

बाबा की याद आ सकती है, जो अंबाला होते हुए मेरठ आए थे। 8 मार्च, 1857 को अंबाला के एक सिपाही का जिक्र मिलता है, जिसने कानपुर से आयी उसके भाई की चिट्ठी दिखायी। लिखा था-"छावनी की सरकारी डिपो के आटे में गाय और सूअर का माँस मिला है"।

हर ऐसी खबर में गाय और सूअर साथ ही मिले रहते थे। अफ़वाह अंबाला पहुँच रही थी, तो असंतोष होगा ही। मेरठ डिस्पैच में भी अंबाला छावनी में आगजनी का जिक्र है। कुछ वर्ष पहले हरियाणा सरकार ने '(मेरठ नहीं) अंबाला से 1857 संग्राम की शुरुआत' का मुद्दा रखा है। शुरुआत किसी भोगौलिक क्षेत्र से हो, सैनिक किसी भी छावनी में एक क्षेत्र से नहीं थे। इसलिए ऐसे क्षेत्रीय नायक चुनने से बेहतर इतिहास उपलब्ध कराया जाए। फ़िलहाल मेरठ।

24 अप्रिल 1857, मेरठ छावनी

कर्नल कारमाइकल स्मिथ ने सिपाहियों को गोली चलाने के अभ्यास के लिए परेड मैदान में बुलाया। पहले हवलदार-मेजर ने कारतूस लोड कर गोली चलाने का तरीका समझाया, और उसके बाद सिपाहियों को बारी-बारी से कारतूस बाँटे गए।

"हम यह कारतूस नहीं छू सकते", एक सिपाही ने कहा

"मगर क्यों? यह तो पुराने कारतूस जैसे ही हैं"

"नहीं। ये कारतूस कलकत्ता से आए हैं।"

"मगर हवलदार मेजर ने अभी-अभी चला कर दिखायी"

"वह अपने धर्म को भूल चुके, मगर हम नहीं भूल सकते"

सिर्फ़ पाँच सिपाहियों हीरा सिंह, परसाद सिंह, गुलाम नबी ख़ान, शेख़ मोहम्मद और दिलावर ख़ान ने कारतूस लिए। शेष 85 सिपाहियों ने कारतूस लेने से इंकार कर दिया।

अगले दस दिन तक सिपाहियों से पूछ-ताछ चली। 9 मई को सिपाहियों को मैदान में बुला कर फ़ैसला सुनाया गया। अधिकांश को दस साल का कारावास मिला। लेकिन, जो उस फ़ैसले के साथ किया गया, वह एक सिपाही के आत्मसम्मान पर चोट थी। लुहारों को बुला कर सार्वजनिक रूप से उनके पैरों के

नाप लेकर पूरे एक घंटे तक खड़ा कर उन्हें बेड़ियाँ बाँधी गयीं। उनमें से कइयों ने अंग्रेजों के लिए युद्ध लड़े थे, और उस दिन उन्हें जानवरों की तरह बाँध दिया गया।

अगले दिन रविवार की सुबह थी। अफ़सर मेकिंज़ी अपने बरामदे में अखबार पढ़ रहे थे, जब उनके सेवक शिवदीन भागे हुए, "साहब! साहब! छावनी में हल्ला मचा है। काली पलटन के सिपाही साहेब लोगों को मार रहे हैं"

✤ ✤ ✤

"ख़ल्क़   ख़ुदा   का,
मुल्क   बादशाह   का,
राज   पेशवा   का"

-जून, 1857 में हमीरपुर में मिला एक फतवा[1]

मेरठ के 85 सिपाहियों के पैरों में बेड़ियाँ बाँध कर उनको दो मील परेड करते हुए नगर के पूर्वी हिस्से के कारागार में ले जाया गया। ज़ाहिर है उनकी इस पदयात्रा को न सिर्फ़ बैरक के सिपाहियों बल्कि आम नागरिकों ने भी देखा। इन विद्रोही क़ैदियों में 48 मुसलमान और 37 हिंदू सिपाही थे, और उनकी सुरक्षा के लिए 60वीं राइफ़ल के यूरोपीय सैनिक और 20वीं इंफैंट्री के दो दर्जन भारतीय सैनिक थे। इस पूरे दृश्य की कल्पना मन में की जा सकती है। ब्रिटिश दस्तावेज़ों में इन सिपाहियों को भड़काने के पीछे दो मुसलमान नायक (Naik) सिपाही पीर अली और कुदरत अली की साज़िश बतायी गयी है। यूँ भी एक साथ 90 में से 85 सिपाहियों का कारतूस के ख़िलाफ़ बगावत करना बिना किसी योजना के संभव नहीं।

आगे घटनाक्रम अधिक फ़िल्मी हो जाता है। अंग्रेज़ अफ़सर शाम को उन्हें वेतन देने कारागार गए जब उन कैदियों ने कहा कि हम इस वेतन का क्या करेंगे? वहीं 20वीं इंफैंट्री के कुछ भारतीय सिपाही जब निराश होकर शाम को मिस डॉली के कोठे पर पहुँचे, तो उन्हें वेश्याओं ने लताड़ा[2],

---

1   इस फतवे के अन्य रूप भी मिलते हैं, जैसे बांदा में-ख़ल्क खुदा का, मुल्क बादशाह का, हुकुम नवाब अली बहादुर का।

2   टेलर, पी जे ओ, क्रोनिकल्स ऑफ म्यूटिनी एंड अदर हिस्टोरिकल स्केचेज, हार्पर कॉलिंस, 1992

"तुम नामर्द यहाँ क्या करने आए हो? तुम्हारे साथियों को इस तरह बेइज्जत किया गया और तुम देखते रहे? जाओ! अपनी मर्दानगी पहले छावनी में दिखाओ!"

मिस डॉली स्वयं एक ब्रिटिश सैनिक की विधवा रही थी, इसलिए इस क़िस्से में मसालेबाज़ी नज़र आती है। लेकिन, अगस्त 1857 में कैप्टन हेनरी नॉर्मन की लिखी एक औपचारिक चिट्ठी मिली, 'मेरठ के सिपाहियों को भड़काने के इल्ज़ाम में Mees Dolly को फांसी पर लटकाया गया'।

भड़काने वालों में कोई दो-चार लोग नहीं थे। यह एक पूरी प्रक्रिया थी। 9 मई की उस शाम को मेरठ के कमिश्नर की पत्नी एलिसा ग्रिथ्ड ने भोजन के वक्त ज़िक्र किया, "बाज़ार में मैंने कुछ तख्तियों पर लिखा देखा-मुसलमानों! इन फिरंगियों को काट डालो"

बैरकपुर से अलग देखें, तो दोआब इलाकों में मौलवियों द्वारा 1857 को जिहाद बनाना इसे अधिक हिंसक बनाता गया। हिंदुओं ने भी जम कर हिंसा की, जिसका जिक्र आगे होगा। लेकिन फिरंगी नस्ल या ईसाई धर्म के ख़िलाफ़ किसी भी हद तक जाने को जायज ठहराने में इस्लामी जिहाद की भूमिका रही।[1]

10 मई के रविवार की सुबह गर्मी से तप रही थी। सेंट जॉन गिरजाघर में सात बजे सुबह ही अपनी-अपनी मेमसाहबों के साथ लाटसाहेबों का जमावड़ा लगने लगा था। इस गिरजाघर की घंटी जब छावनी में गूँज रही थी, तो बाबा औघड़नाथ मंदिर और मस्जिद नं. 9 में अलग हुंकार हो रही थी। छुट्टी का दिन था, तो सभी बैठ यही योजना बना रहे थे कि अब आगे क्या? शाम के पाँच बजे तक सदर बाज़ार में हल्ला-गुल्ला होने लगा। एक अफ़वाह फैल गयी थी कि काली पलटन के हथियार छीने जा रहे हैं।

एक अफ़सर के पास उनके नौकर घबराये हुए आए, "साहब! बाज़ार में लोग कह रहे हैं कि आज रात एक भी फिरंगी ज़िंदा न बचे।"

साढ़े पाँच बजे कैप्टन टेलर को जानकारी मिली की बीसवीं इंफैंट्री के जवानों ने 'लोडेड' बंदूकें उठा ली है और अपने बैरक से बाहर आकर जमा हो गए हैं।

---

1   फुएस्ट, इलीसे, इंडियन मुस्लिम माइनरीटीज एंड द 1857 रिबेलियन, आइ बी टॉरिस, 2017

वह जब घोड़े पर सवार होकर पहुँचे तो भीड़ जमा थी, लेकिन हाथों में बंदूक नहीं नज़र आए।

छह बजे के आस-पास तीसरी लाइट कैवेलरी के एक भारतीय घुड़सवार वहाँ पहुँचे और सिपाहियों से कहा, "अब जो करना है, जल्दी करो। फिरंगियों को खबर हो गयी है।"

कुछ ही मिनटों में हाथों में बंदूक लिए सिपाही परेड मैदान में पहुँच गए। यह हलचल देख कर जैसे ही कर्नल फिनिस अपने घोड़े पर वहाँ पहुँचे, तो उनके सीने में पंद्रह गोलियाँ दाग दी गयी। वहीं टहल रहे कैप्टन मैकडोनाल्ड और ट्रीगर भी मारे गए। छह अंग्रेज़ अफ़सर भाग कर कर्नल कारमाइकल स्मिथ के बंगले के अहाते में एक शौचालय में छुप गए। थोड़ी देर बाद जब कुछ उनमें से तीन बाहर निकल कर आए, तो उनकी आँखों के सामने बंदूक की नाल थी।

एक अंग्रेज़ अफ़सर ने लिखा है, "जब मेरे घर के बाहर बाग़ी सिपाही आ गए, तो मैंने अपने कपड़े फाड़ कर चेहरे पर स्याही छिड़क ली। हिंदुस्तानी लिबास में मैं एक विश्वासपात्र शेख के साथ भाग गया। बस्ती की ओर भागते हुए मैं यूरोपीय बंगलों को जलते हुए देख रहा था। भीड़ चिल्ला रही थी-अल्लाह! अल्लाह! मरे फिरंगी!"

लेफ्टिनेंट मेकेंजी ने लिखा है[1], "मुझे सिपाहियों ने तलवार लेकर घेर लिया, और मैं अकेला जैसे-तैसे उनसे लड़ने की हिम्मत जुटा रहा था। मैं लड़खड़ा कर गिरने ही वाला था कि कैप्टन क्रेगी ने गोली चला दी, और सिपाही तितर-बितर हो गए...मेरी बहन और कैप्टन क्रेगी की पत्नी गिरजाघर गए थे, तो हमें लगा कि पहले उन्हें चल कर बचाना चाहिए। मगर तभी खबर आयी कि सिपाही कारागार की तरफ़ कैदियों को छुड़ाने निकल गए हैं। हम बाज़ार होते हुए कारागार की तरफ़ घोड़े दौड़ा रहे थे और भीड़ हमें देख कर चिल्ला रही थी-मारो! मारो!...सामने से एक पालकी आ रही थी, जब अंदर झाँका तो एक खून से लथ-पथ यूरोपीय महिला की लाश थी। मैंने चेहरे पर ग़ौर किया, वह मेरी बहन नहीं थी।...हम जब कारागार पहुँचे तो क़ैदी छूट कर बाहर आ गए थे, और आराम से बैठ कर लुहारों से बेड़ियाँ कटवा रहे थे, और एक भारतीय सिपाही जेल के दरवाजे पर बंदूक लिए हमारा

---

1   मैकिंजी, ए आर डी, म्यूटिनी मेमोइर्स, पायोनियर प्रेस, 1891

स्वागत कर रहा था। हम यह दृश्य देखते ही वहाँ से भाग निकले।...इस शोर-गुल में ही कुछ सिपाही चिल्ला रहे थे-चलो! दिल्ली चलो!"

मेरठ में कुल 41 यूरोपीय मारे गए, जिनमें आठ अफ़सर, बारह सिपाही, आठ औरतें, आठ बच्चे, चार पुरुष (ग़ैर-सैनिक), एक सर्जन थे। उनकी कब्र आज भी मेरठ के सेंट जॉन सीमेट्री में मिल सकती है। एक स्थिति जो संस्मरणों में दिखती है कि भारतीय सिपाहियों ने अपनी लड़ाई में एक अनुशासन रखा। वहीं, आम नागरिकों की दंगाई छवि भी बनी। मेरठ में एक मुसलमान कसाई का ज़िक्र मिलता है, जो औरतों का गला काट रहे थे। वहीं, पड़ोसी गाँव के गुर्जरों को अंग्रेज़ों ने 'बदमाश' (Budmaash) कह कर संबोधित किया है, जिन्होंने बंगले जलाए, आम ब्रिटिशों पर हमले किए। ख़ास कर एक चेचक मरीज को जलाए जाने, वृद्ध स्त्रियों को मारने और एक बच्ची की खोपड़ी को कुल्हाड़ी से दो टुकड़े करने का विवरण लंदन पहुँचा। नगर कोतवाली, जहाँ ब्रिटिश सैनिक अक्सर यूँ ही तफ़री मारने आते, वहाँ उन्हें निहत्था देख आम जनता द्वारा आक्रमण का ज़िक्र है।[1]

इस कारण अमरीकी स्वतंत्रता संग्राम से इस घटनाक्रम को पूरी तरह अलग कर देखा जाने लगा। अमरीका में भी एक तरह से विद्रोह ही था, लेकिन वहाँ दो संगठित सेनाएँ आमने-सामने लड़ी थी। किसान और आम नागरिक युद्ध में शामिल हुए थे, किंतु विद्रोही सेना में भर्ती होकर। भारत में सिपाहियों या क्षत्रपों के नेतृत्व में जो संगठित युद्ध हुए, उनकी चर्चा दोनों पक्ष अधिक आदर से करते हैं। लेकिन, जो मेरठ और अन्य जिलों में नस्लीय दंगा रूप में हो रहा था, वह भारत की नैतिक ज़मीन कमजोर कर रहा था। विश्व की खबरों में एक हुकूमत के ख़िलाफ़ क्रांति के बजाय ईसाई-विरोधी निर्मम हिंसा को अधिक तवज्जो दी जाने लगी।

हालाँकि कार्ल मार्क्स ने अपने न्यूयार्क टाइम्ज़ लेखों में इसे बारंबार जायज़ ठहराया और लिखा[2],

---

1   पामर, जे ए बी, द म्यूटिनी आउटब्रेक एट मेरठ इन 1857, कैंब्रिज यूनिवर्सिटी प्रेस, 1966

2   मार्क्स, कार्ल और एंजेल्स, फ्रेडरिक, द फर्स्ट इंडियन वार ऑफ इंडिपेंडेंस, फॉरेन लैंग्वेजेज पब्लिशिंग हाउस, मास्को, 1960

"चाहे ये घटनाएँ कितनी भी बदनाम हों, यह ब्रिटिशों द्वारा किए गए अत्याचारों का ही संग्रहित (concentrated) रूप है, जो उनको वापस मिल रहा है। इसे प्रतिदण्ड (retribution) कहते हैं...क्या विदेशी आक्रमणकारियों को अपने देश से निकालना गुनाह है?"

10 मई की रात के ग्यारह बजे तक कुछ-न-कुछ घटनाएँ होती रही, लेकिन जैसे-जैसे यूरोपीय सैनिक एकत्रित होते गए, भारतीय सिपाही मेरठ से आगे निकल गए। सात बजे सायं के बाद जो आगजनी हो रही थी, वह आस-पास के ग्रामवासी कर रहे थे। नौ बजे सिपाही मेरठ के रीतानी (रिठानी) गाँव में जमा होकर आगे का निर्णय ले रहे थे। वहाँ सिपाहियों का मन रूहेलाखंड या आगरा की तरफ़ बढ़ने का होने लगा, जहाँ उनके अपने गाँव थे। लेकिन, इस मंडली में साथ आए कुछ नागरिकों ने उन्हें दिल्ली जाने पर राज़ी कर लिया। वजह थी कि दिल्ली पास था, वहाँ फौज कम थी, और वहाँ नाममात्र ही सही लेकिन एक बादशाह रहते थे। ये कौन लोग थे जो सिपाहियों को रास्ता दिखा रहे थे, यह स्पष्ट नहीं कहा जा सकता।

मेरठ छावनी के मुखिया मेजर जनरल हेविट को यह उड़ती खबर पहले ही मिल गयी थी कि 'दिल्ली चलो' के नारे लग रहे हैं, लेकिन उन्होंने अपनी छावनी को सुरक्षित रखना अधिक ज़रूरी समझा। भारतीय सिपाहियों के पीछे घोड़े नहीं दौड़ाए गए, जबकि 1750 से अधिक यूरोपीय सैनिक मेरठ में मौजूद थे और रुड़की से भी बैक-अप जुड़ रहे थे। एक अफ़सर जॉन लॉरेंस ने बाद में लिखा,

"इस हेविट ने हमारा 5000 पांडे से अधिक नुकसान किया"

सिपाहियों ने चार बजे शाम को ही मेरठ-दिल्ली की टेलीग्राफ़ लाइन काट दी थी। यह संभव है कि दिल्ली की योजना पहले से तय थी। विद्रोही सिपाहियों में मुसलमानों की बहुलता भी आखिरी मुगल गढ़ 'लाल क़िले' की ओर ले जाने का कारण हो सकती है। लेकिन, सबसे स्पष्ट कारण तो यही लगता है कि दिल्ली का एक प्रतीकात्मक महत्व था। आखिर यह भारत की राजधानी रही थी। एक गवाही यह भी मिलती है कि लाल क़िले में अप्रिल में ही एक चिट्ठी आ गयी थी कि मेरठ से सिपाही आएँगे। इसकी पुष्टि ब्रिटिशों के जासूस और 38 वीं इंफैंट्री के सिपाही जाट मल ने भी की, जो लाल किले आते रहते थे। 11 मई की सुबह सात बजे यमुना पुल (ब्रिज ऑफ बोट्स) के नाके पर बीस भारतीय घुड़सवार पहुँच गए।

उन्होंने नाका कर्मचारी को मार दिया, और एक यूरोपीय व्यक्ति जो सुबह की सैर पर थे, उन्हें मार कर यमुना में फेंक दिया। पुल पार कर एक सिपाही सीधे कलकत्ता गेट की तरफ़ बढ़े। बाकी, बायें मुड़ कर लाल किले के 'ज़ेर झरोखा' (बादशाह की बाल्कनी) के पास पहुँच गए। कलकत्ता गेट पर पहुँचने वाले घुड़सवार सीधे वहाँ तैनात 38 इंफैंट्री के भारतीय सिपाही के पास पहुँचे।

उन्हें देख कर एक ब्रिटिश अफ़सर डगलस ने नीचे आकर पूछा, "तुम कहाँ से आए हो, सवार? क्या चाहिए?"

उनका ज़वाब कुछ यूँ दर्ज़ है, "हम मेरठ छावनी के बाग़ी हैं। अभी-अभी दिल्ली पहुँचे हैं। गार्ड से हुक्का-पानी पूछ रहे हैं।"

डगलस यह उत्तर सुन सन्न रह गए। उन्होंने जब तक गिरफ़्तार करने के आदेश दिए, घोड़ा और सवार आँखों से ओझल हो चुके थे।

✳ ✳ ✳

नहीं हाल-ए-देहली सुनाने के क़ाबिल
ये क़िस्सा है रोने रुलाने के क़ाबिल
उजाड़े लुटेरों ने वो क़स्र उसके
जो थे देखने और दिखाने के क़ाबिल
न घर है न दर है, रहा इक ज़फ़र है
फ़क़त हाल-ए-देहली सुनाने के क़ाबिल

-बहादुर शाह 'ज़फ़र'

अगर मुगल बादशाह शाह आलम की रियासत दिल्ली से शुरू होकर पालम में खत्म होती, तो बहादुर शाह ज़फ़र की लाल किले की दीवारों में ही खत्म हो जाती। हालात यह थे कि कोई मेहमान भी बिना रेज़िडेंट मेटकाफ़ की इजाज़त के लाल किले में नहीं आ सकता था। न बादशाह अंग्रेजों की मर्जी के बिना कोई तोहफ़ा या खिलत (सम्मान) दे सकते थे।

जब मेरठ से सिपाही उनके 'ज़ेर झरोखा' के नीचे आए, तो उनके सलाहकार एहसान-उल्ला ख़ान ने घबरा कर किले के दरवाजे बंद कर दिए। कुछ सिपाही

दरवाज़े के पास आकर गुहार लगाने लगे, "दुहाई बादशाह! हमारे मज़हब की इस ज़ंग में हमारा साथ दें"

82 वर्ष के ज़फ़र हर चीज में अंग्रेजों की इजाज़त के इतने आदी हो गए थे कि उन्होंने अपने वकील गुलाम अब्बास से कहा कि पैलेस गार्ड कैप्टन डगलस को ख़बर कर दें। कैप्टन को तो पहले ही खबर हो गयी थी।

उन्होंने वहाँ पहुँच कर मुंडेर से नीचे झाँक कर कहा, "तुम लोग यहाँ से चले जाओ! यहाँ बादशाह और जनाना के कमरे हैं। तुम लोग यहाँ हंगामा कर उनकी तौहीन कर रहे हो।"

सिपाही वहाँ से निकल कर यमुना किनारे राज घाट दरवाजे पर जमा होने लगे। वहाँ दरियागंज के कुछ यूरोपीय बंगलों पर उन्होंने गोली चलानी शुरू की, जिसमें एक क्लर्क निक्सन की मृत्यु हुई, और दो अन्य घायल हुए। कैप्टन डगलस घोड़े पर सवार होकर आए, जिनको सिपाहियों ने खदेड़ दिया, और वह एक पत्थर पर गिर गए। घायल डगलस जैसे-तैसे लाहौर गेट की ओर भागे।

एक अन्य गार्ड फ़्रेज़र तलवार लेकर लाल किले से निकले। उनके साथ कुछ बादशाह के सहायक भी थे। किले से बाहर अब दिल्ली की भीड़ जमा थी। घटना के चश्मदीद जाट मल के अनुसार,

"फ़्रेज़र को देखते ही एक हाजी तलवार लेकर दौड़े...फ़्रेज़र ने अपने हवलदार को डाँट कर कहा कि इसे रोको। हवलदार ने कुछ इशारे किए, मगर वह भी भीड़ से मिला हुआ था...हाजी ने उछल कर फ़्रेज़र के गले पर वार किया, और उसके बाद भीड़ ने बेरहमी से उनके सर, छाती और चेहरे को तलवार से काट डाला"

भीड़ कैप्टन डगलस के बंगले में घुस गयी, और उनके साथ उनके परिवार को मार डाला। ब्रिटिश अख़बारों ने छापा कि महिलाओं का पहले बलात्कार किया गया। बाद की जाँच में दिल्ली के कमिश्नर ने स्पष्ट किया कि हत्याएँ हुई, किंतु महिलाओं के साथ बलात्कार के सबूत नहीं मिलते। जब भीड़ हत्यायें कर रहे थी, मेरठ से आए घुड़सवार लाल किले के अंदर घुस गए और हवा में गोलियाँ चलाने लगे। आखिर बादशाह बाहर निकले।

ग़ुलाम अब्बास के अनुसार सिपाहियों ने कहा, "खाविंद! हमें कारतूस में गाय और सूअर चबाने कहा जा रहा था, तो हमने फ़िरंगियों को काट डाला"

बहादुर शाह ज़फ़र ने उन्हें समझाया कि इस तरह की हरकतें नहीं करनी चाहिए थी। वह अभी समझा ही रहे थे कि मेरठ से आ रहे लगभग सवा सौ सिपाही जमा हो गए। कश्मीरी गेट में तैनात दिल्ली के 38वें और 54वें रेजिमेंट ने भी विद्रोह कर दिया था। उन्होंने अपने पाँच अंग्रेज़ अफ़सरों को मार गिराया, और लाल किला पहुँच गए।

उन्होंने कहा, "अगर आप अपना हाथ हमारे सर पर नहीं रखेंगे, तो हम सब मारे जाएँगे"

कुछ स्थानीय मौलवी भी बादशाह पर दबाव डालने लगे। आखिर बादशाह एक कुर्सी पर बैठ गए, और कुछ अगली पंक्ति के सिपाहियों ने उनका आशीर्वाद लिया। मेजर एब्बॉट ने अपने वक्तव्य में बादशाह को ही दंगा फैलाने और सिपाहियों को भड़काने का ज़िम्मेदार ठहराया है; लेकिन इसकी संभावना कम लगती है कि बूढ़े और कमज़ोर हो चुके बादशाह ने फ़िरंगियों को मारने के लिए कोई जोश भरा भाषण दिया होगा।

13 मई, 1857 को दिल्ली के मेजर एब्बॉट ने लिखा[1], "अब पूरी दिल्ली में मात्र पाँच यूरोपीय बचे हैं। बाकी सभी मार डाले गए!...पोस्ट ऑफिस, टेलीग्राफ़, दिल्ली बैंक, दिल्ली गजट प्रेस, छावनी की हर इमारत जला दी गयी है। जो इस नरसंहार में बचे, वे बड़ी मुश्किल से भागे। हमने तीन दिनों से अपने कपड़े भी नहीं बदले हैं।"

ऐसा नहीं कि अंग्रेज़ बिना लड़े डर कर भाग गए। एक बड़े बारूदखाने पर कब्जे के लिए जब भारतीय सीढ़ी लगा कर चढ़ने लगे, तो वहाँ तैनात लेफ्टिनेंट विलौबी ने स्वयं ही बारूदखाना उड़ा दिया। इस विस्फोट में कुछ अंग्रेजों की जान गयी जबकि कई भारतीय (सावरकर के शब्दों में सैकड़ों, ब्रिटिश डिस्पैच के अनुसार हज़ार) एक झटके में मारे गए।

---

1   एब्बॉट, हरबर्ट एडवर्ड स्टेसी, पर्टिकुलर्स ऑफ द म्युटिनी एट दिल्ली ऑन द 11 मई
     1857, 1857

अब बात सिर्फ़ दिल्ली की नहीं थी, रोज कुछ न कुछ नयी खबर आ रही थी। मेरठ में मार्शल लॉ लग गया। लाहौर में भारतीय सिपाहियों से हथियार ले लिए गए। आगरा से चिट्ठी आयी कि वहाँ के सैयद मुसलमान और आस-पास के जाट अंग्रेजों के साथ हैं, लेकिन गुर्जरों ने संगठित होकर छावनियों में गड़बड़ी शुरू की है। 17 मई तक कानपुर, इलाहाबाद, लखनऊ, बनारस, और दानापुर (पटना) की छावनियों से खबर आ रही थी कि दिल्ली के बाद भारतीय जवानों में उत्साह जगा है, लेकिन विद्रोह नहीं हुए।

अंग्रेज़ों ने अपने साथी ढूँढने शुरू कर दिए थे। पटियाला महाराज ने साथ देने का वादा किया। महाराज सिंधिया ने अपने तीन सौ जवान दिल्ली-आगरा के मध्य मदद के लिए भेजे। बागपत के ज़मींदारों ने दिल्ली से भागे कुछ अंग्रेजों को शरण दी। सिख और गुरखा सिपाहियों ने पूर्ण अनुशासन का पालन किया, और विद्रोह में नहीं जुड़े।

मई के अंत तक लखनऊ और आस-पास की कुछ छावनियों से विद्रोह की खबर आने लगी। उस समय कानपुर छावनी के जनरल ह्यूग व्हीलर ने अपनी दो टुकड़ियाँ लखनऊ रवाना कर दी। व्हीलर भारतीय रंग-ढंग में जम गए थे, अच्छी हिंदी बोल लेते थे, तो उन्हें विश्वास था कि उनकी छावनी के सैनिक कभी विद्रोह नहीं करेंगे। लेकिन, उनकी सोच ग़लत थी।

1857 के बाद जब कोई अफ़सर भारतीयों से ढीले बर्ताव की बात करते, तो उनके अंग्रेज़ साथी उकसाने के लिए कहते-“मत भूलना कि कानपुर में क्या हुआ था” [Never forget what happened at Cawnpore]

कानपुर से अवध तक

"हमें खबर मिली है कि हिंदुओं और मुसलमानों को, सिपाहियों और नागरिकों को, धर्म के नाम पर भड़काया जा रहा है। हम सदा से आपके धर्म का सम्मान करते आए हैं, और आगे भी करते रहेंगे...मैं सभी सिपाहियों और जनता से अपील करता हूँ कि अनुशासन और विश्वास बनाए रखें। किसी के बहकावे में आना आपके लिए समस्या ला सकता है।"

-लॉर्ड कैनिंग का घोषणापत्र[1], 16 मई, 1857

कानपुर की छावनी मेरठ की तरह एक विशाल छावनी थी, जो गंगा किनारे छह मील लंबाई तक फैली थी। 14 मई 1857 को कानपुर छावनी में कुल 170 ब्रिटिश सिपाही (अफ़सर मिला कर) और 3000 भारतीय सिपाही थे। ऐसे अनुपात में यूरोपीयों का भय स्वाभाविक था, ख़ास कर जब दिल्ली में कत्ल-ए-आम हो रहा था। फिर भी 67 वर्षीय जनरल व्हीलर आश्वस्त थे कि उनके भारतीय सिपाही उनका बहुत आदर करते हैं। जब विद्रोह की खबरें आयी तो व्हीलर ने छावनी की परिधि में गड्ढा खोद कर उसकी मिट्टी बाहर की तरफ़ फेंकने का आदेश दिया। यह एक कामचलाऊ किलाबंदी थी, जिसमें बाहर गिरायी मिट्टी का महार तीन फ़ीट ही ऊँचा था। साथ ही कई जगह छेद भी रह गए थे। ऐसे गड्ढे बाहर से हमले से तो थोड़ी-बहुत रक्षा करते। लेकिन, छावनी के अंदर सिपाही बंदूक उठा लेते तो भागने का रास्ता नहीं मिलता। उन्होंने छावनी की परिधि में दस तोप लगवा दिए, जो इतनी बड़ी छावनी के हिसाब से बहुत कम थे (पहले तो सात ही लगे थे, तीन बाद में आए)। उसके बाद जनरल व्हीलर ने अपने सहयोगी ढूँढने शुरु किये। पास ही बिठूर में नाना साहेब पेशवा से उनके पेंशन के विषय में चर्चाएँ चलती रही थी। व्हीलर को भरोसा था कि वह अपने पेंशन के लिए उनका साथ दे सकते हैं। उनका

---

1   डेविड, सॉल, द इंडियन म्यूटिनी, गार्डनर बुक्स, 2003

यह भी मानना था कि उनके मराठा सिपाही पुरबिया सैनिकों से कम घुलेंगे-मिलेंगे, और विद्रोह की संभावना कम होगी।

ब्रिटिश नैरेटिव के अनुसार नाना साहेब के दोनों हाथ में लड्डू थे। अगर ब्रिटिश जीत जाते, तो उनके द्वारा दिए गए सहयोग का मुआवज़ा पेंशन रूप में मिल जाता। वहीं, अगर सिपाही अंग्रेजों से जीत जाते, तो उनका पेशवा राज वापस मिल जाता। एक तरफ़ बिठूर के मराठा सिपाही छावनी में अंग्रेजों की रक्षा का दिखावा करते, दूसरी तरफ़ उनके लोग बाहर से जनता को भड़काते। अंग्रेज़ों का निष्कर्ष यही रहा कि नाना साहेब उनके साथ 'डबल गेम' खेल रहे थे। अगर यह निष्कर्ष ठीक था, तो भारतीयों से भी वह दोहरा खेल ही खेल रहे थे। लेकिन, दोनों तर्कों को मिला कर इसे 'कूटनीति की ढाई चाल' कहा जा सकता है।

21 मई 1857 को नाना साहेब एक हाथी पर बैठ कर अपने सिपाहियों के साथ छावनी पहुँचे।

उनके सिपाहियों का विवरण कुछ यूँ लिखा है, "उनका नेतृत्व एक पतली आवाज़ वाला दुबला ब्राह्मण ज्वाला प्रसाद कर रहा था, जिसके पीछे तीन सौ ढीले-ढाले सिपाही थे। फिर भी नाना साहेब का समर्थन पाकर खुशी हुई।"

बाद में उन्हें पता लगा कि ज्वाला प्रसाद स्वयं एक षडयंत्रकारी थे, जो पहले ही सेकंड कैवेलरी के सूबेदार टीका सिंह के साथ मिल कर विद्रोह की योजना बना चुके थे। 1 जून को सूबेदार टीका सिंह और हवलदार मेजर गोपाल सिंह की ख़ुफ़िया मुलाक़ात नाना साहेब और उनके भाई बाला राव के साथ एक नाव पर हुई।

जब इस ख़ुफ़िया मुलाक़ात की खबर अंग्रेजों तक पहुँची तो नाना साहेब ने ब्रिटिश अफ़सर हिलर्सडन को कहा, "मैं उन्हें यही समझा रहा था कि आप लोगों का विश्वास न तोड़ें, किसी तरह का विद्रोह न करें और आपके खजाने (treasury) की रक्षा करें"

5 जून को सेकंड कैवेलरी ने तीन गोलियाँ चला कर विद्रोह का आग़ाज़ कर दिया। उन घुड़सवारों का मुक़ाबला करने के लिए कोई यूरोपीय अफ़सर नहीं था, और वे बड़ी आसानी से खजाने तक पहुँच गए। वहाँ एक बूढ़े सूबेदार मेजर भवानी

सिंह तलवार लेकर सामने खड़े हो गए।

उन्हें घुड़सवारों ने कहा, "भवानी सिंह! हम बाग़ी हो गए हैं। आप भी इस बग़ावत के हिस्सा हैं"

भवानी सिंह ने कहा, "मैं इस सरकार का तब तक मुलाजिम हूँ, जब तक मैं इस्तीफ़ा नहीं देता। इस वक्त ख़ज़ाने की रक्षा ही मेरा कर्तव्य है। तुम मुझे मार कर ही वहाँ पहुँच सकते हो।"

बाग़ी सिपाहियों ने भवानी सिंह पर तलवार के कुंदे से प्रहार कर उन्हें गिरा दिया, और खजाना लेकर नवाबगंज़ की ओर निकल गए। इतने में फ़र्स्ट इंफैंट्री के सिपाहियों ने बगावत कर दिया, और बंदूक हाथ में ले ली।

उनके कर्नल जॉन इवार्ट चिल्लाए, "मेरे बच्चों! यह गुनाह मत करो। तुमने वादा किया था कि मेरा आखिरी दम तक साथ दोगे।"

उन्होंने जॉन इवार्ट पर गोली तो नहीं चलायी, मगर उन्हें गड्ढे में छोड़ कर आगे बढ़ गए। अब तो हर टुकड़ी बग़ावत कर रही थी।

जमादार खुदाबख़्श छावनी में हुक्का पी रहे थे जब एक सिपाही भागे आए, "53वीं रेजिमेंट ने विद्रोह कर दिया है"

"मगर हमारी तो 56वीं है"

"हम भी विद्रोह कर रहे हैं"

"फिर तुम्हें मेरी लाश पर से गुजरना होगा"

"हम आपकी जान क्यों लेंगे? आप हमारे बुजुर्ग (सीनियर) हैं।"

इन संदर्भों से एक तरह का द्वंद्व झलकता है, जो अपने कर्तव्य को लेकर भारतीय सिपाहियों, ख़ास कर बुजुर्ग सिपाहियों के मन में था। उन्होंने कई वर्ष ब्रिटिश सेना में बिताए थे, और यह बग़ावत उनमें से कइयों से बिना विमर्श के अचानक की गयी थी। वे इस बदलाव से असहज हो गए थे। जनरल व्हीलर के पास ये खबरें पहुँच रही थी, और वह नाना साहेब से मंत्रणा की सोच रहे थे।

वे भौंचक्के रह गए जब एक सूबेदार ने उन्हें बताया, "नाना साहेब के लोगों ने ही तो खजाना लूटा है!"

कानपुर के बाग़ी छावनी से निकल कर नवाबगंज़ आ गए। लेकिन, मेरठ के विपरीत उन्होंने यूरोपीय लोगों की जान नहीं ली थी। उनका इरादा दिल्ली की ओर बढ़ कर भारतीय सिपाहियों का साथ देने का था। नाना साहेब पेशवा से सिपाहियों ने वार्ता की।

सिपाहियों ने पूछा-"अब आप को खुल कर एक चुनना होगा। आप हमारे साथ हैं या ब्रिटिश के?"

"मेरा फिरंगियों से क्या लेना-देना? मैं तुम लोगों के साथ हूँ", नाना साहेब ने कहा

"पेशवा साहेब! आप हम सबके सर पर हाथ रखिए। हम इन फिरंगियों को उखाड़ फेंकेंगे"

"ऐसा ही होगा। तुम लोग यहाँ से खजाना लेकर कल्याणपुर निकल जाओ। मैं वहाँ पहुँचता हूँ, और फिर साथ दिल्ली चलेंगे।"

जब सिपाही निकल गए, तो उन्होंने दीवान अज़ीमुल्ला ख़ान के साथ मशविरा किया।

उन्होंने कहा, "अगर ये सिपाही दिल्ली निकल गए, तो हमारी ताक़त यहाँ कमजोर पड़ जाएगी। कानपुर छावनी में अभी फिरंगी बहुत कम हैं। इन्हें घेर कर हम अपनी शर्तें रख सकते हैं। हमें सभी बाग़ियों को जमा कर अपने सैनिकों में मिलाना होगा।"

नाना साहेब हाथी पर सवार होकर बाग़ियों की तलाश में कल्याणपुर निकले। वहाँ पहुँचते-पहुँचते आधी रात हो गयी। हज़ारों सिपाही कानपुर से 11 मील आगे कल्याणपुर के डाक बंगला के पास जमा थे।

नाना साहेब ने हवलदार टीका सिंह को समझाया, "दिल्ली का इरादा अच्छा है। मगर, छावनी में अभी बहुत खजाना, बारूद, हथियार बचे हैं। गंगा घाट के नीचे और गड्ढों में फिरंगियों ने बहुत कुछ छुपा रखा है। आप लोग बेहतर जानते हैं। हम पहले इन चंद फिरंगियों को जीत लें, फिर दिल्ली की ओर साथ कूच करेंगे।"

सिपाहियों में इस प्रस्ताव को लेकर कुछ मन-मुटाव होने लगा। कुछ लोग

दिल्ली और कुछ लखनऊ जाने की भी बात करने लगे। कुछ को अपने भविष्य की चिंता होने लगी कि जीत के बाद उन्हें क्या वेतन मिलेगा? नाना साहेब के सहयोगियों ने दोहरे वेतन और मुफ़्त भोजन का प्रस्ताव रखा। अंग्रेज़ों की क़िलाबंदी तोड़ने के लिए हर मुख्य सिपाही को एक सोने का कड़ा ईनाम की भी घोषणा हुई। फिर क्या था? आगे-आगे नाना साहेब की हाथी, और पीछे हज़ारों सिपाही ड्रम बजाते हुए नवाबगंज के पास एक मैदान में जमा हो गए। ज्वाला प्रसाद को बाग़ी सिपाहियों के साथ एक सेनापति का पद मिला, वहीं मराठा सैनिकों के सेनापति बने नाना साहेब के मित्र-तात्या टोपे।

तात्या टोपे ने कानपुर में पेशवा झंडा फहराया और आदेश दिया गया कि शहर के सारे ईसाइयों को मार डाला जाए। वहाँ से ही कानपुर में ईसाई नरसंहार की शुरुआत हुई, जिसमें ओल्ड रेसिडेंसी के हर ईसाई को घर घुस कर, दुकानों में छुपे लोगों को निकाल कर मारा गया।

उस समय छावनी के अंदर 280 यूरोपीय सिपाही/अफ़सर, 470 अन्य यूरोपीय नागरिक (परिवार आदि), 100 भारतीय नौकर, और 20 भारतीय सिपाही मौजूद थे।

नाना साहेब ने जनरल व्हीलर को चिट्ठी भेजी, "10 बजे सुबह (6 जून) हम आक्रमण करने की घोषणा करते हैं"

यह पहला संदर्भ है जब ब्रिटिश और भारतीय सेनाओं के मध्य नैतिक रूप से स्पष्ट युद्ध की घोषणा हुई। जहाँ दो सेनाएँ हों, उनके औपचारिक सेनापति हों, युद्धभूमि हो, अग्रिम संदेश दिए गए हों। भले ही यह असंतुलित था, और भारतीय सेना पूरे देश की सहमति से नेतृत्व नहीं कर रही थी।

एक अंग्रेज़ अधिकारी लेफ़्टिनेंट थॉमसन ने लिखा, "जनरल यह खबर सुन कर चौंक उठे, और पूरी छावनी को तुरंत मोर्चा संभालने के आदेश दिए। हम जहाँ भी, जैसी भी स्थिति में थे, भागे चले आए। हमने सामने खड़ी सेना को देखा। वे हमसे कहीं अधिक थे। हमने गड्ढे में छुप कर लड़ने का निर्णय लिया, मगर हम बुरी तरह घिर गए थे।"

❋ ❋ ❋

पेशवा का झंडा भले कानपुर में फहरा रहा था, मराठा गढ़ यानी बॉम्बे प्रेसीडेंसी के किसी छावनी पर उनका झंडा नहीं लगा था। वहाँ अंग्रेज़ निश्चिंत थे। कलकत्ता में तो अंग्रेजों की पार्टियाँ चल रही थी। दिल्ली की घटना के बाद एक पार्टी में जब कुछ अंग्रेज़ एहतियातन तलवार लेकर आ गए, तो उन्हें लॉर्ड कैनिंग ने लिखित फटकार दी कि यहाँ ऐसी असुरक्षा का माहौल न बनाएँ। मद्रास प्रेसीडेंसी में भी दिल्ली की खबर से कोई फर्क नहीं पड़ा। हालांकि पंजाब की रियासतों में दिल्ली से दूत पहुँचने लगे थे। अंबाला के डिप्टी कमिश्नर डगलस फोरसिथ ने पटियाला महाराज से तलब की तो उन्होंने यह बात मानी कि लाल किले से कुछ ख़ुफ़िया लोग आए थे। उन्होंने आश्वासन दिया कि वे जब तक जीवित हैं, अंग्रेज़ों का ही साथ देंगे। लेकिन, यह भी जोड़ा कि यह बात वह खुल कर नहीं कह सकते। राजपूताना में धीरे-धीरे हलचल शुरू हुई थी। नसीराबाद और नीमच छावनियों से सिपाहियों ने विद्रोह कर दिल्ली का रुख किया था। लेकिन, ऐसे कई राजा थे जो उस समय अंग्रेजों के मित्र थे या सहानुभूति रखते थे।

अंग्रेज़ों के लिए यह शंकाओं का दौर था। उन्हें हर भारतीय में दो चेहरे नज़र आ रहे थे। सिखों पर से भी उनका भरोसा डोल रहा था, और खबर मिल रही थी कि वे बंगाल रेजिमेंट के सिपाहियों से हाथ मिला सकते हैं। अंबाला छावनी में पहले ही एक विद्रोह हो चुका था। फ़िरोज़पुर छावनी में एक रात आस-पास से तीन सौ लोग आकर गिरजाघर और कुछ बंगले जला गए। हालाँकि इन छावनियों में सिखों की अनुशासनहीनता के स्पष्ट प्रमाण उन्हें नहीं मिले। संभवत: इसमें पुरबिया सिपाहियों और छावनी के बाहरी तत्वों की भूमिका थी। शिमला में आराम कर रहे जनरल ऐन्सन को दिल्ली की तरफ़ कूच करने की ज़िम्मेदारी मिली। उनके गुरखा बटालियन ने शर्त रख दी-जब तक वेतन नहीं बढ़ाएँगे, वे दिल्ली नहीं जाने वाले। एक रिपोर्ट के अनुसार गुरखा अंग्रेजों के निकलते ही शिमला लूटने की योजना बना रहे थे। दूसरी के अनुसार गुरखा दिल्ली पहुँच कर पाला बदलने की योजना बना रहे थे।

16 मई को लॉर्ड कैनिंग ने सिलॉन (श्रीलंका) और लंदन चिट्ठी भेजी कि जल्द से जल्द यूरोपीय सैनिकों के कम से कम तीन रेजिमेंट भेजे जाएँ। उन्हें कुछ

राहत मिली जब फ़ारस (ईरान) में युद्ध-समाप्ति के आसार बने। अब वहाँ से ब्रिटिश सेना लौटने वाली थी। फिर भी, दिल्ली से अवध तक की त्वरित सुरक्षा कठिन थी। रेलवे लाइनें अभी बिछ ही रही थी। मद्रास से अगर सिपाहियों को भेजना होता, तो दो हफ़्ते लग जाते। टेलीग्राफ लाइन टूटते रहने से सूचनाएँ देर से पहुँच रही थी। कानपुर छावनी से ख़ुफ़िया जासूसों के माध्यम से लखनऊ या कलकत्ता खबर भेजी जा रही थी।

जिस समय नाना साहेब पेशवा के नेतृत्व में कानपुर छावनी का घेराव हो रहा था, उस समय कहीं दूर पेशावर के परेड मैदान में चालीस बाग़ी सिपाहियों के हाथ बाँधे जा रहे थे। उन सभी को तोप से बाँध दिया गया। जनरल निकोलसन के आदेश पर एक साथ सभी तोप चलाए गए। उस ख़ूबसूरत घाटी ने इतना धुआँ शायद ही कभी देखा होगा, जब कई-कई फीट तक चीथड़े उड़ गए, और राख से सनी चालीस खोपड़ियाँ आकाश में बिखर गयी। मैं उन चालीस गुमनाम सिपाहियों के नाम ढूँढ रहा हूँ। जनरल निकोलसन का नाम तो आगे भी आएगा, जब दिल्ली के कश्मीरी गेट में युद्ध लड़ते हुए एक गुमनाम भारतीय सिपाही की गोली से वह मारे जाएँगे। पेशावर की चर्चा करने का उद्देश्य यह भी है कि हम पूरी क्रोनॉलॉजी को समझते चलें। अंग्रेज़ों ने कानपुर नरसंहार और ऐसी अन्य हिंसक घटनाओं के कारण अपने क्रूर दमन को न्यायोचित ठहराया। लेकिन, हमें यह भी स्मरण रहे कि कानपुर से पहले उन्होंने किस तरह के अन्याय किए थे।

पेशावर में किसी अंग्रेज़ अफ़सर की हत्या या कोई आगजनी नहीं हुई थी। यह 51वीं और 55वीं इंफैंट्री के दो सौ से अधिक सिपाहियों का परित्याग (desertion) था, जिसकी सजा कोर्ट-मार्शल थी, या मेरठ की तरह कारावास दिया जा सकता था।

लेकिन निकोलसन ने कहा, "कोर्ट मार्शल नहीं, सबको मृत्यु दी जाए"

मृत्यु भी फाँसी के बजाय तोप से उड़ाने के द्वारा दिया गया, जिसके पीछे तर्क दिया कि मुगल भी यूँ ही सजा देते थे। फिर ब्रिटिश न्याय का उनका दंभ फ़िज़ूल था। निकोलसन ने खुल कर पहले भी कहा था, "मैं हिंदुस्तानियों से नफ़रत करता हूँ"

बाद में जब वह जालंधर आया, तो एक बार भोजनालय पहुँचने में देर हुई। उसने कहा, "मैं तुम्हारे रसोइयों को फाँसी पर लटकाने में व्यस्त था"

अफ़सरों ने बाहर जाकर देखा। पीपल के पेड़ पर रसोइए लटक रहे थे। निकोलसन के अनुसार उन्होंने खाने में जहर मिलाया था (जो संभवत: सत्य था)।

मेरठ और दिल्ली के आस-पास के गुर्जरों और मेवातियों ने संगठित रूप से छावनियों और अंग्रेज़ी ठिकानों पर हमले किये, लेकिन उनके साथ क्या हुआ, इस पर विस्तृत चर्चा मैं अंतिम खंड में करुँगा। अंग्रेज़ों का रवैया शुरू से ही क्रूर रहा। उन्होंने अपनी न्याय-पद्धति मनमानी बना ली थी, जिसमें संवाद का स्थान ही नहीं छोड़ा।

19 मई को अलीगढ़ छावनी के निकट किसी विवाह में सिपाहियों ने एक ज़मींदार को कहते सुना, "हम ही तो छावनी में आग लगाए"।

अगले दिन उन ज़मींदार को पकड़ कर परेड मैदान लाया गया, और सिपाहियों के सामने फाँसी पर लटका दिया गया। यह दृश्य देखते ही सिपाहियों ने विद्रोह कर दिया। उस वक्त मुज़फ़्फ़रनगर, इटावा, बुलंदशहर, मैनपुरी हर जगह विद्रोह हो रहे थे, और खजाने लूटे जा रहे थे। इटावा के एक राव भवानी सिंह का ज़िक्र मिलता है, जिन्होंने अंग्रेजों की मदद की, और लूट से बचाया। वहीं, खैर के राव भूपाल सिंह अंग्रेजों से लड़ते हुए 1 जून को मारे गए। यह सभी घटनाएँ कानपुर घेराव से पहले की हैं। यूँ कह सकते हैं कि दिल्ली से बाहर की तरफ़ पसरती इस आग का एक सम्मिलित रूप कानपुर में दिखा।

शिमला से निकले जनरल ऐन्सन अपनी सेना लेकर 25 मई तक करनाल पहुँच चुके थे। जिंद के राजा स्वरूप सिंह ब्रिटिश सेना से जुड़ गए, और उनकी मदद से अंग्रेजों को काफ़ी बल मिला क्योंकि उनकी सेना इलाक़े से वाक़िफ़ थी। लेकिन, अगले ही दिन जनरल ऐन्सन की हैजा से मृत्यु हो गयी। इस अचानक मृत्यु के बाद कमान जनरल बर्नार्ड ने संभाली, और उसके बाद तो वीभत्स कत्ल-ए-आम शुरू हुआ।

करनाल से अलीपुर की तरफ़ बढ़ रही सेना के लेफ्टिनेंट कर्नल कॉगहिल ने लिखा है,

"हम रास्ते के सभी गाँवों को जलाते गए। जो भी गाँव वाला दिखता, उसे लटकाते चलते। हम यह तब तक करते रहे, जब तक रास्ते के हर पेड़ पर एक हिंदुस्तानी नहीं लटक गया।"

एक और अफ़सर का ज़िक्र सॉल डेविड करते हैं, जिन्होंने अपनी पत्नी को उत्साही चिट्ठी लिखी,

"हमने ग्यारह गाँव वालों को लटकाया...(हमें) इतना आनंद आ रहा था कि भोजन छोड़ कर हम इसी जुगत में लगे थे कि कितनी रस्सी लगेगी, और कैसे लटकाने से वे मरते चले जाएँगे।"

1 जून की घटना के एक संदर्भ में कथन है,

"हमें मालूम पड़ा कि इस गाँव के लोगों ने दिल्ली से भाग कर आयी यूरोपीय महिलाओं के साथ दुष्कर्म किया है। हमने उन्हें पकड़ कर उनके दाढ़ी और बाल काट दिए, और पूरे शरीर पर सूअर का माँस रगड़ दिया (संभवत: मुसलमान होंगे)। उनका धर्म हमने भ्रष्ट कर ही दिया था, तो यूँ भी उन्हें दोज़ख़ ही नसीब था। उन्हें पेड़ों से लटका कर हमने वह उन्हें दे दिया।"

मेरठ में विद्रोह के बावजूद उनकी छावनी मजबूत थी। वे आक्रमण नहीं कर रहे थे, मगर उनके अनुसार वह किसी भी भारतीय हमले को दबाने की क्षमता रखते थे। उन्होंने बाग़ियों और आस-पास के गुर्जर या अन्य हमलावरों की सूची तैयार करनी शुरू कर दी थी। उनकी एक टुकड़ी अब दिल्ली की ओर भी निकल रही थी।

लेकिन, कानपुर और लखनऊ में तो अंग्रेजों की हालत डाँवा-डोल थी। दोनों एक-दूसरे से मदद माँग रहे थे, और दोनों के पास देने के लिए ख़ास था नहीं। लॉर्ड कैनिंग ने तो ऐसी चिट्ठी भेजी, जिसे पढ़ कर कानपुर छावनी का रहा-सहा हौसला भी खत्म होने लगा।

उन्होंने लिखा,

"कलकत्ता से रानीगंज तक ट्रेन जा रही है। वहाँ से 18 सिपाही प्रति दिन के हिसाब से डाक कंपनी बनारस तक पहुँचा रही है। मद्रास से बैलगाड़ियों पर सिपाही आए हैं। इन बैलगाड़ियों पर सौ सिपाही तीस मील प्रति दिन की गति

से निकलेंगे। इन 900 सिपाहियों के बनारस पहुँचने में बीस दिन तो लग जाएँगे। बनारस से स्टीमर पर डेढ़ सौ सिपाही निकले हैं, पहुँच ही रहे होंगे। बाकी, बॉम्बे, सीलॉन, पेगू से भी सिपाही आएँगे।"

यानी, अगले तीन हफ़्ते तक कानपुर को सहयोग की उम्मीद नहीं थी। इसमें मई-जून महीने की उमस और गर्मी भी ध्यान में रखा जाए, जब बीस दिन की यात्रा में विदेशी सिपाहियों की स्थिति क्या होती होगी। इस चिट्ठी से यह अंदाज़ा लगता है कि क्यों 1857 के बाद रेलवे लाइन और सड़क निर्माण का कार्य तेज़ी से चलने लगा।

6 जून को ठीक 10 बजे कानपुर छावनी पर पहला आक्रमण हुआ जब 9 पाउंड का एक बारूद-गोला उनके बैरक पर गिरा। वहाँ मुख्यत: यूरोपीय महिलाएँ जमा थी, जिनमें अफ़रातफ़री मच गयी। चूँकि ब्रिटिशों में भी एक अलग तरह की वर्ग-व्यवस्था थी, तो बड़े अफ़सरों के मेमसाहबों को अधिक सुरक्षित स्थानों पर ले जाया गया। कम महत्व की यूरोपीय महिलाओं को अपने हाल पर छोड़ दिया गया। अंग्रेज़ों ने अपने होवित्ज़र तोपों से ज़ोरदार जवाबी हमला किया, और एक हमले से कम से कम बीस भारतीय मर रहे थे। हालाँकि मरने वालों में कानपुर के आम लोग अधिक थे, जो तमाशा देखने पहुँच गए थे। भारतीय सिपाहियों को इन हमलों के अनुभव थे, तो वे बेहतर पोज़ीशन में थे। भारतीय सिपाहियों को छावनी की पूरी जानकारी भी थी, तो उनमें से कई सीधे अंग्रेजों के रणनीतिक बिंदुओं पर हमले कर रहे थे। 8 जून तक कानपुर के मुख्य अफ़सर जैसे कर्नल विलियम, पार्कर, ब्रिगेडियर जैक आदि मारे जा चुके थे। इसमें एक कैप्टन मूर का ज़िक्र आता है, जिनकी कंधे की हड्डी टूट गयी थी, लेकिन एक हाथ में छोटी बंदूक लिए लड़ रहे थे। उसी रात वह अपने सहयोगियों के साथ चुपके से छावनी से निकल कर दो 24 पाउंड भारतीय होवित्ज़र तोप भी चुरा लाए।

पास ही डंकन होटल में बैठे नाना साहेब को जब तोप चोरी की खबर मिली, तो वह भड़क उठे। वह स्वयं मैदान के पास सावदा हाउस में रहने आ गए। हालाँकि इसकी संभावना कम है कि नाना साहेब सैन्य-रणनीति में अधिक दख़लंदाज़ी देते होंगे, लेकिन उनका भविष्य इस युद्ध पर ही टिका था। उनकी सेना की कमान में टीका सिंह, गंगाधर मिश्र, और राधे सिंह जैसे बाग़ी सिपाहियों का नाम मिलता है। कानपुर छावनी की हालत खस्ता हो रही थी। खाने-पीने की रसद खत्म होने

लगी थी। छावनी के अंदर जो भारतीय सिपाही थे, उन्हें जनरल व्हीलर ने एक चरित्र प्रमाण-पत्र बना कर दिया और कहा कि वे भाग जाएँ। आस-पास की छोटी छावनियों में भी अंग्रेजों की हत्या हो रही थी। चौबेपुर छावनी में लगभग सभी अंग्रेज़ मारे गए, और सिर्फ़ लेफ़्टिनेंट बोल्टन बच कर आ सके। 12 जून की सुबह नाना साहेब के सामने एक विचित्र नज़ारा था। कुल 120 यूरोपीय नागरिकों की शृंखला रस्सी में बाँध कर लायी जा रही थी। इन्हें फतेहगढ़ छावनी से नाव पर भागते हुए बिठूर में पकड़ लिया गया था, और बाँध कर कानपुर तक लाया गया था। जून की उस गर्मी में उन्हें पूरे रास्ते पानी भी नहीं दिया गया।

यह स्पष्ट नहीं कि नाना साहेब उनके साथ क्या सलूक करना चाहते थे, लेकिन उनके भाई बाला राव और अज़ीमुल्ला ख़ान संभवत: उन्हें मारने के समर्थन में थे। अधिकांश अंग्रेजों को सामने के गड्ढों में खड़ा कर दिया गया। उनके हाथ बाँध दिए गए और हरेक के सामने बंदूक लेकर एक सिपाही खड़े हो गए। कानपुर बाज़ार के लोग वहाँ उत्साह से नारे लगा रहे थे-'मर फिरंगी!'

बाला राव साहेब ने आदेश दिया, और उन सभी को एक झटके में कुछ उसी तरह मार दिया गया जैसे पेशावर में निकोलसन ने मारा था। अंतर यह था कि ये सिपाही नहीं, यूरोपीय नागरिक थे, जिनमें औरतें और बच्चे भी थे। अंग्रेज़ों के ख़िलाफ़ यह हिंसा अभी और भी होनी थी।

कानपुर में एक घाट है-सती चौरा घाट, जिसे 1857 के बाद मसकर (massacre) घाट भी बुलाया जाने लगा।[1]

❋ ❋ ❋

"16 सितम्बर को जब मैं व्हीलर के खंदक (entrenchment) देखने गया, तो वह बहुत ही बदहाल था। घर टूट कर गिरे हुए थे, कंकाल बिखरे हुए थे, औरतों के कपड़े, संगीत के साज, किताबें जमीन से झाँक रहे थे"

-कैप्टन एडवर्ट मैसन की डायरी से

---

1   ऐतिहासिक विवरणों में सती चौरा घाट और मसकरा घाट को एक बताया गया है, जबकि वर्तमान स्थिति में दो अलग-अलग घाट हैं। संभव है कि पहले वे दोनों घाट मिला कर एक बड़े घाट रहे हों।

कानपुर में अंग्रेजों ने कम संसाधनों और छोटी फौज के बावजूद ठीक-ठाक संघर्ष किया। वहाँ से बच कर जीवित निकले सिर्फ़ चार अंग्रेज़ अफ़सरों में एक लेफ़्टिनेंट थॉमसन ने अपने संस्मरण में लिखा है-"जब रसद खत्म होने लगी, तो हम घोड़े मार कर खाने लगे। एक गाय चर रही थी, उसे भी गोली मार कर गड्ढे में खींच लिया और खा गए।"

कानपुर की ब्रिटिश छावनी ने दो हफ़्ते से अधिक तक भारतीय सिपाहियों के आक्रमण को रोक कर रखा।

लॉर्ड कैनिंग की पत्नी ने लिखा, "कानपुर जैसी स्थिति अगर कोई व्यक्ति संभाल सकता था, तो वह जनरल व्हीलर ही थे।"

12 जून तक छावनी के बैरक की छत, खिड़कियाँ, दरवाजे सब टूट चुके थे। उनके अस्पताल की छत गिर चुकी थी। लगभग पूरी छावनी खंदकों में आकर छुप गयी थी। छावनी में पानी पीने के लिए सिर्फ़ एक कुआँ था, जहाँ पहुँचने के लिए गड्ढे से निकल कर आना होता। निकलते ही सीधी फ़ायरिंग शुरू हो जाती। एक सिपाही मैककिलप ने महिलाओं और बच्चों के लिए पानी लाने का जिम्मा लिया था। कुछ दिन वह गोलियों से बचते-बचाते पानी लाते रहे, अंतत: मारे गए। 16 जून को व्हीलर ने एक ख़ुफ़िया चिट्ठी भेज कर लखनऊ से मदद माँगी।

वहाँ के रेज़िडेंट लॉरेंस ने लिखा, "हम गोमती के पार शत्रुओं से घिरे हुए हैं। इस वक्त कोई सहायता नहीं कर पाएँगे...भगवान आपकी रक्षा करे"

उसी दिन लखनऊ से चौथी और पाँचवी इंफ़ैंट्री के बाग़ी सिपाही नाना साहेब के खेमे में आ गए, जिन्होंने दावा किया कि वे दो दिन में छावनी जीत लेंगे। लेकिन, उनकी भी कोशिशें नाकाम रही। यह ज़िक्र सावरकर और ब्रिटिश इतिहासकारों, दोनों ने किया है, कि कानपुर में भारतीयों के अंदर आपसी विवाद जन्मने लगे थे। उदाहरण स्वरूप जब मुसलमान सिपाही बाज़ार में गाय काट कर खाने लगे, तो नाना साहेब के भाई बाबा भट्ट ने कसाई के हाथ काटने का आदेश दे दिया (शायद काट भी दिए)। इससे मुसलमान सिपाही भड़क उठे। उस समय अज़ीमुल्ला ख़ान और नाना साहेब ने समझाया कि मुसलमान हिंदुओं की नज़र से दूर जाकर माँस काटें, ताकि विवाद न हो। कुछ लूट-पाट करने वाले लोगों का भी ज़िक्र मिलता है,

जो यूँ ही जमा हो गए थे। जैसे-जैसे दिन बीत रहे थे, नाना साहेब की चिंताएँ बढ़ रही थी। बनारस से खबरें आने लगी थी कि प्रतिदिन सैकड़ों की संख्या में ब्रिटिश टुकड़ियाँ पहुँच रही है, जो कत्ल-ए-आम करती इलाहाबाद की ओर बढ़ रही हैं। एहतियातन ग्रैंड ट्रंक रोड पर निगरानी रखी जाने लगी। कुछ जादुई भविष्यवाणियाँ भी थी। नाना साहेब के गुरु ने कहा था कि 23 जून को प्लासी की लड़ाई के सौ साल पूरे होंगे, और फिरंगियों का राज खत्म होगा। ऐसे ही फ़तवे मुसलमानों के बीच घूम रहे थे। खैर, इस तारीख़ ने दोनों धर्मों को कुछ समय के लिए एक कर दिया।

हवलदार राधे सिंह ने घोषणा की, "मेरी फ़र्स्ट इंफ़ैंट्री ने ही प्लासी में फिरंगियों को जीत दिलायी थी। आज अपने बाप-दादाओं की ग़लती सुधारने का समय आ गया है।"

जब धार्मिक भविष्यवाणियाँ आ गयी, तो रणनीति ने बैक-सीट ले ली। 23 जून की सुबह टीका सिंह की ललकार पर घुड़सवार 'दीन के लिए', 'धरम के लिए' जैसे नारे लगाते छावनी की ओर दौड़ गए। स्वाभाविक रूप से घोड़े गड्ढे तक पहुँच कर बिदक गए। अंग्रेज़ों ने तीन 9 पाउंड गोले दागे, और घुड़सवार ढेर हुए। वहीं, छावनी के उत्तर-पश्चिम छोर से स्वयं राधे सिंह नेतृत्व करते हुए दर्जनों सिपाही के साथ बढ़ रहे थे। उनकी स्वयं गोली लगने से मृत्यु हो गयी। लेकिन, अंततः भारतीय सिपाही छावनी में घुसने की कगार पर आ गए, और भारी हानि पहुँचायी। गोला-बारी के बाद जनरल व्हीलर के प्रिय पुत्र का सर धड़ से अलग होकर फट चुका था। इस ख़ौफ़नाक दृश्य से उनका हौसला व्यक्तिगत रूप से टूट गया। अपने 67 वर्ष के जीवन में 50 वर्ष उन्होंने भारत में ही बिताए थे।

उन्होंने 24 जून को रेज़िडेंट लॉरेन्स को आख़िरी चिट्ठी लिखी, जिसकी अंतिम पंक्तियाँ थी-"हम पिंजरे में फँसे चूहों की तरह नहीं मरना चाहते"

लॉरेंस की चिट्ठी 27 जून को लखनऊ से चली, "हौसला बनाए रखिए। दो दिन के अंदर हमारी सेना कानपुर पहुँच रही है...शत्रुओं की शर्तें मत मानिए... नाना पर तो बिल्कुल भरोसा न करें। वह धोखा देंगे!"

यह चिट्ठी पढ़ने के लिए व्हीलर जीवित नहीं बचे।

‎❋ ❋ ❋

हिंदुओं और मुसलमानों के मध्य दरार को भुनाने का एक रास्ता अंग्रेजों के पास हमेशा से था। लेकिन, घिरे होने की वजह से बात नहीं हो पा रही थी। पहले ब्लेनमैन नामक एक जासूस दो-तीन बार छावनी से बाहर रसोइए के भेष में गए थे। उनका रंग भूरा था, तो भारतीयों में मिल जाते; मगर एक दिन वह भी पकड़े गए। भारतीय भाषा में बात कर और कुछ बहाने बना कर जैसे-तैसे बच कर छावनी वापस लौटे। 24 जून को एक दूसरे यूरेशियाई जोनास शेपहर्ड ने जनरल व्हीलर से कहा कि वह छुप कर नाना साहेब के पास जाना चाहते हैं। शेपहर्ड के लिखे संस्मरण बाद में एक महत्वपूर्ण दस्तावेज़ बने। उन्हें अपने बीवी-बच्चों की चिंता हो रही थी, जो अब छावनी में मरणासन्न हो रहे थे। उन्होंने कहा कि वह जान पर खेल कर नाना साहेब से बातचीत करेंगे।

व्हीलर ने कहा, "तुम जाकर नन्ने नवाब से मिलो। वह मेरा पुराना दोस्त है, और मुझे लगता है कि नाना साहेब से उसकी नहीं बनती। वह नाना से नेतृत्व छीनना चाहता है।"

यह शक बेबुनियाद नहीं थी। नन्ने नवाब लखनऊ के रईस थे, जिन्होंने अपने भाई निजाम-उद-दौला के साथ नाना साहेब से हाथ मिलाया था। सेंट जॉन गिरजाघर के सामने हज़ार मुसलमानों की फ़ौज के साथ वह तैनात थे। नाना साहेब ने जब दो तोपों की चोरी के बाद निजाम-उद-दौला को बर्खास्त किया था, तभी से कुछ मनमुटाव था। बाद में गोमांस को लेकर भी दोनों धर्मों में मतभेद पनपे। हालाँकि दोनों साथ मिल कर अपने-अपने लक्ष्य से अंग्रेजों के ख़िलाफ़ लड़ रहे थे, मगर व्हीलर इनको तोड़ने की उम्मीद में थे। शेपहर्ड ने अपने बाल छोटे कर लिए, रसोइए का भेष बना कर, शरीर पर घासलेट पोत लिया, और पगड़ी बाँध ली। शेपहर्ड जैसे ही छावनी से निकल कर भारतीय रसोई की तरफ़ बढ़े, पकड़े गए। वह चाहते भी यही थे कि उन्हें पकड़ कर नाना साहेब या नन्ने नवाब तक ले जाया जाए। मगर उन्हें बाँध कर एक तंबू में बिठा दिया गया। उनसे पूछताछ हुई, जिससे पता लगा कि व्हीलर संधि करना चाहते हैं। 25 जून की शाम को एक गोरी स्त्री अपनी छाती में शिशु को लगाए ब्रिटिश छावनी की ओर बढ़ने लगी।

वह जब करीब आयी तो लेफ़्टिनेंट थॉमसन ने कहा, "यह तो मिसेज ग्रीनवे है। कोई संदेश लेकर आयी है।"

चिट्ठी अंग्रेज़ी में थी,

"आदरणीय महारानी विक्टोरिया के सभी नागरिकों के नाम,

आप में से जो भी लॉर्ड डलहौज़ी के निर्णयों से ताल्लुक नहीं रखते, और अपने हथियार डालना चाहते हैं, उन्हें हम सुरक्षित इलाहाबाद पहुँचाने का प्रस्ताव रखते हैं।"

व्हीलर ने पढ़ कर कहा, "इस पर किसी के हस्ताक्षर क्यों नहीं? नाना साहेब की मुहर लगवा कर लाइए"

अगली सुबह एक अन्य यूरेशियन महिला मिसेज जैकोबी नाना साहेब के हस्ताक्षर लेकर आयी। व्हीलर ने सभी अफ़सरों से मंत्रणा की। उनमें से अधिकांश ने कहा कि नाना साहेब पर भरोसा नहीं किया जा सकता।

कैप्टन मूर ने हस्तक्षेप किया, "इस वक्त सभी महिलाओं और बच्चों की सुरक्षा महत्वपूर्ण है। हमें प्रस्ताव मान लेना चाहिए।"

दोपहर को दोनों खेमों के मध्य मीटिंग तय हुई। भारतीयों की तरफ़ से अज़ीमुल्ला ख़ान और ज्वाला प्रसाद आए, और अंग्रेज़ों की तरफ़ से व्हीलर और उनके चार अफ़सर आए। वहीं छावनी के सामने कुर्सियाँ लगायी गयी।

अज़ीमुल्ला ख़ान ने अंग्रेज़ी में वार्ता शुरू की तो ज्वाला प्रसाद ने टोका, "अंग्रेज़ी में नहीं, देसी भाषा में बोलिए। हमको अंग्रेज़ी नहीं समझ आती।"

व्हीलर ने कहा, "हाँ हाँ! क्यों नहीं? हम सब यहाँ की भाषा बोलते हैं।"

अज़ीमुल्ला ख़ान ने कहा, "आप सबको हम नावों से इलाहाबाद पहुँचाएँगे। बारिश के लिए ऊपर से नाव ढकी होगी। भोजन की व्यवस्था होगी। बदले में आप सबको छावनी के सभी हथियार हमारे हवाले करने होंगे।"

कैप्टन मूर ने कहा, "हमारे पुरुषों के पास कुछ छोटी बंदूक और साठ राउंड लायक कारतूस रहने दें। यहाँ से आगे निकलने के बाद अगर कोई हमला हो..."

एक घुड़सवार सावदा हाउस में नाना साहेब तक प्रस्ताव लेकर गए। उन्होंने

संदेश भेजा कि वह तैयार हैं। व्हीलर ने कहा कि सामान बाँधने के लिए एक दिन का वक्त दिया जाए, और इस मसौदे पर सभी के हस्ताक्षर हो जाएँ। यह सभी औपचारिकताएँ पूरी कर ली गयी। ब्रिटिश छावनी में खुशी की लहर आ गयी।

वहाँ मौजूद युवती एमि होर्न ने लिखा, "उस रात हम खूब नाचे-गाए। कई दिनों बाद दाल-चपाती खाया (संभवत: भारतीय खेमे से भेजा गया)। कुएँ से कई बाल्टियाँ निकाल कर लोगों ने खूब पानी पीया।"

26 जून की दोपहर तक 40 नाव सतीचौरा घाट पर लग गए थे। उनमें कई के ऊपर बारिश से बचने के लिए तिरपाल लगा था। नाना साहेब ने लगभग सवा लाख रुपए और कुछ अन्य चीजें भी भिजवायी।

साथ में उन्होंने संदेश भिजवाया, "आज शाम की बजाय आप लोग कल सुबह निकलें। हम कुछ बग्घियों की व्यवस्था कर रहे हैं, जो आपके बीमार और घायल लोगों को घाट तक पहुँचाएँगे।"

स्वयं ज्वाला प्रसाद ब्रिटिश छावनी में आकर सोए ताकि किसी को कोई शंका न हो। संस्मरणों के अनुसार ज्वाला प्रसाद उनसे खूब बतियाये कि जो हुआ, अब भूल जाएँ। अंग्रेज़ नयी सुबह के इंतज़ार में सो गए।

यह खूबसूरत रात उनके जीवन की आख़िरी रात थी।

❈ ❈ ❈

"यह संभवत: विश्व का सबसे कटु स्थान है। यह हत्यारों की काली दृष्टि, शैतान का जाल, धोखेबाज़ों का द्वार है। यहाँ के हर पत्थर घृणा से बँधे हैं, और मिट्टी कायरता से सनी है।"

-फ्रेडेरिक ट्रीव्स, सती चौरा घाट के विषय में

27 जून, 1857, कानपुर

अंग्रेज़ छावनी अपनी यात्रा के लिए आखिरी चीजें समेट रहे थे। स्त्रियाँ अपने वस्त्रों के अंदर सोना-जवाहरात छुपा कर रख रही थी, पुरुष अपनी जेबों में यथासंभव कारतूस भर रहे थे। उनके कपड़े खून और मिट्टी से सने थे, और तीन हफ्ते की इस लड़ाई के बाद उनके आँख धँस कर काले पड़ गए थे। अंग्रेज़ों को घाट

तक पहुँचाने के लिए 16 हाथी, 80 पालकियाँ और कई बैलगाड़ियाँ आयीं। पहले उन्होंने लगभग सवा सौ घायलों और मृतकों को पालकी पर लादा। वे उम्मीद कर रहे थे कि छावनी के बाग़ी सिपाही जिन्होंने उनके लिए पहले काम किया था, वे मदद के लिए आएँगे। लेकिन, वे उल्टे वहाँ खड़े होकर तंज कर रहे थे। अभी अंग्रेज़ सामान चढ़ा रहे थे, और बाज़ार की भीड़ छावनी में घुस कर सामान लूटने पहुँच चुकी थी।

एमि हॉर्न ने लिखा है, "वे पास आकर हमें गंदी-गंदी गालियाँ दे रहे थे, और ऐसी अश्लील बातें कर रहे थे जिसे लिखा नहीं जा सकता"

वहाँ कुछ अंग्रेज़ अफ़सरों ने अकड़ भी दिखायी। संभव है इस कारण भीड़ भड़क उठी हो।

जैसे कैप्टन मूर ने सिपाहियों से कहा, "तुम सबको याद रखा जाएगा। तुम्हें तुम्हारे किए का फल अवश्य मिलेगा"

यह भी ज़िक्र है कि कुछ भारतीय सिपाही मदद के लिए भी सामने आए, हाल-चाल पूछा। उन्होंने भरोसा दिलाया कि इलाहाबाद तक उनको किसी तरह की चिंता की ज़रूरत नहीं। हालाँकि उन सिपाहियों की बाद में भारतीयों द्वारा खूब पिटाई की गयी और अंग्रेज़ों का पिट्टू कहा गया। आखिर छावनी पूरी तरह खाली हुई, और वे लगभग डेढ़ मील का रास्ता चलते हुए घाट तक पहुँचे। घाट पर ही कर्नल विलियम का बड़ा बंगला स्थित था, जो अब खाली पड़ा था। वहीं एक मंदिर था, जहाँ तमाशबीनों की बड़ी भीड़ जमा थी।

घायल कर्नल एवार्ट पालकी से उतरने का प्रयास कर रहे थे, जब उन्हीं की इंफ़ैंट्री के दो घुड़सवार पास आए और उनकी नकल करते कहा, "परेड पूरी तैयार है?"

यह कहते हुए उन्होंने ठहाका लगाया और तलवार उनके पेट में घुसेड़ दी। उनकी पत्नी को भी काट डाला गया। नरसंहार शुरू हो चुका था, मगर आगे चल रहे अफ़सरों को खबर नहीं थी। जब जनरल व्हीलर घाट पर मंदिर के निकट पहुँचे, तो वहाँ बाबा भट्ट, बाला राव, तात्या टोपे और अज़ीमुल्ला ख़ान दिख गए। घोड़े पर सवार टीका सिंह और ज्वाला प्रसाद भी वहीं मौजूद थे। अंग्रेज़ एक-एक कर

नावों पर चढ़ने लगे, और जैसे ही पहली नौ नाव कुछ दूर चली, ज्वाला प्रसाद के इशारे पर उनके केवट पानी में कूद गए। भारतीय सिपाही नावों पर ताबड़तोड़ गोलियाँ चलाने लगे। बूढ़े जनरल व्हीलर इस धोखे से हतप्रभ मंदिर की ओर देख रहे थे, तभी एक भारतीय ने कूद कर उनका गला काट दिया। कुछ अंग्रेज़ जवाबी गोलियाँ चलाने लगे, मगर निहत्थे औरतों, बच्चों और घायलों का तो भीड़ द्वारा कत्ल-ए-आम हो रहा था।

एक पादरी मॉन्टिफ़ ने विनती की, "चाहो तो सभी को कैदी बना लो, मगर हत्या मत करो", मगर उनको भी मार दिया गया। चार साल के बच्चों को छुरा घोंप कर, उनकी टाँग पकड़ कर घुमाते हुए नदी में फेंकने के विवरण हैं।

इस भीषण नरसंहार के मध्य नाना साहेब का आदेश आया, "हत्यायें बंद की जाए। गोली नहीं चलायी जाए।"

मुमकिन है कि यह सब नाना साहेब की सहमति के बिना न भी हो रहा हो, क्योंकि उन्हें किसी ने घाट पर नहीं देखा। ज़िंदा बच गए सवा सौ अंग्रेजों को पकड़ कर नाना साहेब के पास सावदा हाउस ले जाया गया। तीन नाव बच कर निकलने में कामयाब हुए, जिनमें एक को नज़फ़गढ़ के निकट राव राम बख्श के लोगों ने पकड़ा और सभी को मार डाला। स्वयं राम बख्श द्वारा भी मंदिर में छुपे अंग्रेजों को मारने का वर्णन है। बाकियों को भी खदेड़ा गया। उनसे भाग कर बचने में लेफ़्टिनेंट थॉमसन और तीन अन्य कामयाब हुए, जिन्हें बलरामपुर के जमींदार राजा दिग्विजय सिंह ने शरण दी। दो युवतियों को घुड़सवार अपने साथ ले गए। एक थी अठारह वर्ष की एमि हॉर्न जिसे इस्माइल ख़ान ने अगले दस महीने तक अपनी दासी बना कर रखा। दूसरी थी, जनरल व्हीलर की सबसे छोटी बेटी मार्ग्रेट जो अठारह वर्ष की खूबसूरत युवती थी। उसके विषय में कई अफ़वाहें बनी। लंदन में नाटक खेले गए कि किस तरह उस वीरांगना ने एक घुड़सवार को मार डाला, और अपनी इज़्ज़त पर दाग़ नहीं लगने दिया। बाद में यह खबरें आयी कि सेकंड कैवलरी के घुड़सवार निज़ाम अली ख़ान की पत्नी बन कर वह रामपुर में थी। हालाँकि वहाँ भी नहीं मिली। 1880 में मिसेज क्लर्क को कानपुर में एक अधेड़ महिला दिखी, जो संभवत: मार्ग्रेट व्हीलर थी।

तलब करने पर उन्होंने कुछ इस भाव में कहा, "वह एक बुरा दौर था, जो बीत गया। मेरे पति ने उस वक्त मुझे हिंसा से बचाया। अगर आज मैं सामने आ जाऊँ, तो ऐसी ही हिंसा मेरे पति के परिवार के साथ की जाएगी।"

इतिहास में एक पक्ष के लिए हिंसा दूसरे पक्ष के लिए वीर-गाथा बनती आयी है।

❋ ❋ ❋

कानपुर में कंपनी राज खत्म और पेशवा राज स्थापित हुआ, और दिल्ली में मुगल राज। मगर इनका सांकेतिक महत्व ही था। उन दिनों राज से अधिक अराजकता अधिक थी। आस-पास के कई ज़मींदार उनके राज को मानने को ही तैयार नहीं थे।

मसलन ज़मींदार राजा दिग्विजय सिंह ने कहा, "मैं नहीं जानता कौन हैं ये नाना साहेब और क्या है ये पेशवा राज"।

उसी तरह, बहादुरशाह ज़फ़र और उनके शहज़ादों पर दिल्ली के अंदर या बाहर बहुत अधिक सहमति नहीं थी। वे धन बहा रहे थे, फ़तवे निकल रहे थे, मगर उनका व्यापक महत्व धार्मिक अधिक था। प्रशासनिक सुधार की चर्चा उन घोषणापत्रों में नहीं थी। एक फौरी समझ यह भी थी कि पेशवा राज का अर्थ हिंदू राज और मुग़ल राज का अर्थ इस्लाम राज। इस संबंध में कुछ बेहतर स्थितियाँ रुहेलखंड में नज़र आती है। वहाँ भी ज़फ़र की तरह एक बयासी वर्ष के व्यक्ति ख़ान बहादुर ख़ान रोहिल्ला के हाथ में सिपाहियों ने सत्ता सौंपी। उन्होंने बरेली में बादशाह के सूबेदार रूप में पद लिया, खुशी राम और शोभा राम उनके सहायक बने। उनका राजकीय घोषणापत्र विनायक सावरकर ने अपनी पुस्तक में क्रॉसॉफ्ट विल्सन के मार्फ़त उद्धृत किया है,

"हिंदुस्तान देश के वासियों! स्वराज्य-प्राप्ति का दुर्लभ अवसर तुम्हें प्राप्त हो गया है। इस अपूर्व अवसर का तुम लाभ लोगे या फिसल जाने दोगे? हिंदू और मुसलमान बंधुओ! यह ध्यान रखना कि इस देश में अगर अंग्रेजों को रहने दिया तो वह हमारे धर्म और राष्ट्र का सत्यानाश कर देंगे। अंग्रेज़ों के फ़रेब के कारण आज तक हम हिंदुस्तानियों ने अपनी गर्दन अपने ही तलवार से काटी है। अत: इस

गृह-क्लेश की ग़लती हमें ठीक कर लेनी चाहिए। अंग्रेज़ हमें यह कपटी सलाह देते आए हैं कि मुसलमान हिंदू से लड़ें, और हिंदू मुसलमानों से। परंतु बंधुओं! आप उनके जाल में मत फँसना। हमारे चतुर हिंदू मित्र यह जानते हैं कि अंग्रेज़ भरोसेमंद नहीं। ये पृथ्वी से अन्य धर्मों को मिटाना चाहते हैं, हिंदू और मुसलमान, दोनों को कुचलते हैं। मैं अपील करूँगा कि हर मुसलमान जो कुरान पढ़ते हैं, हर हिंदू जो माता में श्रद्धा रखते हैं, वह फ़िरंगियों के ख़िलाफ़ इस युद्ध में सम्मिलित हों।"

इसी तरह, अलीगढ़ में भी एक पंचायत-स्वराज जैसी स्थिति बन रही थी। लेकिन, प्रशासनिक संरचना कहीं भी स्पष्ट नहीं थी। एक गाँव या एक जिले के कोतवाली और छावनी को हरा कर यह कहते कि हम आज़ाद हो गए। इस नीति से कुछ स्थान तो तीन हफ़्ते से कम तक स्वतंत्र रहे। अंग्रेज़ों ने जल्द ही वापस अपनी पोज़ीशन बना ली। अंग्रेज़ों को यह भरोसा था कि अगर दिल्ली पर पुन: क़ब्ज़ा कर लिया जाए, तो बाकी प्यादे-घोड़े अपने-आप ही कट जाएँगे। इस कारण जहाँ कानपुर में कहीं से कोई मदद नहीं दिख रही थी, वहीं दिल्ली में हर तरफ़ से फौज जा रही थी। अलीपुर तक जनरल बर्नार्ड की सेना आ चुकी थी। मेरठ से 27 मई को ब्रिगेडियर विल्सन की टुकड़ी ने कूच किया।

अंग्रेज़ों की इस सेना से लड़ने निकली मुग़ल सेनाएँ संख्या में अधिक किंतु अनुशासन में पिछड़ी थी। उन्हें सेना कहने के बजाय एक बाग़ी गुट कहना ही उचित होगा, क्योंकि उनका केंद्रीय नेतृत्व भी स्पष्ट नहीं था। मेरठ की तरफ़ हिंडन नदी के पास ग़ाजी-उद-दीन नगर (अब ग़ाज़ियाबाद) में बहादुरशाह ज़फ़र के पोते मिर्ज़ा अबू-बकर को एक गुट का मुखिया बना दिया गया था। वहीं, करनाल की तरफ़ 'बदली की सराय' में बादशाह के बेटे मिर्ज़ा खिज्र सुल्तान के नेतृत्व में सेना थी। उन्हें युद्ध का कोई अनुभव नहीं था।

हिंडन नदी के पास युद्ध में मौजूद पहाड़गंज के बाग़ी कोतवाल मिर्जा मोइनुद्दीन हसन ख़ान ने लिखा है,

"(मिर्ज़ा अबू बकर) पहली बार इस तरह की लड़ाई देख रहे थे। वह एक घर की छत पर बैठे थे। जैसे ही एक गोला फटा, वह छत से उतर कर एक घोड़े पर सवार होकर पीछे भाग गए। उन्हें इस हल्ले और गोली-बारी से कोफ़्त हो रही थी।"

वहीं, 'बदली की सराय' में भी मिर्ज़ा खिज्र-सुल्तान घोड़े पर सवार होकर भागने लगे।

उन्हें वज़ीर महबूब अली ख़ान ने तलब की, तो कहा, "मैं कुछ असले (हथियार) के इंतज़ाम करने जा रहा हूँ"

यह कह कर वह भाग गए, मगर इन नौसिखिए सेनापतियों के बिना भी अंग्रेज़ों को ठीक-ठाक टक्कर मिली। आखिर अंग्रेजों ने इन दोनों को हराया और दिल्ली टीला (ridge) पर स्थित एक वीरान बाड़ा (बंगले) में जनरल बर्नार्ड और ब्रिगेडियर विल्सन की सेनाएँ आकर मिल गयी। यह बंगला एक मराठा राजपरिवार के व्यक्ति (और ब्रिटिश रेज़िडेंट के मित्र) राजा हिंदू राव का था, जो क्षेत्र आज बड़ा हिंदू राव अस्पताल बन चुका है। इस टीले से पूरी दिल्ली बेहतर नज़र आ रही थी।

दिल्ली से निकाले जाने के एक महीने के अंदर ब्रिटिश सिपाही फिर से वर्तमान नॉर्थ कैम्पस इलाके में मंडराने लगे थे।

✻ ✻ ✻

भारत में ब्रिटिश सत्ता कैसे आयी? मुग़लों की सत्ता उनके अपने सूबेदारों ने खत्म की। उन सूबेदारों की सत्ता मराठों ने। मराठों की लड़ाई अफ़ग़ानों से हुई और सभी आपस में संघर्ष करने लगे। इस मध्य ब्रिटेन ने घुस कर अपनी सत्ता बना ली। एक देश जो हिंदू और मुसलमानों में, जातियों में, कई खेमों में बँटा हो, आपसी समझौतों से स्थापित संतुलन पर टिका हो, उन पर किसकी गिद्ध दृष्टि नहीं होगी?...प्रश्न यह है कि क्या ब्रिटेन को यह अधिकार है कि वह स्वयं को तुर्कों, फ़ारसियों, या रूसियों से बेहतर आक्रमणकारी बताए?"

-कार्ल मार्क्स, जुलाई, 1853

मेरठ से चली लहर एक शृंखला की तरह यमुना और गंगा के किनारे बढ़ रही थी। मेरठ-दिल्ली के बाद कानपुर-फतेहगढ़ होती हुई इलाहाबाद और बनारस, और फिर पटना। छावनियाँ भी इसी पंक्ति में बनी थी क्योंकि उस वक्त नाव से यात्रा अधिक सुलभ थी। जैसे छोटी लहर केंद्र से बाहर की तरफ़ फैलती बड़ी लहर बनती जाती है, वह इस केंद्रीय धुरी से पूरे दोआब में पसर रही थी। इसका

एक मुख्य केंद्र अगर दिल्ली था, तो दूसरा बन रहा था लखनऊ। कानपुर छावनी नेस्तनाबूद करने के बाद अगला तार्किक पड़ाव भी वहीं था।

लखनऊ में मुख्य कमिश्नर लॉरेंस तकनीकी रूप से अवध के राजा थे। लखनऊ के ब्रिटिश रेजिमेंटों में 7000 भारतीय सिपाही, और पूरे अवध में नवाब के कार्यकाल से चले आ रहे 20, 000 भारतीय सिपाही थे। लेकिन, इतनी बड़ी रियासत के लिए उनके पास हज़ार यूरोपीय सैनिक भी नहीं थे! ब्रिटिश इंफैंट्री मेरठ और कानपुर छावनियों से भी कमजोर थी। एक काबिल मेजर आउटरैम जिन्होंने नवाब वाजिद अली शाह से लखनऊ अपने हाथ में लिया था, वह फ़ारस युद्ध से लौटे नहीं थे। लंदन में प्रश्न उठ रहे थे-जब अवध पर डलहौज़ी ने कब्जा किया, तो उन्हें पूरे दोआब के मैदान की सुरक्षा पक्की कर लेनी चाहिए थी। जब उनके पास ख़ुफ़िया रिपोर्ट आ गए थे तो दिल्ली, लखनऊ आदि में पहले ही यूरोपीय सैनिक क्यों नहीं बढ़ा दिए?

अंग्रेज़ गोमती किनारे साठ एकड़ में फैली रेसिडेंसी में रहते थे, जिसका मेहराबी प्रवेश द्वार कहलाता-बेली गार्ड गेट। यह आज के जमाने के बिल्डरों की किसी बड़ी सोसाइटी की तरह था। अंदर ही उनके अपने ज़रूरत की दुकानें, शादी हॉल, गिरजाघर, अस्पताल बने थे। वहीं एक तीन मंजिले बंगले में कमिश्नर लॉरेंस रहा करते। रेसिडेंसी के दक्षिण और पूर्व में नवाबों के ज़माने की खूबसूरत इमारतें थी। कैसर बाग पैलेस के सामने मोती महल। कुछ आगे बढ़ने पर छोटा इमामबाड़ा, बेगम कोठी, सिकंदरबाग। पहले इसे कैसरबाग़ के पास इसलिए बनाया गया था कि अंग्रेज़ नवाब पर नज़र रख सकें। अब मामला उल्टा था। लखनऊ के छह लाख़ लोगों की नज़रें इस छोटी सी रेसिडेंसी पर थी। अगर किसी अंग्रेज़ महिला को रेसिडेंसी के दरवाज़े से निकल कर बाहर कैसरबाग़ की ओर आना होता, तो वे उन घूरती निश़ाहों से ही घबरा जाती।

छावनियाँ रेसिडेंसी के करीब न होकर छितरायी हुई थी। उनकी बड़ी छावनियाँ तीन मील दूर मड़ियाँव में थी। एक छावनी उससे भी दो मील आगे मुदरीपुर में थी। एक गोमती पार थी। लॉरेंस ने अपने मन में रणनीति बना कर सभी यूरोपीय नागरिकों को रेसिडेंसी के अंदर रहने बुलवा लिया। सिकंदरबाग के निकट एक पुरानी लेकिन मजबूत इमारत 'मच्छी भवन' को बारूदखाने में तब्दील कर

दिया। आगे योजना यह थी कि आस-पास की मस्जिदें, और कुछ ऊँची इमारतें उड़ा दी जाएँ, मगर उनके सलाहकारों ने समझाया कि मस्जिद गिराने से बवाल हो जाएगा।

एक ज़िक्र मिलता है कि मई के आख़िरी महीने में लखनऊ बाज़ार में यूरोपीयों वेश-भूषा में खिलौने लगाए जाते, और लोग उस खिलौने का तलवार से सर काट कर आनंद लेते। 30 मई को मड़ियाँव की एक छावनी में 71वीं इंफ़ैंट्री के सिपाहियों द्वारा लेफ़्टिनेंट ग्रांट और ब्रिगेडियर हैंड्सकॉम्ब की गोली मार कर हत्या कर दी गयी। अगले दिन हरी झंडियाँ लहराते मुसलमानों ने शहर में दंगा करना शुरू किया और एक यूरोपीय मुंशी को मारा। लेकिन, लॉरेंस ने अपने जासूस लगा कर प्रमुख षडयंत्रकारियों को पकड़ लिया। वाज़िद अली शाह के भाई और कुछ सहयोगियों को भी गिरफ़्त में लिया गया। बनारस से आए बाइस लोगों को गोली मार दी गयी, और आठ लोगों को मच्छी भवन के सामने फाँसी पर लटका दिया गया।

लॉरेंस की किस्मत अच्छी थी कि जिन सिपाहियों ने विद्रोह किया था, वे लखनऊ आने की बजाय दिल्ली की तरफ़ निकल गए। लेकिन, विद्रोह की आग तो अभी शुरू ही हो रही थी। 3 जून को गोमती पार की एक छावनी में अंग्रेज़ अफ़सरों और उनके बीवी-बच्चों को मारा जाने लगा। कुछ अंग्रेज़ गोमती पार कर आने लगे, तो उन्हें खदेड़ कर मारा गया।एक मिसेज बार्नेस का संस्मरण है कि नदी किनारे कुछ तीर-धनुष लिए ग्रामवासियों ने उनकी और अन्य अंग्रेज़ों की रक्षा की। कुछ लोगों को मितौली के राजा लोनी सिंह ने भी शरण दी (बाद में वह अंग्रेजों के ख़िलाफ़ हो गए)। जून के दूसरे हफ़्ते तक खैराबाद, फ़ैज़ाबाद, दरियाबाद, सुल्तानपुर, परसादीपुर, गोंडा हर जगह अंग्रेजों को मारा जाने लगा। अवध में ब्रिटिश प्रशासन पूरी तरह पस्त हो चुका था, और अधिकांश सरकारी सेवाएँ ठप्प पड़ गयी थी। इन सबके बावजूद लखनऊ की रेसीडेंसी आश्चर्यजनक रूप से सुरक्षित थी। ये छोटे-छोटे विद्रोह लखनऊ के इस गढ़ तक पहुँच नहीं रहे थे।

28 जून को कानपुर के सती चौरा घाट में मारे गए अंग्रेजों की खबर लखनऊ पहुँची। संकेत स्पष्ट थे कि लखनऊ अगला लक्ष्य होगा। 30 जून की सुबह रेसीडेंसी पर गोलियाँ चलनी शुरू हो गयी।

✳ ✳ ✳

रस्किन बॉन्ड की एक पुस्तक है 'अ फ्लाइट ऑफ पिजन', जिस पर श्याम बेनेगल ने एक फ़िल्म बनायी थी 'जुनून'। राष्ट्रीय पुरस्कार भी मिला और शशि कपूर के सर्वश्रेष्ठ अभिनय के लिए ख्यात रही। वह शाहजहाँपुर के विद्रोह पर आधारित है। मूल इतिहास के विवरण कुछ यूँ है।

31 मई, 1857 की सुबह 7.30 बजे सेंट मैरी गिरजाघर में अंग्रेज़ जुटने लगे। गिरजाघर ऐसी जगह थी, जहाँ वे हथियार लेकर नहीं जाते, इसलिए आक्रमण के लिए मुफ़ीद थी। वहाँ जवाहर राय, मंगल ख़ान, अज्जू ख़ान आदि के नेतृत्व में सिपाहियों ने हमला कर दिया। गिरजाघर और आस-पास अंग्रेजों को मारा जाने लगा। असिस्टेंट मजिस्ट्रेट स्मिथ हल्ला सुन कर छत पर आए, और मारे गए। कमांडिंग अफ़सर जेम्स परेड ग्राउंड से घोड़े पर निकले, उन पर गोली चली और वह मर गए। डॉ. बोलिंग सिपाहियों को समझाने लगे, जिन्हें सुना भी जा रहा था। उन्होंने एक बार अंग्रेज़ी में seditious शब्द का प्रयोग किया, जिसके अर्थ को लेकर सिपाहियों में कुछ शंका हुई. और उन्हें मार दिया गया।

वहाँ का ख़ज़ाना लूट लिया गया, छावनी जला दी गयी, और क़ैदियों को आज़ाद कर दिया गया। शाहजहाँपुर भी कुछ दिनों के लिए आज़ाद हो गया। बरेली के गिरजाघर में भी इसी तरह के नरसंहार हुए, जिनकी कब्र आज भी वहीं बैप्टिस्ट गिरजाघर की झाड़ियों में दबी है। यह निहत्थों पर हमले की घटनाएँ 1857 को एक धर्मयुद्ध या जिहाद का स्वरूप दे रही थी।

एक घोषणापत्र सावरकर के अनुसार गाँव-गाँव, गली-गली में चिपकाए जा रहे थे और अन्य संदर्भों में भी किसी न किसी रूप में हैं-

"हे हिंदू और मुसलमानों! अपने-अपने धार्मिक कर्तव्यों के लिए हम जनता का आह्वान करते हैं। इस समय अगर कोई डरपोकपना करे या फिरंगी झूठे आश्वासनों पर भरोसा करे, तो उसके मुँह पर कालिख पोती जाएगी। इंग्लैंड के स्वामित्व को स्वीकार करने पर लखनऊ के नवाब की जो हालत हुई, वही तुम्हारी होगी...इस घोषणापत्र को गाँव-गाँव में चिपकाएँ। ऐसा करते समय पकड़े न जाएँ और अपनी तलवार निकाल कर फिरंगियों पर प्रहार करें"

एक बार रुक कर यह सोचना चाहिए कि सती चौरा नरसंहार का कारण क्या

हो सकता है? जब नाना साहेब पेशवा ने संधि कर ली थी, उन्हें भेजने की व्यवस्था कर ली थी, धन सहयोग भी दिया, फिर उन्हें बेरहमी से क्यों मार दिया गया?

ब्रिटिशों ने तो नाना साहेब को एक कुटिल धोखेबाज़ कहा, लेकिन इसकी संभावना कम लगती है कि यह सब मात्र एक कूटनीतिक षडयंत्र था। नाना साहेब की संधि की वजह वही होगी, जो संधियों की होती है। इसमें एक हाथ ब्रिटिश की तरफ़ बढ़ाना, और दूसरे हाथ से ब्रिटिशों से कुछ शर्तें मंगवाने की संभावना दिखती है। हत्याओं को नाना साहेब ने रुकवाया, और बच गए अंग्रेजों को बीबीघर में रखवाया जो उसी दिशा में कुछ आखिरी कदम थे। इन नृशंस हत्याओं के लिए जो लोग ज़िम्मेदार थे, उन्हें पूरी खबर नहीं होगी कि ब्रिटिशों और नाना साहेब ने किन काग़ज़ों पर हस्ताक्षर किए हैं। उनका लक्ष्य फ़िरंगियों की हत्या थी, चाहे इसका जो भी फल हो। यह कूटनीतियों से परे एक गुस्से से भरी भीड़ थी। यह भीड़ हत्यारी क्यों बन रही थी, इसके पीछे कुछ निजी कारण भी हो सकते हैं। इसे समझने लिए गंगा नदी के किनारे-किनारे ही चलता हूँ एक स्थान जो भारत की नब्ज़ से जुड़ी है-काशी या बनारस। इतिहासकार मानते हैं कि अगर प्रयाग और बनारस में कुछ घटनाएँ नहीं हुई होती, तो न अंग्रेज़ कानपुर छावनी खोते, और न भारतीय कोई नरसंहार करते।

बनारस उस वक्त भी अपने रंग में था, जहाँ के घाटों पर दिल्ली से लखनऊ तक की खबरों पर चकल्लस होते। रानीगंज और दानापुर से जो तमाम ब्रिटिश सिपाही डाक (घोड़ा गाड़ी) से आ रहे थे, वे बनारस घाट से ही आगे निकल रहे थे। अंग्रेज़ों की इस हलचल पर बनारस के लोगों की नज़र थी। उन्हें यह भी मालूम था कि ये सिपाही विद्रोह दबाने जा रहे हैं। बनारस में यूँ भी लोगों की आवा-जाही अधिक थी, तो खबरें आगे जल्दी पहुँच जाती। उस समय बनारस छावनियों की ज़िम्मेदारी कमांडर जेम्स नील के हाथ में थी, जो स्वयं नाना साहेब और विद्रोही सिपाहियों से लड़ने के लिए कानपुर निकल रहे थे। उन्होंने वहाँ निकलने से पहले एहतियातन बनारस के भारतीय सिपाहियों को हथियार डालने कहा। सिपाही भड़क गए।

"हमें हथियार डलवा कर ये लोग हमको ही गोली से उड़ा देंगे", नंबर 2 कंपनी के एक हवलदार ने कहा और गोली चला दी।

इसके साथ ही विद्रोह शुरू हो गया। उन्हें दबाने आए यूरोपीय टुकड़ी ने ग़लती से सिखों पर गोली चला दी। सिख, जो अब तक अनुशासित थे, वे भड़क गए। एक सिख ने कर्नल गॉर्डन पर गोली चला दी। इस घटना ने ऐसे भ्रम पैदा किए कि जौनपुर में भी सिखों ने यूरोपीय अफ़सरों को मारना शुरू कर दिया।

6 जून को लॉर्ड कैनिंग ने एक घोषणापत्र (ऐक्ट 14) निकाला कि किसी भी विद्रोही को अब बिना जाँच के फाँसी दी जा सकती है। यूँ तो यह पहले से किया जा रहा था, मगर औपचारिक शुरुआत बनारस से की गयी। बाग़ियों को पकड़ कर सीधे फाँसी पर लटकाया जाने लगा। यह खबर जब इलाहाबाद पहुँची, तो वहाँ भी 6 जून को ही सिपाहियों ने विद्रोह कर दिया, और अंग्रेज़ों को मारने लगे। वहाँ नगर में मौलवी लियाक़त अली ने मुसलमानों को जिहाद के लिए प्रेरित किया और रात भर अंग्रेज़ नागरिकों की हत्यायें होती रही। ये छावनी से बाहर के पेंशनधारी अंग्रेज़ों, शिक्षकों और मुंशियों आदि के परिवार को मार रहे थे। लियाक़त अली ने कोतवालियों पर क़ब्ज़ा कर कुछ दिन अपना छोटा-मोटा प्रशासन भी स्थापित कर लिया।

16 जून को बनारस से जेम्स नील अपने सिपाही लेकर पहुँचे, और मुसलमानों के इलाक़ें से मनमर्जी लोगों को उठाने लगे। मौलवी लियाक़त अली स्वयं कानपुर निकल गए। अधिकांश रिपोर्टों के अनुसार सैकड़ों को बिना किसी जाँच के फाँसी दे दी गयी। जेम्स नील के एक सहायक तो पूरी बस्ती ही जलाने लग गए।

एक अफ़सर ने लिखा है, "कुछ दिन बाद हम कानपुर के लिए निकल रहे थे। हमारे मार्च के पहले दो दिनों तक इलाहाबाद के आस-पास न जाने कितने पेड़ देखे जिन पर हिंदुस्तानी लटक रहे थे। कुछ के पैर जमीन के करीब थे, जिनको सूअर कुतर रहे थे। यह दुर्गंध असहनीय था।"

सती चौरा का नरसंहार बनारस और इलाहाबाद के इन वीभत्स दृश्यों के बाद हुआ। एक नरसंहार के कारण दूसरा नरसंहार नैतिक तो नहीं था, किंतु 1857 का ढाँचा ही कुछ ऐसा बनता जा रहा था। अंग्रेज़ और भारतीय दोनों ही संवाद के बजाय एक दूसरे का रक्त बहाए चले जा रहे थे। बनारस और इलाहाबाद में आतंक मचाने वाले जेम्स नील अब कानपुर निकल रहे थे, मगर अब उनसे भी

खौफ़नाक कमांडर को ज़िम्मेदारी दी गयी। जेम्स नील इस बदलाव से नाराज़ थे, मगर आदेश मानना पड़ा। उन कमांडर पर सावरकर ने पूरा अध्याय लिखा है, वहीं ब्रिटिश इतिहासकार उन्हें 1857 का सर्वश्रेष्ठ महानायक कहते रहे। उनका नाम था ब्रिगेडियर जनरल हेनरी हैवलॉक।

हैवलॉक के बाद 1857 आर या पार की लड़ाई बन गयी। अब किसी मोर्चे पर संधि की संभावना न के बराबर थी। अब जीत का अर्थ चाहे जो हो, हार का अर्थ मृत्यु ही थी।

जुलाई की शुरुआत बहुत ही वीभत्स होने को थी। दिल्ली के टीले पर ब्रिटिश अपनी क़िलाबंदी कर चुके थे। लखनऊ में भारतीयों ने रेसीडेंसी को घेर लिया था। कानपुर और फ़तेहगढ़ में एक तरफ़ भारतीय संगठित हो रहे थे, दूसरी तरफ़ ब्रिगेडियर जनरल हैवलॉक उन्हें दबाने निकल चुके थे। फ़ारस युद्ध से जनरल आउटरैम और अन्य लौट कर रिपोर्ट कर चुके थे, और लखनऊ कूच करने की तैयारी कर रहे थे। अंग्रेज़ों की योजना में यह भी महत्वपूर्ण था कि धन के स्रोत रोके जाएँ।

29 जून को मिसेज इलीस ने अपनी डायरी में लिखा, "हमें विद्रोहियों के हाथ में कैसरबाग़ की संपत्ति नहीं देनी थी। इसलिए हमने महल के कमरों और जनाना से नवाब ख़ज़ाने के रत्न-जवाहरात निकाल लिए।"

नाना साहेब पेशवा से भी पैसे को लेकर सिपाहियों की ज़िरह शुरू हो गयी थी।

एक भारतीय नानक चंद ने 4 जुलाई को अपनी डायरी में दर्ज किया, "सिपाहियों में असंतोष था कि नाना साहेब सारा ख़ज़ाना लेकर बिठूर चले गए, और हमें यहाँ मरने के लिए छोड़ गये। उन्हें भी भुगतना होगा"

अगले तीन दिनों में उन्होंने लिखा, "टीका सिंह नाना साहेब को लाने बिठूर निकल गए...अगर वे साथ आने को नहीं तैयार हुए तो गद्दी नन्ने नवाब को सौंपनी होगी"

वे नहीं जानते थे कि गद्दी न नाना साहेब के पास रहेगी, न नन्ने नवाब के पास।

चित्र 1: चित्र: लॉर्ड वेलेजली के बनाए महल का चित्र (1819), जो अब कलकत्ता का राजभवन है। इस भव्य महल को निहारते गरीब नागरिक एक लुटे हुए देश की स्थिति को दर्शा रहे हैं। (चित्रकार – जेम्स फ्रेजर. स्रोत-विकिमीडिया)

चित्र 2: हाथ में तलवार लिए सर कॉलिन कैम्पबेल भारतीय महिलाओं और बच्चों की रक्षा 'भारतीय पुरुषों' से करते हुए-'Sir Colin Campbell to the rescue' (स्रोत: Harper Weekly में 17 अक्तूबर 1857 को छपा चित्र)

1857 हमने सुनी कहानी थी

चित्र 3: रानी जिन्दां, (जॉर्ज रिचमंड विकिमीडिया)

चित्र 4 : हिंदूराव का घर, दिल्ली

चित्र 5: बहादुर शाह ज़फ़र की गिरफ़्तारी

झाँसी से आरा तक

"प्रातः पाँच बजे जाग कर इत्र-सुगंधित जल से स्नान करती थी। उसके बाद वस्त्र धारण करती। साधारण तथा सफ़ेद चंदेरी साड़ी उन्हें पसंद थी। तदनंदर पूजा पर बैठ जाती। विधवा होते हुए प्रायश्चित अर्घ्य देती, तुलसी वृंदावन में तुलसी की पूजा करती। उसके बाद पार्थिव पूजा करती। दरबारी संगीतज्ञ साम-गायन करते। कथावाचक कथा सुनाते। मांडलिक सरदार वंदना करते। दरबार के साढ़े सात सौ दरबारियों में एक भी अनुपस्थित रहता तो कारण पूछती। पूजा-पाठ के बाद नाश्ता करती। कोई विशेष कार्य न होता तो एक घंटे आराम करती।

उसके बाद चाँदी की थालियों में रेशम वस्त्र से लपेट कर उपहार दिए जाते। उसमें पसंद की चीजें रख कर शेष सेवकों में वितरित करने कह देती। अपराह्न तीन बजे पुरुष वेश में दरबार जाती। उनकी वेशभूषा होती-पाजामा, गहरे नीले रंग का कोट, सर पर टोप और उसके ऊपर एक सुंदर पगड़ी। बूटी के काम किया हुआ दुपट्टा अपनी कमर में बाँधते जहाँ से एक तलवार लटक रही होती। इस वेश में वह साक्षात गौरी दिखती थी। पुरुष वेश के अतिरिक्त कभी-कभी स्त्री वेश भी पहनती। विधवा होने के कारण नथनी आदि सौभाग्य अलंकरण नहीं धारण करती। कलाई में हीरे की चूड़ियाँ। गले में मोतियों का हार। कनिष्ठा उंगली में हीरे की अंगूठी। बालों में जूड़ा। सफ़ेद साड़ी और सफ़ेद कंचुकी। दरबारी उन्हें प्रत्यक्ष नहीं देख पाते। उनका कक्ष अलग होता, जिसका दरवाज़ा दरबार में खुलता।"

-रानी लक्ष्मीबाई की दिनचर्या (मूल पुस्तक दत्रात्रेय बलवंत पारसनीस लिखित 'महारानी लक्ष्मीसाहेब यांचे चरित्र'/ सावरकर की पुस्तक में उद्धृत)

मार्च से जुलाई 1857 की गतिविधियों को अगर सिपाही विद्रोह मान भी लिया जाए, तो जुलाई के बाद पारंपरिक युद्धों के उदाहरण मिलेंगे। उनमें संगठित सेनाएँ, सेनापति, मोर्चे और युद्ध-क्षेत्र मिलते हैं। इस युद्ध में दिल्ली, लखनऊ और

कानपुर के मुख्य मोर्चों की भूमिका पहले बन चुकी है। झाँसी की एक घटना का विवरण यहाँ आवश्यक है, जो दिल्ली, सती चौरा, शाहजहाँपुर, बरेली आदि स्थानों पर हो रहे युद्धेतर नरसंहारों की शृंखला में है।

जब रानी लक्ष्मीबाई की शर्तें डलहौज़ी ने नहीं मानी, तो झाँसी का किला कैप्टन स्कीन को सौंपना पड़ा। स्वयं रानी को एक दोमंजिला शाही महल और पाँच हज़ार मासिक पेंशन देकर शांत रखने की कोशिश की गयी। वह शांत तो नहीं रही। उनके और नाना साहेब के मध्य योजनाएँ बनने का एक प्रमाण तो कुछ चिट्ठियाँ हैं, दूसरी उनकी कार्यशैली (modus operandi) है। दोनों ही अंग्रेजों से संवाद बनाए रखते हुए गुप्त गतिविधियाँ कर रहे थे, जिसे कुछ ब्रिटिश वर्णनों ने कपट कहा।

मई, 1857 में कैप्टन स्कीन को सूचना मिली कि सिपाहियों में विद्रोह का षडयंत्र चल रहा है। दिल्ली से निकली एक चिट्ठी झाँसी की 12वीं इंफ़ैंट्री छावनी में मिला, जिसमें यह संदेश था-"जो सिपाही हमारा साथ नहीं देगा, वह हमारे जात का नहीं"। 5 जून को सिपाहियों ने विद्रोह कर दिया। कैप्टन स्कीन ने सभी ईसाइयों को झाँसी किले में बुलवा लिया, और अपनी क़िलाबंदी मज़बूत करने लगे। मगर उनके संसाधन बहुत कम थे।

8 जून को उन्हें विद्रोही सिपाहियों ने प्रस्ताव भिजवाया,

"अगर आप यह किला हमें वापस कर दें, तो हम आपके सभी लोगों को सुरक्षित रखने का वादा करते हैं।"

आगे के वर्णनों में अस्पष्टता है। छवि-निर्माण का दोतरफ़ा दबाव होता है और दस्तावेज पक्के नहीं मिलते। न ब्रिटिश इतिहासकारों और न ही भारतीयों में रानी लक्ष्मीबाई की शुरुआती भूमिका पर पक्की बात मिलती है। लेकिन, यह कम मुमकिन लगता है कि सिपाही-विद्रोह की पूर्व जानकारी उन्हें नहीं रही होगी।

कैप्टन स्कीन ने रानी को चिट्ठी भिजवायी, "आप सिपाहियों से यह हस्ताक्षरित आश्वासन दिलाएँ कि वह हमें सुरक्षित जाने देंगे"

कानपुर में भी नाना साहेब के हस्ताक्षर कराने की बात कही गयी थी। यह अंग्रेज़ों को लगता होगा कि हस्ताक्षर पत्थर की लकीर है, मगर ऐसी कोई मान्यता 1857 के भारतीयों में नहीं दिखती।

झाँसी के संदर्भ में यह भी वर्णित है कि लिखवाया गया-"अगर यह वचन तोड़ा गया, तो हिंदू गोमांस खाएँगे, और मुसलमान सूअर"।

रानी से विमर्श के बाद सिपाहियों ने इस करारनामे पर हस्ताक्षर कर दिए।[1] जब अंग्रेज़ झाँसी के किले से एक-एक कर निकल रहे थे, भारतीय सिपाहियों और नागरिकों का हुजूम यह नज़ारा देख रहा था। रानी लक्ष्मीबाई की आँखें अपने उस किले की वापसी देख रही थी, जो उनसे 'हड़प नीति' के तहत छीन लिया गया था। भले वास्तव में यह उतना फ़िल्मी न रहा हो, मगर घटनाक्रम कुछ यूँ ही थे।

किले के अंदर 18 पुरुष, 19 महिलाएँ और 19 बच्चे (कुल 56) यूरोपीय मूल के थे। उन सबको सिपाही बाहर निकाल कर झाँसी के एक छतरीदार बगीचे 'झोकन बाग' लेकर गए। वह स्थल उन दिनों झाँसी आने वाले संत-फ़कीरों का विश्राम-स्थल हुआ करता। उस दिन वहाँ उन्हें घेर कर तलवारों से काट दिया गया। एक गर्भवती महिला मिसेज मुटलो और उनके एक बच्चे को छोड़ कर सभी अंग्रेजों की हत्या कर दी गयी। इस नरसंहार के बाद सिपाही हुंकार भरते हुए दिल्ली जाने की तैयारी करने लगे। 11 जून को पलटन दिल्ली रवाना हो गयी।

12 जून को रानी लक्ष्मीबाई ने सागर-नर्मदा क्षेत्र के कमिश्नर मेजर अर्सकिन को कुछ यूँ चिट्ठी लिखी,

"मुझे इस बात का पश्चाताप है कि मैं आपके नागरिकों की रक्षा नहीं कर सकी। मेरे पास मात्र सौ-डेढ़ सौ रक्षक थे, जो उन सिपाहियों के लिए काफ़ी नहीं थे। बल्कि झाँसी के लोग और मैं स्वयं इस घटना के बाद घबराए हुए हैं।"

क्रिस्टीना रोजेट्टी ने अलफ्रेड टेनिसन की 'चार्ज ऑफ लाइट ब्रिगेड' की

---

1   झाँसी और जालौन इतिहास के विशेषज्ञ देवेंद्र सिंह इस विषय में कहते हैं-, अंग्रेजों ने सैनिकों से यह कहा था कि वे उनकी बात पर विश्वास नही कर सकते अतः कोई ऐसा व्यक्ति सुरक्षा की गारंटी थे जिस पर हम विश्वास कर सकें। तब विद्रोही सैनिक झाँसी डिस्पेंसरी के डाक्टर सलेह मोहम्मद को किले के नीचे लाए और सैनिकों की ओर से गारंटी दी। रानी लक्ष्मी बाई का इसमें कोई रोल नही था। डाक्टर साहब की गारंटी बेकार ही रही और अंगरेज झोकन बाग मे मारे गए। बाद में सलेह मोहम्मद शाहजहांपुर मे पकडे गए और झाँसी मे लाकर उनको फांसी दी गई।

तर्ज़ पर एक कविता लिखी 'इन द राउंड टावर ऐट झाँसी'।[1] कविता में भारतीयों द्वारा ब्रिटिश अफ़सर स्कीन और उनकी पत्नी की हत्या का चित्रण है। यह कविता भारतीयों के खिलाफ़ है, और एक स्त्री कवि द्वारा एक रानी पर आक्षेप भी। लेकिन इससे सिद्ध होता है कि अंग्रेजों के मन में 1857 की छवि महज सिपाही विद्रोह नहीं थी; बल्कि क्रीमिया युद्ध से मिलती-जुलती थी।

"वे सौ आए, हज़ार आए

नहीं बची किरण आशा की

गर्जन करते झुंड नीचे

बढ़ते गए, बढ़ते गए, बढ़ते गए"

[A hundred, a thousand to one; even so;

Not a hope in the world remained:

The swarming, howling wretches below

Gained and gained and gained.

Skene looked at his pale young wife:–

"Is the time come?"–"The time is come!"–

Young, strong, and so full of life:

The agony struck them dumb.

Close his arm about her now,

Close her cheek to his,

Close the pistol to her brow–

God forgive them this!

"Will it hurt much?"–"No, mine own:

I wish I could bear the pang for both."

"I wish I could bear the pang alone:

Courage, dear, I am not loth."

---

1   रोजेट्टी, क्रिस्टीना, द कंप्लीट पोएम्स, पेंगुइन क्लासिक्स, 2001

                                1857 हमने सुनी कहानी थी

Kiss and kiss: "It is not pain

Thus to kiss and die.

One kiss more."–"And yet one again."–

"Good bye", "Good bye"]

एक कुशल कूटनीति का नमूना रानी लक्ष्मीबाई के 14 जून की अगली चिट्ठी में दिखता है,

"झाँसी और अन्य मुख्य नगरों की सुरक्षा के लिए हम अपनी सेना बढ़ा रहे हैं। किंतु हमें यूरोपीय आर्थिक सहयोग की आवश्यकता होगी, ताकि अनुशासन बना रहे।"

2 जुलाई को मेजर अर्सकिन ने उत्तर लिखा,

"मुझे आपके हरकारे भवानी और गंगाधर द्वारा 12 और 14 जून के पत्र प्राप्त हुए हैं, और आपके प्रस्ताव को समझ लिया है। मुझे उम्मीद है कि जल्द ही मैं झाँसी में व्यवस्था बहाल करने के लिए अधिकारियों और सैनिकों को भेजने में सक्षम हो जाऊंगा। यूरोपीय सैनिकों को तेजी से देश को अशांत जिलों में भेजा जा रहा है, लेकिन जब तक कोई नया अधीक्षक झाँसी नहीं आता, मैं आपसे अनुरोध करता हूँ कि आप जिले का प्रबंधन करें। ब्रिटिश सरकार के लिए राजस्व एकत्र करना, आवश्यक पुलिस जुटाना और अन्य उचित सरकार अनुमोदित व्यवस्था करना आपका उत्तरदायित्व है। जब नए अधीक्षक कार्यभार लेंगे, तो आपको कोई परेशानी नहीं देंगे और आपके सभी नुकसान और खर्च के लिए भुगतान करेंगे।

मैं आपको फारसी और हिंदी दोनों में अपनी मुहर और हस्ताक्षर के साथ एक उद्घोषणा भेजता हूँ जिसके अनुसार-आप अगले आदेश तक ब्रिटिश सरकार के नाम पर जिले पर शासन करेंगी...

आप मेरे वचन पर निर्भर हो सकती हैं कि भारत के सभी हिस्सों में जल्द ही व्यवस्था बहाल हो जाएगी। जो विद्रोही दिल्ली में एकत्र हुए थे, लगभग सभी युद्ध में मारे जा रहे हैं। जिन ग्रामीणों द्वारा लूट और हत्या की गई थी, उन्हें फांसी दी जा रही है। मैं आपको दिल्ली पर कब्जा करने की उद्घोषणा की एक प्रति संलग्न करता हूँ।"

ब्रिटिश इतिहासकार जॉन केये तक ने लिखा है कि उनके पास कोई प्रमाण नहीं कि रानी लक्ष्मीबाई की नरसंहार में भूमिका थी। यह बात तो जुलाई में लॉर्ड कैनिंग के कानों तक पहुँचनी शुरू हुई कि बिना रानी के गुप्त आदेशों के यह नरसंहार संभव नहीं था। इतिहासकार सॉल डेविड के अनुसार-

'झाँसी और सतीचौरा एक जैसी 'मराठा' सोच थी, जिसमें अपने पत्ते तब तक पूरे नहीं खोले जाते जब तक जीत पक्की न हो'

✳ ✳ ✳

"फ़ौज-ए-बाग़िया भांग, लड्डू-पेड़े, पूरी-कचौड़ी खा कर मदमस्त रहती... पूरी दिल्ली पर क़ब्ज़ा कर, जो मर्जी आता वह करती। हाल-ए-दिल्ली थी अंधेर नगरी, चौपट राजा।"

-ज़हीर देहलवी (दास्तान-ए-ग़दर)

दिल्ली 1857 के युद्ध और अराजकता दोनों की केंद्र थी। युद्ध इसलिए कि अंग्रेज़ दिल्ली टीला पर जम चुके थे, और लाल किले की परिधि में भारतीय बाग़ियों ने डेरा जमा लिया था। वहीं, अराजकता तो प्रशासन के अभाव में होनी ही थी। बंगाल रेजिमेंट के 1, 39, 000 सिपाहियों में 1, 31, 704 सिपाही विद्रोह कर चुके थे, और उनमें से लगभग साठ हज़ार सिपाही धीरे-धीरे दिल्ली की ओर रुख कर रहे थे या पहुँच चुके थे। वहीं दूसरी ओर मुसलमान मुजाहिद्दीनों की एक फ़ौज जामा मस्जिद से ज़ीनत-उल-मस्जिद के इर्द-गिर्द जमा हो गयी थी। इनमें गुड़गाँव से हिसार तक से आए मेवाती और अन्य मुसलमान, टोंक (वर्तमान राजस्थान) से आए वहाबी मुसलमान और अन्य जिहादी मंसूबों के मुसलमान शामिल हो गए थे। बरेली की ओर से बख़्त ख़ान के नेतृत्व में एक बड़ी फ़ौज आ रही थी। इनके अतिरिक्त आस-पास के गाँवों से जाट और गुर्जर दलों का आना-जाना लगा रहता। इनमें बड़ौत के शाह मल तोमर के नेतृत्व में जाट सेना उल्लेखनीय है, जिसमें तीन-चार हज़ार किसान शामिल थे। अराजकता का नाज़ुक वक्त वह था, जब अंग्रेज़ दिल्ली से खदेड़े जा चुके थे, उनकी तरफ़ से युद्ध शुरू नहीं हुआ था मगर दिल्ली में लूट-पाट चल रही थी।

12 मई का ज़िक्र ज़हीर दहलवी ने कुछ यूँ किया है,

1857 हमने सुनी कहानी थी

"वे किसी भी रईस का घर चुनते और कहते कि इसने मेमसाहेब या साहिब को छुपा रखा है। यह सुन कर दंगाइयों की फ़ौज घर में घुस जाती और उनको पूरी तरह लूट कर, बर्बाद कर बाहर निकलती"

कुछ आपसी झगड़े भी निपटाए गए। जैसे शिया समुदाय के प्रतिनिधि हामिद अली ख़ान पर गद्दारी का इल्जाम लगा कर घसीट कर लाया गया। वह बहादुर शाह ज़फ़र के हस्तक्षेप से बच पाए। दिल्ली की मशहूर मिठाई दुकानों और साहूकार महाजन नारायण दास की संपत्ति लूट ली गयी। एक ज़वेरी मोहनलाल का अपहरण कर दो सौ रुपए की फिरौती माँगी गयी, जो उन दिनों बड़ी रकम थी। इसी तरह दिल्ली की तवायफ़ों से ज़बरदस्ती करने के भी विवरण हैं। ये विवरण ब्रिटिशों के नहीं, बल्कि चुन्नी लाल, अब्दुल लतीफ़ और ज़हीर दहलवी जैसे भारतीयों के संस्मरण हैं। जो बचे-खुचे अंग्रेज़ मिलते, उन्हें तो खैर मार ही दिया जाता।

चुन्नी लाल का एक संस्मरण है-

"मुहम्मद अली के बेटे मुहम्मद इब्राहीम ने चार फिरंगियों को छुपा रखा था। पता चलते ही उन चारों को मार कर इब्राहीम का घर लूट लिया गया। एक फिरंगन हिंदू भेष में भाग रही थी, एलवबरो टैंक के पास मारी गयी।"

हिंदू सिपाहियों और मुसलमान जिहादियों के मध्य दरार भी आने लगी। जामा मस्जिद पर लग रहे 'दर-उल-इस्लाम' के नारे और मौलवियों के जिहादी फ़तवे उन्हें चुभने लगे थे। सिपाही जब उन मुसलमानों की तलाशियाँ लेने लगे, तो कुछ झड़प होने लगी।

हिंदू सिपाहियों के मध्य बढ़ती शंकाओं को देख 14 जून को मौलवी मुहम्मद बकर ने दिल्ली उर्दू अख़बार में लिखा,

"मेरे हिंदू भाइयों! आपने अपने पवित्र ग्रंथों में पढ़ा कि हिंदुस्तान में कई हुकूमतें आयी और गयी। सभी एक न एक दिन खत्म हुईं। आप तो यह भी जानते हैं कि रावण की राक्षसों की सेना को राजा रामचंद्र ने पराजित किया...आदिपुरुष के अतिरिक्त कुछ भी स्थायी नहीं। आप यह समझें कि इस विदेशी कौम की सौ साल की हुकूमत ख़त्म करने की मियाद आपके भगवान ने दी है। क्योंकि इन्होंने आपके भाइयों और बहनों को हिकारत की नज़र से देखा है। यह वक़्त आपके

लड़ाई छोड़ कर जाने का नहीं, साथ लड़ने का है।"

अंग्रेज़ इस लुट रही दिल्ली, ठप्प पड़े व्यवसायों से हताश जनता, और मज़हबी तकरारों में उन चेहरों को तलाशने लगी जो बन सकते थे उनके जासूस। उनके कुछ जासूसी चिट्ठे अब डिजिटाइज़ होकर भारत सरकार के अभिलेख-पटल वेबसाइट पर सार्वजनिक हैं।

कैप्टन हडसन के संबंध में एक ब्रिटिश अधिकारी ने लिखा है, "उन्हें यह भी ख़बर थी कि बाग़ियों ने खाने में आज क्या खाया है"

ख़ुफ़िया 1857 की नींव थे, जिनका दोनों पक्षों ने खूब प्रयोग किया। 'चपाती आंदोलन' के समय फ़क़ीर-संन्यासियों के भेष में ख़ुफ़िया घूमते रहे। वहीं, अंग्रेज़ों की नज़रबंद कानपुर छावनी से लखनऊ तक सूचनाएँ जाती रही। लाठियों, टोपियों, जूतियों में छुपा कर। यह अंदाज़ा लगाना कठिन है कि कौन किसके साथ था। स्वयं बहादुर शाह ज़फ़र किसके साथ थे।

अभिजात्य और व्यवसायी वर्ग के एंग्लोफिल (अंग्रेज़-प्रेमी) होने के कई वाज़िब कारण थे। उनकी नज़र में अंग्रेज़ बेहतर प्रशासक थे, आधुनिक शिक्षा और तकनीकों को ला रहे थे। उनकी सोच में सिपाहियों का विद्रोह भारत को आगे ले जाने के बजाय पीछे ले जा रहा था। नतीजतन दिल्ली में जासूसी एकतरफ़ा हो गयी। वहाँ क्रांतिकारी सिपाहियों और इंक़लाबियों का हुजूम था, खूब नारेबाज़ी होती, मगर अच्छे रणनीतिकार कम थे। दूसरी तरफ़, अंग्रेज़ फूँक-फूँक कर कदम रख रहे थे, शतरंज के खेल के धैर्य के साथ। ब्रिटिशों के प्रखर और काबिल जासूसों में तीन नाम ऊपर उभरते हैं-एक थे काने मौलवी रज़ब अली जिन्होंने अंग्रेजों के लिए एक बहुत बड़ा ख़ुफ़िया तंत्र स्थापित किया; दूसरे थे मुंशी जीवन लाल, जिनका रोज़नामचा आज एक महत्वपूर्ण दस्तावेज है; तीसरे थे बहादुर शाह ज़फ़र के समधी मिर्ज़ा इलाही बख़्श।

रज़ब अली रसूखदार व्यक्ति थे, जो ब्रिटिश प्रशासन में ऊँचे पदों पर रहे थे, और दिल्ली पर अच्छी पकड़ थी। आज भी उनके परिवार की शाखाएँ मौजूद हैं। उन्होंने लाल किले के अंदर और बाहर, हर जगह अपने जासूस तैयार किए। बहादुरशाह ज़फ़र की बेगम ज़ीनत महल और हकीम एहसान-उल्ला ख़ान तक को

अंग्रेज़ों की तरफ़ मोड़ना शुरू किया। मुंशी जीवन लाल तो लाल किले के एक तहख़ाने से ख़ुफ़िया गतिविधियों को अंजाम दे रहे थे।

उन्होंने अपनी डायरी में लिखा है,

"मैंने बाग़ियों की खबर के लिए दो ब्राह्मण गिरधारी मिश्र और हीरा सिंह मिश्र, और दो जाट रखे थे, जो मुझे किले से बाहर की खबर लाकर देते, जिसे मैं बड़े साहबों को पहुँचाने का इंतज़ाम करता।"

आगे 1 जून को उन्होंने अपनी डायरी में खुलासा किया है,

"बादशाह ने मिर्ज़ा अबू बकर, मिर्ज़ा अब्दुल्ला और मिर्ज़ा मुगल बेग को बुला कर डाँटा कि वे बाग़ियों का साथ न दें, वरना एक दिन फाँसी पर लटकाए जाएँगे। बादशाह ने अपने भविष्य पर कहा-

कफ़न पहन कर ज़िंदगी की अय्याम

किसी बाग में गुजार दूँगा"

ख़ुफ़िया काग़ज़ों में एक-एक चीज़ बारीकी से और मानचित्र बना कर लिखी जाती। कहाँ बंदूकें लगायी गयी हैं, कहाँ बारूद जमा है, कहाँ से पानी आ रहा है। टीले पर बैठे ब्रिटिश चाय पीते हुए इन्हें पलटते और अपनी रणनीति बनाते। इन खबरों के बदौलत जून के दूसरे हफ़्ते में ही अंग्रेज़ों ने कश्मीरी गेट तक अपनी पहुँच बनायी, और कई बाग़ी मारे गए, लेकिन जनरल बर्नार्ड उस वक्त वापस टीले पर लौट गए। जीवन लाल ने अपनी डायरी में संभावना लिखी है कि अंग्रेज उसी वक्त आगे बढ़ जाते तो दिल्ली जीत जाते। 10 जून से दिल्ली पर नियमित गोला-बारी शुरू हो गयी। दिल्ली वाले और स्वयं बादशाह अपनी-अपनी छतों पर बैठ कर यह युद्ध देखने जमा हो जाते। उनमें कई वहीं मारे जाते। कभी शाह बुर्ज गिरता, कभी कोई शाही दरवाज़ा।

कोतवाल मोइन-उद-दीन ने लिखा है,

"हौज़ के इर्द-गिर्द तीस-चालीस दरबारी बैठे बादशाह का इंतज़ार कर रहे थे। जैसे ही बादशाह हज़ूर अपने कमरे से निकल कर हौज़ की ओर बढ़े, आसमान से तीन गोले आकर फट पड़े, और वह बाल-बाल बचे...बादशाह ने कहा-हम

फिरंगियों को रोकने की बात कर रहे हैं, मगर इन गोलों की बारिश को अब कौन रोकेगा?"

19 जून को भारतीय सिपाहियों ने दिल्ली टीले पर जवाबी हमला किया। हमला प्रभावी रहा और कुछ इमारत बुरी तरह ध्वस्त हुए। मगर वहाँ कंपनी के गुरखा रेजिमेंट ने उन्हें टीले तक पहुँचने नहीं दिया। यह युद्ध अब रोज की बात थी। जून के अंत तक दिल्ली काले धुएँ के साये में रहने लगा।

साठ वर्ष के बुजुर्ग शायर मिर्ज़ा ग़ालिब ने लिखा,

"बिस्तर और कपड़े बेच-बेचकर जिंदगी गुजार रहा हूँ; गोया दूसरे लोग रोटी खाते हैं, मैं कपड़े खाता हूँ; डरता हूँ कि कपड़े सब खा लूँगा, तब आलमे बरहंगी, नंगे हालत में, भूख से मर जाऊँगा।"

बीस-तीस हज़ार भारतीय सिपाही बनाम पाँच-छह हज़ार ब्रिटिश और गुरखा। फिर भी ब्रिटिश को अगर कम नुकसान पहुँच रहा था, इसकी वजह उनकी अनुशासित योजना थी। आखिर इन भारतीय सिपाहियों को भी उन्होंने ही प्रशिक्षित किया था, लेकिन उनमें ऐसे सिपाही कम थे जो ब्रिगेडियर रैंक तक पहुँचे हों। जहाँ ब्रिटिश दिल्ली टीले पर एक छावनी में केंद्रित थे, भारतीय पूरी दिल्ली में बिखरे हुए थे। वे हर सुबह बिना किसी कमान के बंदूक उठा कर लड़ने चल पड़ते। जिहादियों का तो अलग ही हिसाब-किताब था। उन्हें बंदूक चलाना आता नहीं था, और यह लड़ाई तलवार-बाज़ी की थी नहीं। हाथापाई की लड़ाई में गुरखा कहीं अधिक फुर्तीले थे, जिनकी खुखरी के सामने जंग लगी तलवारें टिक नहीं पाती।

टाइम्ज़ अखबार के विलियम रसेल ने लिखा ('द लास्ट मुगल' में संदर्भित),

"गाज़ी दिखने में अच्छे थे। कुछ लंबी दाढ़ी वाले बुजुर्ग जो हरी पगड़ी, कमरबंद और कुरान के निशान वाली अंगूठी पहने रहते। वे एक हाथ में ढाल, दूजे में तलवार लिए 'दीन दीन' चिल्लाते दौड़े हुए आते, कुछ अजीबोग़रीब करतब करते हुए हमला करते। इतने में ब्रिटिश रेजिमेंट का एक युवा सिपाही आगे आता, अपनी एनफिल्ड से निशाना लगा कर उन्हें मार गिराता।"

जून के अंत तक सिपाहियों का जोश गिरने लगा था। कई सिपाही युद्ध लड़ने जाते ही नहीं, और बाज़ार में घूमते रहते। जो नए सिपाही दूसरे इलाकों से रोज

आ रहे थे, उनमें जोश अधिक होता। मगर पहली खेप के सिपाही अब घर लौटने की तैयारी और कुछ अपने भविष्य की फ़िक्र करने लगे। ऐसा नहीं कि भारतीय आक्रमण से ब्रिटिश हानि नहीं हो रही थी। मेटकाफ़ हाउस ध्वस्त हो चुका था, बाड़ा हिंदू राव गोलियों से छलनी था। कम से कम एक मौके पर भारतीय सिपाही दिल्ली टीले पर चढ़ कर हाथापाई करने और छावनी जलाने के मुकाम तक पहुँचे।

हताश जनरल विल्सन ने अपनी पत्नी को चिट्ठी लिखी थी,

"पता नहीं हम कभी दिल्ली हासिल कर पायेंगे या नहीं...ये पांडे (pandies)[1] जितने मरते हैं, उतने फिर से खड़े हो जाते हैं"

दिल्ली में खाने की रसद खत्म हो रही थी, क्योंकि ग्रैंड ट्रंक रोड पर अंग्रेजों ने नाकाबंदी कर दी थी। पानी के नाम पर यमुना का पानी ही था, वहीं नहाना, वहीं पकाना, वहीं नित्य कर्म करना। मक्खियों, प्रदूषण और लाशों की दुर्गंध से बीमारियाँ भी पसरने लगी। ब्रिटिश जितने गोली से नहीं मरे, उतने इस बीमारी से मरने लगे। पहले करनाल में जनरल एंसन मरे थे, 5 जुलाई को ब्रिटिश सेनापति जनरल बर्नार्ड भी हैजा से मर गए। उसके बाद एक बूढ़े और बीमार जनरल रीड को कमान सौंपी गयी। इसके साथ ही ब्रिटिशों का भी जोश गिरने लगा। दो हफ़्ते बाद जनरल रीड खुद ही बीमारी का बहाना बना कर शिमला में आराम करने निकल गये। अब कमान मिली जनरल विल्सन को।

जनरल विल्सन ने लखनऊ चिट्ठी लिखी,

"हमारे सिपाहियों की संख्या दिन-ब-दिन घट रही है। हम दिल्ली पर क़ब्ज़ा करने की हालत में फ़िलहाल नहीं है। हम सिर्फ़ एक काम कर सकते हैं कि बाग़ियों को दिल्ली में उलझा कर रखें, ताकि वह बाकी देश में न पसरें। आप मुझे यथासंभव सिख रेजिमेंट भिजवाने का इंतज़ाम करें। उनके आने के बाद ही हम आक्रमण कर पायेंगे"

मिला-जुला कर दिल्ली 'डेडलॉक' स्थिति में थी, जहाँ न किसी की जीत हो पा रही थी, न हार। मगर इलाहाबाद से जो ब्रिटिश टुकड़ियाँ निकल रही थी,

---

1   मंगल पांडे के बाद ब्रिटिश लेखन में बाग़ियों के लिए यह नामकरण अनेक चिट्ठियों में मिलता है।

वह आक्रामक और ख़ूँख़ार रूप में थी। पेड़ों पर लाशें लटकाते हुए कानपुर की ओर कूच कर रही थी। जब कानपुर में यह खबर पहुँची कि अंग्रेज़ों ने पूरा फ़तेहपुर जला दिया है तो एक और भीषण नरसंहार से बदला लिया गया। यह सतीचौरा, झाँसी, बरेली या शाहजहाँपुर से अधिक विकराल था। इस हद तक कि वर्णनों के अनुसार कुछ भारतीय सिपाहियों ने निहत्थी अंग्रेज़ महिलाओं पर गोली चलाने से इंकार कर दिया।

वह स्थान था-बीबीघर।

❋ ❋ ❋

जिस कारतूस को लेकर विवाद हुआ, वही एनफ़िल्ड हार की वजह बन रही थी। इस राइफ़ल का निशाना 800 गज तक पक्का था, और भारतीय सिपाहियों के 'ब्राउन बेस' बंदूक से चौगुना प्रभावी था। इतिहासकार यह भी मानते हैं कि अंग्रेज़ जान-बूझ कर यही राइफ़ल अधिक प्रयोग कर रहे थे, ताकि बाग़ी सिपाहियों के सीने में वही कारतूस उतरे। यह एक तरह का मानसिक खेल था, जिसका असर 1857 के बाद दिखा।

इलाहाबाद से मेजर रेनॉड की टुकड़ी जुलाई की शुरुआत में कानपुर के लिए निकली। 7 जुलाई को स्वयं जनरल हैवलॉक उनके पीछे अधिक सिपाही लेकर निकले। दूसरी तरफ़ कानपुर से लगभग 3500 भारतीय सिपाही उन्हें रोकने के लिए आगे बढ़ रहे थे। भारतीयों के सेनापति थे ज्वाला प्रसाद जिनके साथ दो कमांडर थे। एक घोड़े पर बैठे टीका सिंह, और दूसरे हाथी पर सवार तात्या टोपे।

नानकचंद और शेरर की डायरी के अनुसार 9 जुलाई तक एक यूरोपीय टुकड़ी मूरतगंज पहुँच चुकी थी, और 12 जुलाई को फ़तेहपुर। फ़तेहपुर में ही रेनॉड और हैवलॉक की सेना एक हो गयी। अंग्रेज़ों की टुकड़ी में जो भारतीय सिपाही थे, वे मुख्यतः मद्रास फ्यूज़िलियर्स के दक्षिण भारतीय और फ़िरोज़पुर से आए सिख थे। शेष यूरोपीय सैनिक थे। शेरर अपने संस्मरण में यह भी लिखते हैं कि जब वे मार्च कर रहे थे, तो कुछ स्थानों को छोड़ कर अधिकांश स्थान वीरान थे। गाँवों के लोग फाँसी के डर से कहीं छुप गये थे। फ़तेहपुर के पुल पर रेनॉड की छोटी टुकड़ी का मुक़ाबला विशाल भारतीय सेना से हुआ। हैवलॉक ने अपनी बड़ी टुकड़ी ठीक

पीछे छुपा कर रखी थी, जो भारतीयों को नज़र नहीं आ रही थी (सावरकर के वर्णन में लिखा है कि अंग्रेजों ने तोप की बत्ती बुझा रखी थी)।

युद्ध पूरे जोश में धार्मिक जयकारों के साथ शुरू हुआ, किंतु ब्रिटिश हमलों के सामने टिक नहीं सका। विवरणों के अनुसार अंग्रेजों ने अगली पंक्ति में आठ तोप और सौ राइफ़लधारी रखे थे। उन्होंने ही अधिकांश को मार गिराया, और एक समय जब गोली एक हाथी को लगी तो भगदड़ मच गया।

कैप्टन मॉड ने लिखा है,

"मुझे लगता है कि हाथी पर बैठे व्यक्ति तात्या टोपे थे, जिनके गिरने के बाद बाग़ियों का मनोबल गिर गया, और वह पीछे लौटने लगे। बाद में इस व्यक्ति (तात्या) ने हमें कई परेशानियाँ दी...हम कुछ समय बाद जब उस हाथी को देखने आगे बढ़े, एक अधमरा बाग़ी घुड़सवार नीचे गिरा था। वह हाथ जोड़ कर कह रहा था-अमन, अमन! हमें सख़्त हिदायत थी कि अब ऐसी कोई अपील नहीं सुनी जाएगी। हमने उसके सर में गोली मार दी।"

15 जुलाई को पांडु नदी के निकट एक बार और भिड़ंत हुई। वहीं, औंग गाँव में कैप्टन रेनॉड को जाँघ में गोली लगी और मारे गए। 16 जुलाई को महाराजपुर पहुँच कर ब्रिटिश सेना कानपुर की सीमा पर दस्तक दे चुकी थी। मगर, उन्हें मालूम पड़ा कि भारतीय पुनः संगठित होकर अहिरवा (वर्तमान कानपुर हवाई अड्डे के निकट) में उनका रास्ता रोकने के लिए खड़े हैं। वहाँ बाक़ायदा खंदक खोद कर, उसमें तोप बिठा कर क़िलाबंदी की गयी थी। अगर ब्रिटिश जोश में आगे बढ़ते, तो बुरी तरह मारे जा सकते थे। लेकिन, एक बार फिर हैवलॉक ने यह सूझ-बूझ दिखायी कि आगे बढ़े ही नहीं। महाराजपुर में रुक कर योजना बनाने लगे।

अगली सुबह जब ब्रिटिश निकले, तो उन्होंने देखा कि भारतीय पूरे जोश से लड़ रहे हैं, लेकिन रणनीतिक ग़लतियों से मारे जा रहे हैं। उस दिन हाथी पर सवार एक व्यक्ति 'उठो! लड़ो! आखिरी बार' कहते हुए भारतीयों को जागृत कर रहे थे। ब्रिटिशों का अनुमान था कि वह स्वयं नाना साहेब पेशवा थे, जिन्होंने बमुश्किल दो हफ्ते राज किया था। जो भी रहे हों, इस युद्ध में अंग्रेजों के दर्जनों सिपाही मारे गए। अंततः अंग्रेज कानपुर नगर में घुस गए। अब उनकी अगली कोशिश थी कि

नाना साहेब के शरण में रह रहे अंग्रेजों को मुक्त कराया जाए। लेकिन, उन्हें देर हो चुकी थी।

शरणार्थियों को सर जॉर्ज पार्कर की बीवी के बंगले 'बीबीघर' में रखा गया था। वह जनाना घरों की तरह बाहर से बंद घर था, जिसके मध्य एक खुला आँगन और बाहर एक कुआँ था। वहाँ नाना साहेब की प्रिय तवायफ़ अदला की एक सेविका हुसैनी ख़ानुम ने उनकी ज़िम्मेदारी ले रखी थी। वह उनसे किसी क़ैदखाने की तरह चक्की पिसवाती, और स्वयं मसनद पर पान खाते बैठी रहती।

कानपुर हार के बाद उनका भविष्य तय किया जा चुका था। 15 जुलाई के 4.30 बजे दो रसूखदार अंग्रेज़ और एक चौदह साल के किशोर बीबीघर से बाहर लाये गये, और उनको गोली मार दी गयी। आधे घंटे बाद हुसैनी ख़ानुम ने अंदर अंग्रेज़ औरतों को बताया, "तुम सबको मारने का फ़ैसला लिया गया है"

सावरकर ने संदर्भ सहित लिखा है कि टीका सिंह ने कहा,

"ये महिलाएँ बीबीगढ़ में बच गयी तो इनके बयान लिए जाएँगे और उस आधार पर कानपुर के हर आदमी को ये अंग्रेज़ मार डालेंगे। इससे पहले कि अंग्रेज़ इनके बयान लें, कानपुर में एक भी गोरी चमड़ी शेष न बचे"

❋ ❋ ❋

"आपने हिंदुस्तान के सभी अपराधों और हत्याओं को माफ़ कर दिया... मैंने तो किसी की हत्या भी नहीं की...मैंने विवशता के कारण विद्रोहियों का साथ दिया, फिर भी मुझे माफ़ी नहीं दी जा रही...उन महिलाओं और बच्चों को मारना सिपाहियों और बदमाशों की करतूत थी। मेरे भाई के घायल होने के बाद मेरे सैनिक तो कानपुर छोड़ चुके थे।"

-नाना साहेब पेशवा की ब्रिटिश सरकार को लिखी चिट्ठी जिसमें उन्होंने बीबीघर नरसंहार से स्वयं को अलग किया (20 अप्रिल, 1859. आर सी मजूमदार की 1857 पर पुस्तक में उद्धृत)

मैं यह मान कर चल रहा हूँ कि 1857 के डेढ़ सौ वर्ष से अधिक के बाद अब एक परिपक्वता से लोग पढ़ेंगे। इसमें नायक ढूँढने के बजाय सार्वजनिक पत्रों को

1857 हमने सुनी कहानी थी

पलटेंगे, और एक सम्यक सोच बनाएँगे। नाना साहेब का स्वयं को सिपाही विद्रोह से अलग करना एक ऐसा दस्तावेज बना कि आर सी मजूमदार को अपनी किताब संशोधित करनी पड़ी, और उनके ही शब्दों में 'so called heroes' के खाँचे में रख दिया। इसका अर्थ यह नहीं कि वही अंतिम सत्य है, किंतु वह एक लिखित तथ्य है।

बीबीघर के विषय में जॉन फिचेट ने गवाही दी, जिसके अनुसार भारतीय सिपाही महिलाओं की हत्या के विरोध में थे। वह सिर्फ़ पुरुषों को मारने के लिए तैयार थे। उस मध्य तात्या टोपे का आदेश आया कि सभी को मारना आवश्यक है। सावरकर ने अपनी पुस्तक में इसको उचित बताया है क्योंकि अंग्रेज़ इलाहाबाद से कानपुर तक भारतीयों की हत्या करते आ रहे थे, जिसका बदला लेना आवश्यक था। उन्होंने यह भी लिखा कि इन कुटिल गोरी महिलाओं ने जासूसी पत्र इलाहाबाद भेजे थे। पहले सिपाहियों ने महिलाओं और बच्चों को खींच कर आंगन में लाने का प्रयास किया, लेकिन चीख-पुकार में यह मुश्किल हो रहा था। आखिर बीबीघर की खिड़कियों में बंदूकें तान कर अंधा-धुंध गोलियाँ चलायी गयी। मगर सिपाहियों ने खुद ही खीज कर यह प्रक्रिया बंद कर दी।

गवाही के अनुसार उसके बाद बेगम हुसैनी ख़ानुम के आशिक सरवर ख़ान दो मुसलमान कसाइयों और दो अन्य हिंदुओं (सौराचंद और एक अनामित) को लेकर आये, जिन्होंने तलवार लेकर काटना शुरू किया। आधे घंटे से अधिक तक नरसंहार चलता रहा, जिसमें एक बार सरवर ख़ान की तलवार भी टूट गयी। कुल 73 महिलाओं और अलग-अलग उम्र के 125 बच्चों की कथित हत्या का विवरण है (जिसमें कुछ अधमरे रह गए थे, और बाद में मारे गए)। लाशों के ढेर को वहीं कुएँ में फेंका जाने लगा।

सावरकर ने अपनी पुस्तक में इसका वर्णन करते हुए लिखा है, "आज तक आदमी कुएँ का पानी पीता था, अब कुआँ आदमी का रक्त पी रहा था। फ़तेहगढ़ में जलते हुए का आर्तनाद जब अंग्रेज़ आकाश में फेंक रहे थे, तब बीबीगढ़ में रक्त से सने गोरी चीखें पांडे पाताल में फेंक रहे थे। मनुष्य की इन दो भिन्न जातियों में सौ वर्षों से जमा रकम का हिसाब इस तरह चुकता होने लगा"

उस वक्त नाना साहेब अहीरवा में लड़ रहे थे। इसलिए नाना साहेब की चिट्ठी सच हो सकती है, कि उनके परोक्ष में तात्या टोपे और अज़ीमुल्ला ख़ान ने यह निर्णय लिया हो। वहीं, इतनी बड़ी घटना नाना साहेब के सहमति के बिना ही हो गयी, इस पर प्रश्नचिह्न है। जब अहीरवा से हार की खबर आने लगी, कानपुर से सिपाही और आम नागरिक भागने लगे। कुछ दिल्ली की ओर निकले, और कुछ बिठूर घाट से नदी पार कर लखनऊ की तरफ़। नाना साहेब कानपुर का बारूदखाना उड़ाने का आदेश देकर बिठूर की ओर निकल गए। हैवलॉक की सेना जब कानपुर पहुँची, यह एक वीरान मरघट सा दिख रहा था।

मेजर बिंघैम ने बीबीघर के विषय में लिखा,

"फर्श पर टखनों तक खून जमा था, और लाशें बिखरी पड़ी थी...बच्चों के जूते बिखरे थे...कुआँ लाशों से भरा पड़ा था"

17 जुलाई को हैवलॉक ने एक टुकड़ी नाना साहेब के पीछे बिठूर भेजी, मगर वहाँ भी वीराना था। उन्होंने कयास लगाया कि नाना साहेब गंगा पार कर कहीं आगे निकल गए। अंग्रेज़ों ने उनका महल लूट कर उसे जला दिया। नाना साहेब के एक सहयोगी (कलक्टर वर्णित) को पकड़ लिया गया, और मेजर बिंघैम ने लिखा,

"हमने उसके हाथ-पाँव बाँध दिए, और उसके मुँह में जबरन गोमाँस और सूअर का माँस ठूँस कर उसका धर्म भ्रष्ट कर दिया...मुझे याद नहीं कि उसके बाद वह जिंदा बचा या नहीं, अन्यथा उसे फांसी पर लटकाने में बहुत आनंद आता"

हैवलॉक जॉन नील को ज़िम्मेदारी सौंप कर लखनऊ निकल रहे थे। जॉन नील ने अपनी क्रूरता का वर्णन स्वयं किया है कि वह ब्राह्मणों को पकड़ कर उन्हें पहले फर्श पर गिरा खून साफ़ करवाते, और फिर उन्हें वहीं फाँसी पर लटका देते।

किसी भी मंजे हुए इतिहासकार के लिए इनमें से एक पक्ष को नायक बनाना बायें हाथ का खेल है। भारतीय राष्ट्रवादी इतिहासकार बीबीघर और सतीचौरा अंश को छोटा कर सकते हैं, वहीं ब्रिटिश इतिहासकार 'Never forget Cawnpore!' के नारे पर भारतीयों का वीभत्स पक्ष दिखा सकते हैं। भारतीयों के अंदर जाति और धर्म के नायकों पर रस्सा-कशी हो सकती है। लेकिन, यह स्याह-सफ़ेद क़िस्सा

नहीं, यह इतिहास है जिसके कई पन्ने अभी खुलने बाकी है और कुछ शायद कभी न खुलें।

खैर, कानपुर से अब लखनऊ का रुख किया जाए।

रणनीति की दृष्टि से लखनऊ का युद्ध दोनों पक्षों से सर्वश्रेष्ठ में गिना जा सकता है। जितने ही क़ाबिलियत से अपनी छोटी सी सेना और रेज़िडेंसी को जनरल लॉरेंस संभाल रहे थे, उतने ही बेहतर संगठन और रणनीति से भारतीय सिपाही लड़ रहे थे। लॉरेंस इस मामले में इकलौते ब्रिटिश सेनापति कहे जा सकते हैं, जिन्होंने उन अवधी सिपाहियों पर भी भरोसा किया जो विद्रोह नहीं कर रहे थे। उनके पास इससे बेहतर विकल्प भी नहीं था।

30 जून की दोपहर लॉरेंस ने यह निर्णय लिया कि वह कुकरैल नाले की ओर से विद्रोही सेना का जायजा लेंगे। यह रेज़िडेंसी और चिनहट के मध्य जंगल का इलाका था, जहाँ से आगे बढ़ना कुछ कम जोखिम भरा था। उन्होंने अपने ब्रिटिश, सिख और अवधी सिपाहियों को इकट्ठा किया, हाथियों द्वारा खींचे जाने वाले कुछ होवित्जर तोप लिए, और आगे बढ़ने लगे। दो घंटे बाद वे बिना किसी रुकावट के कुकरैल पहुँच चुके थे। पूरे रास्ते में कहीं किसी बाग़ी सेना की छाप नहीं थी।

लॉरेंस के सिपाही पेड़ों पर चढ़ कर आगे का रास्ता देख रहे थे, और इशारे कर रहे थे कि कोई खतरा नहीं। वे चिनहट की ओर बढ़ने लगे। जैसे ही वह इस्माइलगंज के निकट पहुँचे, गाँव से गोलीबारी शुरू हो गयी। समस्या यह थी कि गोलियाँ आम के बगीचों से चल रही थी, और उन्हें सामने के कोई सेना दिख नहीं रही थी। यह एक तरह का गुरिल्ला युद्ध था, जो भारतीय सिपाही कर रहे थे। लॉरेंस ने अंधाधुंध तोप चलाने के निर्देश दिए, मगर उससे कोई हानि हो नहीं रही थी। वहीं, उनके सिपाही एक-एक कर मारे जा रहे थे। थोड़ी देर बाद गोलीबारी अपने-आप बंद हो गयी। लॉरेंस को लगा कि बाग़ी भाग गए, मगर यहाँ भी वह ग़लत थे। वे उनके आगे बढ़ने की प्रतीक्षा कर रहे थे, ताकि चक्रव्यूह बना कर घेर सकें। इस्माइलगंज को दोनों दिशाओं से भारतीयों ने घेर लिया, और लॉरेंस की सेना बुरी तरह मारी जाने लगी।

ब्रिगेडियर इंग्लिस ने बाद में लिखा, "हमारे अवधी सिपाही और चालक दग़ाबाज़ निकले। उन्होंने जान-बूझ कर हमारे हथियार गड्ढों में गिरा दिए और घोड़ों को खुला छोड़ दिया।"

यूरोपीय सेना के पास भागने के अलावा कोई रास्ता नहीं था। कैप्टन केस और कैप्टन स्टीवेंसन मारे जा चुके थे। लॉरेंस ने वापस लौटने का निर्देश दिया, लेकिन कुकरैल नाले पर भी बाग़ियों ने घेराबंदी कर रखी थी। आखिर, जैसे-तैसे गोलियाँ चलाते हुए बची-खुची यूरोपीय सेना वापस रेज़िडेंसी लौटने में कामयाब हुई। आँकड़ों के अनुसार उस दिन लॉरेंस के कुल 365 सिपाही (जिनमें 193 भारतीय थे) मारे गए या गुम हो गए।

अगली सुबह तक रेज़िडेंसी घेरी जा चुकी थी, और सीधे हमले शुरू हो गए। हमले उन तोपों से भी हो रहे थे, जिसे भारतीयों ने पिछली शाम कब्जा किया था। 1 जुलाई को एक तोप का गोला सीधा जनरल लॉरेंस के पास गिरा, मगर वह बच गए। अगले दिन 9 बजे सुबह वह मेज पर बैठे रणनीति बना रहे थे, जब एक बड़ा विस्फोट हुआ, और लॉरेंस दूर जा गिरे। उनका नीचे का शरीर जख्मी हो चुका था, और हड्डियाँ बाहर आ गयी थी। 4 जुलाई को उन्होंने दम तोड़ दिया।

मरते हुए लॉरेंस के शब्द थे-"मेरी कब्र पर लिखवाना-Here Lies Henry Lawrence. Who tried to do his duty. May god mercy on him... हमारे सिपाहियों को कानपुर की याद दिलाना और हौसला बनाए रखना"

जनरलों की मृत्यु दिल्ली और कानपुर में भी हुई, लेकिन वहाँ बीमारी अथवा छल से हुई। लखनऊ में भारतीय सिपाहियों ने युद्ध में उन्हें पराजित किया, इसलिए इसका मूल्य बढ़ जाता है। अगली सुबह राजा जय लाल सिंह और मम्मू ख़ाँ के अनुमोदन पर वाजिद अली शाह और बेगम हजरत महल के बारह वर्षीय पुत्र बिरजिस क़ादिर की ताजपोशी की गयी। लखनऊ अगले कुछ महीनों तक अंग्रेजों के लिए नासूर बन कर रहा, साथ ही इसने भारतीयों के गिरते मनोबल को भी नयी ऊर्जा दी।

❋ ❋ ❋

लखनऊ रेज़िडेंसी का घेराव बिना बेहतर योजना के संभव नहीं था। आगे हम तात्या टोपे को कमांडर के रूप में उभरते देंगे, जो पहली कानपुर हार के बाद अधिक संगठित होकर लौटे। दिल्ली में भी अपरिपक्व मुग़ल शहज़ादों की जगह किसी अनुभवी कमांडर की ज़रूरत थी।

जामा मस्जिद के निकट दर-उल-बाक़ा मदरसा के एक मौलवी सरफ़राज़ अली लंबे समय से ऐसा एक कमांडर ढूँढ रहे थे। उन्हें मालूम पड़ा कि बरेली में एक बुज़ुर्ग विद्रोही सूबेदार हैं, जो कंपनी की तरफ़ से अफ़ग़ान युद्ध में भाग ले चुके थे। साठ वर्ष के उन घनी मूँछों वाले लंबे, तगड़े पठान का नाम था बख़्त ख़ान।

1 जुलाई को दिल्ली टिले से ब्रिटिश छावनी ने देखा कि 'ब्रिज ऑफ़ बोट्स' से यमुना पार कर एक विशाल सेना चली आ रही है। बख़्त ख़ान बरेली और शाहजहाँपुर से लगभग 2300 सिपाही, चौदह हाथी, तीन सौ से अधिक घोड़े, और बैलगाड़ियों पर लादे हथियार लेकर दिल्ली पहुँच चुके थे। इतने बड़े क़ाफ़िले के लिए अब दिल्ली में जगह भी नहीं बची थी, क्योंकि जामा मस्जिद और लाल किले के इर्द-गिर्द पहले से सिपाहियों और जिहादियों का जमावड़ा था। बख़्त ख़ान ने दिल्ली गेट पर अपनी छावनी गिराई। अगले दिन ढाई सौ सिपाहियों के साथ घोड़े पर सवार होकर सीधे बादशाह के पास पहुँचे।

ज़ाहिर दहलवी का विवरण है कि उन्होंने एक मटमैला कुर्ता और धोती पहन रखी थी, सर पर सफेद पगड़ी बाँध रखी थी। कमर पर तलवार बाँधे हमाम के पीछे से आए, और हमारे रोके जाने के बावजूद सीधे बादशाह को सलाम करते हुए उनका हाथ पकड़ने की जुर्रत की।

हकीम एहसानउल्ला ख़ान के अनुसार बख़्त ख़ान ने तल्ख होकर कहा, "हमने सुना है कि आपने शहज़ादों को बाग़ी कमान दे रखी है। उन्होंने तो ज़ंग कभी देखी नहीं। उन्हें फ़िरंगियों की क्या खबर? अब हम आ गए हैं, तो जहाँपनाह हमें यह कमान सौंपें।"

ज़ाहिर दहलवी ने लिखा है कि बादशाह भड़क कर गालियाँ देने लगे और कहा, "सवारी बुलाओ! हम क़िले से रुख़सत होते हैं, और ख़्वाजा साहिब में जाकर रहेंगे"

उन्हें सिपहसलारों ने मनाया कि बादशाह कहीं न जाएँ, हालाँकि हालात को देखते हुए बख़्त ख़ान को कमान सौंपनी पड़ी। बख़्त ख़ान ने शुरुआत में अपनी क़ाबिलियत साबित की, और बाग़ियों को संगठित किया। उन्होंने दिल्ली के दुकानदारों को लूट-पाट से सुरक्षा के लिए बंदूकें दिलवायीं, और सिपाहियों को अच्छी पगार दिलवा कर युद्ध पर ध्यान देने कहा। ख़ुफ़िया तत्वों की पहचान कर मौत की सजा दी गयी।

यह एक मिली-जुली सेना थी, जिसमें अगर आधे हिंदू-बहुल विद्रोही सिपाही थे तो आधे मुसलमान जिहादी और आस-पास के ग्रामीण भी थे। इन सबको एकत्रित कर तीन टुकड़ियों में बाँटा गया। यह आदेश दिए गए कि हर दिन ब्रिटिश छावनी पर एक टुकड़ी हमला करेगी, बाकी दो टुकड़ियाँ आराम करेगी। 9 जुलाई को तीनों टुकड़ियाँ साथ मिल कर ब्रिटिश छावनी का खात्मा कर देगी।

9 जुलाई की सुबह 5 बजे ही आक्रमण शुरू हो गया, और पहली बार विद्रोही सेना टीले पर चढ़ कर छावनी के अंदर घुसने में कामयाब हुई। छावनी को उन्होंने तीन दिशाओं से घेर लिया था, और यह लखनऊ जैसी स्थिति बन रही थी। लेफ्ज़िटनेंट ग्रिफिथ ने लिखा है,

"उस दिन मूसलाधार बारिश हो रही थी...वे लोग बढ़ते आ रहे थे और हमारे लोग बुरी तरह मारे जा रहे थे...उस एक दिन में हमें सबसे अधिक हानि हुई। हमारे कुल 221 सिपाही मारे गये और घायल हुए।"

हालाँकि गुरखा रेजिमेंट और यूरोपीय सिपाहियों ने छावनी पर पूरी तरह क़ब्ज़ा नहीं करने दिया। टीले की ऊँचाई और बारिश की वजह से भारतीय टुकड़ियों को भी लड़ने में दिक्क़त आ रही थी। बख़्त ख़ान ने उस दिन आक्रमण को रोक कर पुनः योजना बना कर लड़ने का फ़ैसला लिया। इस ज़ंग के लिए उन्हें बादशाह ने 'साहिब-ए-आलम' की पदवी से नवाज़ा।

उसके बाद के विवरण अस्पष्ट हैं कि आखिर कहाँ ग़लती हुई। विलियम डैलरिम्पल के दिए संदर्भ यह संकेत देते हैं कि शाहज़ादा मिर्ज़ा मुग़ल और हकीम एहसान-उल्ला ख़ान को बख़्त ख़ान से शिकायत थी। वे उन्हें कमान से हटाने के प्रयास करने लगे।

वहीं, बख़्त ख़ान और मौलवी सरफ़राज अली के कट्टर इस्लामी तेवर से हिंदुओं की नाराज़गी के भी कथ्य मिलते हैं। बकरीद के निकट आने पर टोंक के कुछ ग़ाजियों द्वारा जामा मस्जिद के सामने बकरी के बजाय गाय काटने के निर्णय को लेकर तनातनी हो रही थी। 19 जुलाई को गाय काटने के कारण पाँच मुसलमान कसाइयों की हिंदू सिपाहियों द्वारा हत्या दर्ज है। माहौल देखते हुए बादशाह ने कोतवाल सईद मुबारक शाह के मार्फ़त आदेशनामा निकाल कर सार्वजनिक गाय काटने पर पाबंदी लगवायी।

जो भी कारण हो, ज़ाहिर दहलवी लिखते हैं कि अगले बीस दिन तक बख़्त ख़ान ने कोई ढंग की लड़ाई नहीं लड़ी। लाल किले में मौजूद जीवन लाल के अनुसार 29 जुलाई को आखिर बादशाह ने बख़्त ख़ान को बुला कर कहा,

"बख़्त ख़ान! आप कभी टीले पर क़ब्ज़ा नहीं कर पाएँगे। आप जो ख़ज़ाना लेकर आए थे, वे खाली हो गए। शाही ख़ज़ाने में भी कुछ नहीं बचा। हमें खबर मिली है कि हताश फ़ौज-ए-बाग़िया धीरे-धीरे अपने घर लौट रही है।"

बख़्त ख़ान ने कहा, "जहाँपनाह! आपकी फ़ौज अब मेरी नहीं सुनती तो हम क्या करें?"

"नहीं सुनती तो यहाँ क्या कर रही है? उनसे कहिए कि दफ़ा हो जाएँ दिल्ली से"

अगले दिन बख़्त ख़ान से कमान ले ली गयी, और मिर्ज़ा मुग़ल के नेतृत्व में दस लोगों की एक टीम बनायी गयी। यह टीम योजना तो बनाती रही, मगर युद्ध लड़ने का जुनून जाता रहा। रिचर्ड बार्टर ने लिखा,

"जिस समय हम खड़े होने की स्थिति में नहीं थे, उस समय उनके आपसी मतभेदों से लड़ाइयाँ रुक गयी, और हमें अपनी ताक़त जुटाने का पर्याप्त समय मिल गया"

एक तरफ़ हैवलॉक कानपुर से लखनऊ की ओर बढ़ रहे थे, और दूसरी तरफ़ निकोलसन पंजाब से दिल्ली की ओर बढ़ रहे थे। हैवलॉक अगर अच्छे रणनीतिकार थे, तो निकोलसन एक क्रूर दमनकारी जिन्होंने कुछ ही दिनों पहले

पेशावर में भारतीयों को तोप से बाँध कर उड़ाया था। वह किसी संधि या उदारता में विश्वास नहीं करते।

एक उदाहरण है कि जब वह दिल्ली आए, तो दो अफ़ग़ानी लोग छावनी में एक अंग्रेज़ महिला मिसेज नीसन को लेकर आए। वह दिल्ली में बच गए कुछ ही अंग्रेजों में थी, और पठान पुरुष की वेशभूषा में रह रही थी। उन अफ़ग़ानियों को जब जनरल हडसन ने ईनाम देना चाहा तो उन्होंने यह कह कर मना कर दिया, ''हमने यह इंसानियत के लिए किया, ईनाम के लिए नहीं''

निकोलसन ने कहा, "इन पर कभी भरोसा मत करना। ये सभी एक जैसे मक्कार हैं। यह औरत भले अंग्रेज़ है, मगर इनकी ख़ुफ़िया होगी। निकाल बाहर करो यहाँ से!"

वाकई मिसेज नीसन को छावनी से निकाल दिया गया, और वह वहाँ से जैसे-तैसे अंबाला पहुँची। उसके बाद निकोलसन ने बख़्त ख़ान पर सीधे हमले की योजना बनायी। बख़्त ख़ान का वर्चस्व तो पहले ही कम हो गया था, मगर उन्होंने नज़फ़गढ़ झील के पास अपने 6000 लोगों की छावनी लगा रखी थी। उनका लक्ष्य था कि पंजाब की तरफ़ से आने वाले 'सप्लाइ चेन' को काटा जाए। उनका साथ देने के लिए सिधारी सिंह और ग़ौस मोहम्मद की टुकड़ियाँ भी वहाँ मौजूद थी।

उस दिन मूसलाधार बारिश हो रही थी, और ब्रिटिश सेना को दलदल और कमर तक पानी वाले गड्ढों से आगे बढ़ना था। मगर निकोलसन की पद्धति ही यही थी कि ऐसे कठिन हालात में जीतना अधिक आसान होता है। वह सिपाहियों के साथ दलदल में घुस गए, और सराय में स्थित भारतीय छावनी तक पहुँच गए। अंग्रेज़ सेना की अगली पंक्ति बुरी तरह मारी जाने लगी, मगर निकोलसन आगे बढ़ने का आदेश देते रहे। आखिर छावनी में हाथा-पाई (hand to hand combat) शुरू हुई, और भारतीयों ने कड़ी टक्कर दी।

आगे अधिकांश स्रोत लिखते हैं कि वहाँ पुल पर रणनीति बनाने में बख़्त ख़ान गुट की ग़ौस मुहम्मद और सिधारी सिंह से अन-बन हो गयी। बख़्त ख़ान अपनी बची हुई टुकड़ी लेकर वापस दिल्ली लौट आए, जबकि बाकी टुकड़ियाँ बुरी तरह मारी गयी। इसी घटना के कारण मुग़ल समर्थक और ब्रिटिश समर्थक, दोनों ही

बख़्त ख़ान की छवि को कमजोर करार देते हैं। जबकि यह संभव है कि बख़्त ख़ान के लिए अपनी फ़ौज बचा कर लौटना बेहतर विकल्प लगा हो। 'दास्तान-ए-ग़दर' के अनुसार अपनी हार और बेइज़्ज़ती से निराश होकर बख़्त ख़ान अगले ही दिन दिल्ली छोड़ कर चले गए, मगर अन्य स्रोत इसकी पुष्टि नहीं करते।

नज़फ़गढ़ का यह युद्ध एक तरह से 'टर्निंग प्वाइंट' था। निकोलसन का एक विजेता रूप में स्वागत हुआ, वहीं दिल्ली से कई सिपाही अपने-अपने घर लौटने लगे। बादशाह स्वयं अपनी हार के प्रति आश्वस्त होने लगे। जबकि ऐसे हौसला गिराने की वजह नहीं थी। अगर मेरठ और बरेली के सिपाही लौटने लगे थे, तो ग्वालियर और नीमच की तरफ़ से सिपाही रोज आ भी रहे थे। संख्यात्मक बल अगस्त में भी अच्छी थी।

7 अगस्त को एक अजीब घटना हुई। चूड़ीवाला मुहल्ले में बेगम समरू हवेली थी, जहाँ बाग़ियों का बारूदखाना बनाया गया था। दोपहर को तीन बजे अचानक एक भयानक विस्फोट हुआ, और सैकड़ों शरीर आकाश में छितरा गए। वह बारूदखाना बिना किसी आक्रमण के ही फट चुका था। इस घटना में स्पष्ट षडयंत्र की बू आ रही थी।

सिपाहियों ने हकीम एहसान-उल्ला-ख़ान के घर पर हमला बोल दिया और चिल्लाए, "गद्दार! तुमने हमारे महीनों की मेहनत खाक कर दी!"

यह सिद्ध करना तो कठिन है, लेकिन इसके कुछ प्रमाण मिलते हैं कि एहसान-उल्ला ख़ान के अंग्रेज़ों से ख़ुफ़िया संबंध थे। जिस तरह मुंशी जीवन लाल को 'ग़दर का गद्दार' कहा गया, वैसी ही छवि उनकी भी बनती है। 'जुनून' फ़िल्म में नसीरुद्दीन शाह अभिनीत किरदार कहते हैं, "दग़ाबाज़ एहसान-उल्ला की वजह से हम दिल्ली हार गए"

भारतीय सिपाहियों के गिरते मनोबल और शक्ति के कारण निकोलसन का मानना था कि अगर एक बार दिल्ली गिर गयी, पूरे भारत में विद्रोह खत्म हो जाएगा। मगर जनरल विल्सन अब भी पूर्ण आक्रमण के लिए तैयार नहीं थे। निकोलसन ने भड़क कर लिखा,

"मैंने जीवन में कई बेकार जनरल देखे, मगर इतना अज्ञानी और अड़ंगे लगाने वाला जनरल नहीं देखा"

आखिर निकोलसन की ही बात मानी गयी, और कश्मीरी गेट पर ब्रिटिशों ने क़िलाबंदी शुरू कर दी। ज़ाहिर देहलवी नाटकीय वर्णन करते हैं कि उस रात कश्मीरी दरवाज़े पर पुरबिया सिपाही भांग पीकर धुत्त पड़े थे, जब ब्रिटिशों की एक यूरोपीय टुकड़ी, दो गुरखा टुकड़ियाँ, और एक मज़हबी सिख टुकड़ी वहाँ पहुँच गयी। उन्होंने एक सोए पड़े सिपाही को पहले जगाया, "उठो भाई! गोरे आ गये हैं"

जैसे सिपाही ने आँखें खोल कर पूछा, "कौन?", सामने खड़े एक गुरखा ने सर पर गोली मार दी।

❈ ❈ ❈

कश्मीरी दरवाज़े पर एक ब्रिटिश अफ़सर मारा गया। उसकी लाश पर कब्जे के लिए डेढ़ दिन तक लड़ाई चली। यह दोनों खेमों के लिए इज़्ज़त का सवाल बन गया था। इस एक लाश के फेर में कई लाशें गिर गयी...आखिर सूरज ढलते ही एक पुरबिया सिपाही जमीन पर लोटते हुए लाश तक पहुँच गये। उन्होंने अपनी पगड़ी खोल कर लाश से बाँध दी और खींच कर ले आए।...उस अफ़सर को नंगा कर सारे हथियार निकाल लिए...उन्होंने आकर किले में हम सबको दिखाया। एक बढ़िया पिस्तौल थी, मगर तलवार तो बेशकीमती थी। मोर की गर्दन जैसा रंग और अंग्रेज़ी में कुछ सुनहरे लफ़्ज़ लिखे थे।"

-'दास्तान-ए-ग़दर' के अंग्रेज़ी अनुवाद से

कश्मीरी दरवाज़े पर पहली लड़ाई में नसीराबाद छावनी ने अंग्रेजों को पीछे धकेल दिया, लेकिन अब उनकी सेना टीले से उतर कर दिल्ली का घेराव करने लगी थी। उन दिनों स्याह-बुर्ज के पास लकड़ियों की दुकानें हुआ करती थी। वहाँ अंग्रेजों ने आग लगा दी, और उस धुएँ में उनकी सेना काबुली दरवाज़े से कश्मीरी दरवाज़े तक जमा होने लगी। उन्होंने अपने तोप इन दरवाज़ों के बाहर लगाने शुरू कर दिए। असल लड़ाई में कुछ वक्त था, लेकिन भारतीय सिपाहियों के पास लड़ने के लिए हथियार और बारूद कम थे। यमुना पार से सिपाही तो आ रहे थे, मगर असला बहुत कम आ रहा था।

1857 हमने सुनी कहानी थी

दूसरी तरफ़ हैवलॉक की सेना को लखनऊ पहुँचने में मुश्किलें आ रही थी। 29 जुलाई को उन्नाव और बशीरतगंज़ में बाग़ियों ने ब्रिटिश सेना को आगे नहीं बढ़ने दिया। उसी समय दानापुर के विद्रोह ने पूर्व से आने वाले बैक-अप की संभावना भी घटा दी। मगरवारा गाँव में अपनी छावनी लगाए हैवलॉक ने 6 अगस्त को निराश होकर लिखा,

"मुझे नहीं लगता कि मैं रेसीडेंसी (लखनऊ) बचा पाऊँगा।"

बशीरतगंज़ मोर्चे पर आख़िर कौन से सिपाही थे, यह पूरा ब्यौरा मिलना तो कठिन है। लेकिन लखनऊ के विद्रोही सिपाहियों अतिरिक्त कुछ तालुकदारों की सूची सैयद कमरुद्दीन के मार्फ़त अमृतलाल नागर के 'ग़दर के फूल' में मिलती है, जो अवध मोर्चे में शामिल थे।

1. कल्लू ख़ान-10000 सैनिक

2. राजा शिवदर्शन सिंह (सेमरौता-चंदापुर)-10000 सैनिक

3. जमींदार रामबख़्श सिंह-2000 सैनिक

4. लालमाधव सिंह (अमेठी)-7000 सैनिक

5. बेनीमाधव बख़्श सिंह (बैसवारा)-5000 सैनिक, पांच तोप

6. देवीबख़्श सिंह (गोंडा)-3000 सैनिक

7. जमींदार अनन्दी (गोसाईगंज)-4000 सैनिक

8. चौधरी हशमत अली (सँडीला)-4000 सैनिक

9. चौधरी मीर मंसब अली (रसूलाबाद)-1000 सैनिक

10. रघुनाथ सिंह (खजूर गाँव)-2000 सैनिक

इस सूची के अतिरिक्त भी कई लोग थे, जो अवध की रक्षा कर रहे थे। मसलन एक वर्णन के अनुसार फ़तेहपुर की ओर से तात्या टोपे के नेतृत्व में बशीरतगंज़ की तरफ़ बढ़ कर एक टुकड़ी मोर्चा संभाल रही थी। बशीरतगंज़ की लड़ाई को ब्रिटिश इतिहासकार हैवलॉक की विजय की तरह प्रस्तुत करते हैं, लेकिन वे स्वयं लिखते हैं कि जनरल आगे नहीं बढ़ पा रहे थे।

लेफ़्टिनेंट जनरल नील ने हैवलॉक को खबर भिजवायी कि बिठूर में भारतीय सिपाहियों ने फिर से बड़ी सेना खड़ी कर ली है। हैवलॉक को लखनऊ छोड़ कर बिठूर का रुख करना पड़ा। 16 अगस्त को हैवलॉक ने बिठूर पर जब आक्रमण किया, तो देखा कि नाना साहेब के क्षतिग्रस्त महल के इर्द-गिर्द भारतीयों ने मोर्चा बना रखा था। कुछ वर्णनों के अनुसार तात्या टोपे के नेतृत्व में सागर से आए विद्रोही सिपाहियों ने गंगा के दोनों किनारे शिवराजपुर गाँव और बिठूर में छावनियाँ लगायी थी।

ब्रिटिश इतिहासकार बिठूर में भी हैवलॉक की विजय लिखते हैं, मगर वे स्वयं आगे लिखते हैं कि ब्रिटिश सेना दो तरफ़ से घिर गयी और उनके नब्बे सिपाही मारे गए। 21 अगस्त को हैवलॉक की एक चिट्ठी मिलती है,

"मैंने इस इलाक़े में अच्छी पकड़ बना ली है, लेकिन अब यहाँ मेरी कुछ उपयोगिता नहीं रही। मैं इलाहाबाद लौटने की सोच रहा हूँ।"

पता नहीं हैवलॉक किस इलाके पर पकड़ की बात कर रहे थे, जबकि वह अवध जीतने से कोसों दूर थे। कम से कम उस वक्त तो दोआब उनके हाथ से निकलता जा रहा था। 25 अगस्त 1857 को आज़मगढ़ से एक विस्तृत घोषणापत्र/ इश्तहार (Azamgarh proclamation) निकला। यह नागरी और उर्दू में लिखी गयी थी। इसमें पाँच बिंदुओं में कर-संरचना, व्यापार एवं उद्योग, सरकारी कार्यों और स्वतंत्रता की पॉलिसी बातें थी, और ख़ास कर हिंदू-मुस्लिम एकता पर बल दिया गया था। हर बिंदु में यह लिखा था कि सूरह और शास्त्र से न्याय किया जाएगा। इसे यूँ लिखा गया था जैसे आज़ादी मिल गयी हो-

"हिंदुओं और मुसलमानों को फ़िरंगियों के ज़ुल्म से आज़ाद होने का वक्त आ चुका है... मैं, अबुल मुजफ़्फ़र बहादुर शाह गाज़ी का पोता, अंग्रेज़ों से आज़ादी का ऐलान करता हूँ"

जिन मुग़ल शहज़ादे का ज़िक्र इश्तहार में था, उनको एक महीने बाद गोली मार दी गयी। अंग्रेज़ों से आज़ादी नब्बे वर्ष बाद मिली।

❋ ❋ ❋

सर कॉलिन कैम्पबेल। भारतीय राष्ट्रवादी इतिहासकारों को इस नाम से जितनी चिढ़ है, उतना ही ब्रिटिश इतिहासकारों को प्रेम। अगस्त के मध्य में उनके कलकत्ता आने के बाद पासा पलटना शुरू हो गया। पूर्ण दमन के बाद अंग्रेज़ चाहे कुछ भी लिख लें, लेकिन अगर भारतीयों के पास कुशल नेतृत्व की कमी थी तो अंग्रेज़ों की भी स्थिति कुछ ख़ास अच्छी नहीं थी।

कलकत्ता में बैठे लॉर्ड कैनिंग में इतनी शक्ति नहीं थी कि कानपुर, लखनऊ, या दिल्ली जाकर एक बार हालात समझ लिया जाए। उनकी फ़ौजी ट्रेनिंग थी भी नहीं कि युद्ध रणनीति बना सकें। कंपनी के साठ हज़ार सिपाहियों ने विद्रोह कर दिया, और वह कुछ न कर सके। क्रूर दमन तो सैन्य हल है, प्रशासनिक सूझ-बूझ नहीं। वह चाहते तो बाग़ी सिपाहियों, ज़मींदारों, राजाओं, धर्म-प्रतिनिधियों से संवाद स्थापित कर एक हल ढूँढ सकते थे। अगर 1857 के बाद भी अंग्रेज़ों का शासन ही रहना था, तो यह दोतरफ़ा नरसंहार अवांछनीय था।

कोलिन कैम्पबेल अफ़ीम युद्ध, आंग्ल-सिख युद्ध और क्रीमिया युद्ध में कमान संभाल चुके थे। भारत में उन 65 वर्ष के कमांडर का नाम ही पड़ गया था-'बूढ़ा खबरदार'। उनका पहला लक्ष्य था दिल्ली जीतना, जिसकी तैयारियाँ अब बढ़ा दी गयी। 11, 000 सिपाहियों को दिल्ली भेजा जा चुका था। सितंबर के दूसरे हफ़्ते में दिल्ली में लगातार गोली-बारी चल रही थी। भारतीय सिपाहियों ने ब्रिटिश सेना को न सिर्फ़ रोक रखा था, बल्कि उनके तीन सौ से अधिक सैनिक मारे गए थे। लेकिन, अंग्रेज़ अब आर या पार की लड़ाई कर रहे थे। 15 सितंबर को निकोलसन अजमेरी गेट तक हमला करने वाले थे, ब्रिगेडियर जोन्स काबुल गेट, लेफ़्टिनेंट कैम्पबेल कश्मीरी गेट से होते हुए जामा मस्जिद, मेजर रीड किशनगंज और पहाड़ीपुर, और इन सबके पीछे बैक-अप के लिए ब्रिगेडियर लॉन्गफ़ील्ड और ग्रांट।

इतनी तैयारी के बाद भी भारतीय सिपाहियों ने ऐसे हमले किए कि वे एक भी दरवाज़ा भेद पाने में असमर्थ हो रहे थे। वे सीढ़ियाँ लगा कर चढ़ने का प्रयास कर रहे थे, और मारे जा रहे थे। निकोलसन अजमेरी गेट तक पहुँच नहीं पाए, और ब्रिगेडियर ग्रांट को गोली लग गयी। सर्जेंट कारमाइकल मारे गए। उनके घुड़सवारों के लगभग सौ घोड़े घायल हुए और अब उनको पैदल आगे बढ़ना पड़ रहा था।

उस समय निकोलसन ने फ़ैसला किया कि वह वापस नहीं लौटेंगे, और कुछ दर्जन भर सिपाहियों के साथ काबुल दरवाज़े से आगे बढ़ने लगे। वह एक तलवार लिए दिल्ली की सड़क पर निकल गए, जब छत से एक निशानेबाज़ सिपाही ने निकोलसन को गोली मार दी। निकोलसन का गिरना ब्रिटिश सेना के लिए एक बड़ा झटका था। घायल निकोलसन को किसी तरह उठा कर कश्मीरी दरवाज़े तक लाया गया, और टीले पर अस्पताल पहुँचाने की व्यवस्था की गयी।

न सिर्फ़ निकोलसन, बल्कि मेजर रीड भी बुरी तरह घायल हो चुके थे। कैम्पबेल जामा मस्जिद पहुँचने में नाकाम रहे। भारतीयों ने ब्रिटिश सेना को भारी क्षति पहुँचायी थी। लेकिन फिर भी भारतीय मोर्चे पर हताशा हावी हो रही थी। अंग्रेज़ों को नगर में घुसते देख कर उन्हें हार का खतरा दिखने लगा। बादशाह लाल क़िले को छोड़ कर हुमायूँ का मकबरा चले गए। एक ख़ुफ़िया रपट आयी कि कई सिपाही दिल्ली छोड़ कर मथुरा की ओर निकल रहे थे। यह ख़बर पूरी तरह ग़लत नहीं थी।

17 सितंबर को जब ब्रिटिश सेना आक्रमण के लिए आयी तो प्रतिरोध कम था। उन्होंने जल्द ही चाँदनी चौक पर क़ब्ज़ा कर लिया। दो दिन बाद तो दिल्ली वीरान नज़र आ रही थी। ऐसी आसान जीत की कल्पना उन्होंने भी नहीं की थी कि हज़ारों सिपाही इस तरह से अचानक गायब हो जाएँगे। एक वर्णन है कि बख़्त ख़ान अपनी बरेली छावनी के साथ उस समय तक मौजूद थे, और बादशाह के जाने के बाद उन्होंने लौटने का फ़ैसला कर लिया। जब लाल क़िला ही वीरान हो गया तो सिपाही आखिर अब क्या बचाते?

ज़ाहिर देहलवी ने लिखा है,

"जब मैं भवानी छाता पहुँचा तो पुरबिया सिपाहियों की बड़ी भीड़ अपनी बंदूक फेंक कर कह रही थी-भाई! हम हार गए हैं। अब हमें लौटना होगा…मैं जामा मस्जिद होते हुए चावड़ी बाज़ार पहुँचा। वहाँ लाठी, बोतल लिए भीड़ खड़ी थी। उन्होंने कहा-फिरंगी मस्जिद में घुस रहे थे, और जब लोग रोकने के लिए खड़े हुए तो गोलियाँ चला दी।…कुछ देर बाद मुझे हर तरफ़ लाशों के ढेर दिखने लगे"

लैंग के विवरण के अनुसार,

1857 हमने सुनी कहानी थी

"यूरोपीय और सिख लाल क़िले और जनाने के अंदर घुस कर लूटने लगे। जो कुछ भी कीमती दिखा, उठा लिया गया...मुग़ल दीवान-ए-ख़ास के तख़्त पर पहले बैठने के लिए सिपाहियों में स्पर्धा होने लगी"

20 सितंबर की शाम अंग्रेजों द्वारा जामा मस्जिद के चबूतरे पर शराब पीकर नाचते हुए जश्न मनाया गया। दिल्ली वालों को घर से निकाल कर सड़क पर मारा गया। सिर्फ़ कच्चा चलान में 1400 आम नागरिकों को मारने का जिक्र मिलता है। कइयों को परेड करा कर किले तक लाया गया, और गोली मार दी गयी। अगले दिन जनरल विल्सन ने दीवान-ए-ख़ास में अपना मुख्यालय बना लिया।

कैप्टन हडसन ने कहा, "मैं अभी जाकर बहादुर शाह और उसके शहज़ादों को पकड़ कर लाता हूँ। आखिर इस फ़साद की जड़ वही हैं। उन्हें इसकी सजा मिलनी ही चाहिए।"

बादशाह के पास ताक़त तो पहले भी नहीं थी, मगर 1857 में उनका एक मनोवैज्ञानिक मूल्य था। उनकी तख्त पर बैठ कर उन्हीं को गिरफ़्तार कर लाना एक ऐसी घटना थी, जिससे पूरे दोआब के बाग़ियों का मनोबल चूर-चूर हो गया।

20 सितंबर की रात हुमायूँ के मकबरे में बहादुर शाह ज़फ़र के पास बख़्त ख़ान आखिरी बार पहुँचे और कहा, "जहाँपनाह! आप हमारे साथ लखनऊ का रुख करें। हम यह ज़ंग जारी रखेंगे।"

हकीम एहसान-उल्ला ख़ान ने उन्हें समझाया, "आप यह न भूलें कि आप दिल्ली के बादशाह हैं। यह तो कंपनी के सिपाहियों की बग़ावत थी, जिससे आपका कोई ताल्लुक़ नहीं। मैं अंग्रेजों से बात करूँगा कि आपसे नरमी से पेश आएँ। मगर आप अब इन बाग़ियों का साथ न दें।"

अगर बादशाह बख़्त ख़ान की बात मान लेते तो शायद उस ज़िल्लत से बच जाते, जो उसके बाद हुई। लखनऊ में अब भी भारतीयों का पलड़ा भारी था, और बादशाह का वहाँ होना मोमेंटम बना कर रखता। रही बात अंग्रेजों से सजा मिलने की, वह तो यूँ भी मिल ही गयी।

अंग्रेज़ों का पलड़ा भारी हुआ तो न सिर्फ़ एहसान-उल्ला ख़ान बल्कि बाकी ब्रिटिश-प्रेमी भी बाहर आने लगे। मिर्ज़ा इलाहे-बख़्श सीधे लाल किला पहुँचे और

कैप्टन हडसन को खबर दी कि बादशाह कहाँ छुपे हैं। उन्होंने यह भी बता दिया कि बादशाह के पास बेशक़ीमती जवाहरात हैं।

मिर्ज़ा इलाहे बख़्श और मौलवी रजब अली के साथ कुछ पचास घुड़सवार लेकर कैप्टन हडसन हुमायूँ मकबरे के लिए निकले। वहाँ मौजूद कुछ जिहादियों ने जब उन पर हमला बोल दिया, तो हडसन ने इलाहे बख़्श और रजब अली को चुपके से अंदर भेजा। उन्होंने जाकर कहा,

"बादशाह सलामत! अगर आप कप्तान की बात मान लें तो आपको बाइज़्ज़त वे दिल्ली में रखेंगे। लेकिन, अगर आप नहीं माने तो ये फिरंगी गोली से उड़ा देंगे"

आखिर पालकी में बैठ कर बादशाह ज़फ़र, बेगम जीनत महल, शहज़ादा जवां बख़्त, और जीनत महल के पिता मिर्ज़ा कुली ख़ान बाहर आए। इन पालकियों को चाँदनी चौक के रास्ते लाल किले में लाया गया। बादशाह ने रास्ते में देखा कि दिल्ली तो मरघट बन चुकी थी।

जनरल विल्सन के आदेश पर उन्हें लाल कुआँ के जीनत महल में रखा गया। उनके गार्ड कॉगहिल ने 22 सितंबर को अपने भाई को एक चिट्ठी लिखी ('द लास्ट मुगल' पुस्तक में उद्धृत),

"हिंदुस्तान का बादशाह अब हमारा कैदी है…भले यह अशिष्ट लगे, लेकिन उससे पूछताछ के क्रम में मैंने उसे सूअर कहा और गालियाँ दी। अगर वह मुझसे आँखे मिला कर बात करता, तो शायद मैं उसे गोली मार देता"

अगली सुबह फिर से कैप्टन हडसन इलाहे-बख़्श और रजब अली के साथ सौ घुड़सवार लेकर निकले। रजब अली ने अंदर जाकर शहज़ादों मिर्ज़ा मुग़ल, अबू बकर, और खिज्र सुल्तान से बात की। वे एक बैलगाड़ी पर बाहर आए। उनके पीछे लगभग ढाई हज़ार मुसलमान चल रहे थे। खूनी दरवाज़ा तक आकर भीड़ शहज़ादों के करीब जमा होने लगी। हडसन उस समय शहज़ादों को खींच कर खूनी दरवाज़े पर लाए। उनके कपड़े उतरवाए, और तीनों को गोली मार दी। ऐसी संभावना कम लगती है कि हडसन ने ऐसा भीड़ से डर कर किया। यह एक सोची-समझी योजना लगती है, जिसका उद्देश्य ही एक दमनकारी 'स्टेटमेंट' देना था। मुमकिन है कि ऐसे आदेश सीधे कलकत्ता से मिल चुके हों।

अगले तीन दिनों तक शहज़ादों की लाश कोतवाली के सामने पड़ी रही, और उसके बाद ही दफ़नाया गया। हडसन ने अपने बहन को चिट्ठी लिखी, "धरती से इन दुष्टों को मिटाने में मुझे बहुत मज़ा आया"

इस घटना के अगले दिन निकोलसन ने अस्पताल में दम तोड़ा। ब्रिटिश इतिहासकार लिखते हैं कि दिल्ली जीतना निकोलसन की आखिरी इच्छा थी, जो पूरी हुई। दिल्ली वापस लेने के क्रम में कंपनी के कुल 992 सिपाही मारे गए और ढाई हज़ार से अधिक घायल हुए। अब अंग्रेजों का अगला लक्ष्य था- लखनऊ। वहाँ की ज़िम्मेदारी हैवलॉक से हस्तांतरित कर अब ऐसे व्यक्ति को दी गयी, जिन्होंने कभी नवाब वाजिद अली शाह से उनकी पगड़ी छीनी थी।

वह थे लखनऊ के पूर्व रेज़िडेंट जेम्स आउटरैम, जो फ़ारस युद्ध से भारत लौटे थे, और 15 सितंबर को कानपुर पहुँच गए। आउटरैम ने आते ही कहा, "हमें लखनऊ की बजाय पहले ग्वालियर की ओर बढ़ना चाहिए।"

उन्हें समझाया गया कि लखनऊ बचाना अधिक आवश्यक है। लेकिन भारत में चार दशक बिता चुके आउटरैम यह बात यूँ ही नहीं कह रहे थे। भले दिल्ली गिर चुकी थी, मगर ज़ंग तो अभी बाकी थी।

✷ ✷ ✷

23 सितंबर-हमें खबर मिली कि जेम्स आउटरैम कमान लेने लखनऊ आ रहे हैं। उन्होंने नदी पार कर ली है, और रविवार तक पहुँचने की संभावना है...उनके साथ पाँच यूरोपीय और एक सिख रेजिमेंट है।

24 सितंबर-सुबह से गोलियाँ चलने की आवाज़ें आ रही हैं...

25 सितंबर-गोलीबारी बढ़ती जा रही है...6 बजे शाम को आखिर पूरी रेजीडेंसी में खुशियाँ लौटी...सर जेम्स आउटरैम और जनरल हैवलॉक अपनी सेना के साथ आ गए...कानपुर से यहाँ आने तक उनके 500 से अधिक लोग मारे गए...बाग़ियों ने पेड़ों के पीछे छुप कर हमारे सिपाहियों को कुत्तों की तरह मारा..

26 सितंबर-जनरल हैवलॉक ने हमारे साथ नाश्ता किया...रेजिडेंसी पहुँचने से ठीक पहले आखिरी गोली ब्रिगेडियर नील को लगी और वह मारे गए...यह

एक चिंताओं से भरा बुरा दिन था।"

-मिसेज केस (कर्नल केस की विधवा) की डायरी से

दिल्ली के मुक़ाबले अंग्रेजों के लिए लखनऊ जीतना अधिक कठिन था। आखिर यह अवध के केंद्र में था, और पूरा अवध पहले से जल रहा था। उनकी योजना यह थी कि लखनऊ रेसीडेंसी से अंग्रेजों को किसी तरह बचा कर पहले कानपुर ले आया जाए। लेकिन, जब जेम्स आउटरैम और हैवलॉक वहाँ पहुँचे तो उन्हें लगा कि इन घायल और बीमार लोगों को कानपुर ले जाना असंभव होगा। उन्हें रेसीडेंसी में ही रुकना पड़ा। दूसरी तरफ़ दिल्ली से लौट रहे बाग़ी सिपाहियों में कइयों ने लखनऊ का रुख किया था। अक्तूबर तक भारतीयों ने रेसीडेंसी पूरी तरह घेर लिया, और जेम्स आउटरैम अंदर फँस गए।

दिल्ली और कलकत्ता की ओर से जो सेना लखनऊ के लिए निकल रही थी, उन्हें रास्ते में अड़चनें आ रही थी और कुछ पुराने हिसाब भी चुकता हो रहे थे। कर्नल ग्रीथड के नेतृत्व में लगभग तीन हज़ार सिपाहियों की टुकड़ी जब दादरी पहुँची, तो उन्होंने वहाँ गुर्जरों के गाँव जला दिए। ब्रिटिश इतिहासकार मैलेसन उन गुर्जरों पर दिल्ली से सिकंदराबाद लूट-पाट करने का इल्जाम लगाते हैं, और इस कारण उन पर ज्यादतियों को उचित ठहराते हैं।

वहाँ से आगे बुलंदशहर की ओर मलागढ़ के एक किले में मुगलों के एक वंशज नवाब वलीदाद ख़ान का ठिकाना था। ऐसे कयास लगते हैं कि मेरठ छावनी में विद्रोह के बाद वहाँ के कोतवाल धन सिंह गुर्जर की मदद से नवाब वलीदाद ख़ान की रियासत के गुर्जरों ने हमला बोला था। इस कारण अंग्रेजों उन्हें सबक सिखाना चाहते थे। 24 सितंबर से 28 सितंबर तक उस इलाक़े में गुर्जरों की हत्यायें चलती रही, और मलागढ़ क़िले को ध्वस्त कर दिया गया। यह युद्ध इतना सहज भी नहीं था, बल्कि दिल्ली से अधिक बैक-अप बुलवाना पड़ा और किले को उड़ाने के दौरान लेफ़्टिनेंट होम के भी परखच्चे उड़ गए।

बुलंदशहर के बाद वे 10 अक्तूबर को आगरा किले पहुँचे, जहाँ कई अंग्रेज फँसे हुए थे। वहाँ उन्हें क़िले के आस-पास कहीं बाग़ी सिपाही नहीं दिखे। उन्हें लगा कि शायद भाग गए, लेकिन आगे खारी नदी के पास के खेतों में बाक़ायदा

तोप और भारी हथियारों के साथ लगभग तीन हज़ार बाग़ी सिपाही मौजूद थे। ये ग्वालियर और मऊ की तरफ़ से आए सिपाही थे, जिन्होंने अंग्रेज़ों को चार दिन और रोक लिया।

वहाँ से आगे बढ़ने पर दिल्ली से एक बड़ी सेना लेकर आ रहे ब्रिगेडियर होप ग्रांट ने कमान ले ली। उनके आदेश पर लेफ़्टिनेंट सीटन की टुकड़ी ने 18-19 अक्तूबर को मैनपुरी के राजा तेज सिंह के किले पर हमला किया। वर्णन मिलता है कि राजा तेज सिंह के चाचा भवानी सिंह ने अंग्रेजों की मदद की। इस तरह कई छोटी-बड़ी लड़ाइयाँ लड़ते हुए दिल्ली से चली ब्रिटिश सेना 26 अक्तूबर को कानपुर पहुँच सकी।

कलकत्ता से निकले सिपाही तो उनसे भी धीमे थे। कॉलिन कैम्पबेल 27 अक्तूबर को कलकत्ता से निकले। वर्तमान बिहार के शेरघाटी (गया) में ज़मींदार जहाँगीर बख़्श ख़ान और दानापुर छावनी के बाग़ी सिपाहियों द्वारा घेर लिए गए। वह ऐसा मौका था जब 'कमांडर इन चीफ़' ही गिरफ़्त में आ जाते, मगर वह जैसे-तैसे बच निकले। आखिर 3 नवंबर को वह कानपुर पहुँच सके।

इतने दिनों तक लखनऊ रेजीडेंसी की स्थिति दयनीय थी। मिसेज केस के विवरण के अनुसार खाने की रसद अधिक से अधिक एक महीने तक की बची थी। जेम्स आउटरैम ने एक भारतीय सेवक को हज़ार रुपए दिए कि बाहर कहीं से शक्कर जुगाड़ कर लाए, वह पैसे लेकर ऐसा गायब हुआ कि कभी लौटा ही नहीं। वहीं एक मान सिंह अंग्रेजों की मदद कर रहे थे, और रेसीडेंसी में सुरंग बनाने की पेशकश कर रहे थे।

मटमैले कुर्ता-धोती पहने, सर पर पगड़ी बाँधे दो साँवले व्यक्ति लखनऊ के उत्तर-पूर्वी छोर पर स्थित रेसीडेंसी से निकले। उनका ख़ुफ़िया लक्ष्य था नवाबी लखनऊ और गोमती पार कर किसी तरह कॉलिन कैम्पबेल की छावनी तक पहुँचना जो दक्षिणी छोर पर 'बनी रोड' में स्थित थी। तीस हज़ार बाग़ी सिपाहियों के बीच से उनका यूँ बच निकलना कठिन था। मगर वे जैसे-तैसे दिलकुशा बाग़ होते हुए चारबाग़ पुल पहुँच गए।

जब वे आलमबाग़ के एक आम के बगीचे से गुजर रहे थे कि सिपाहियों ने धर लिया, "तुम लोग इस रास्ते कहाँ जा रहे हो?"

"हम तो पास ही अपने गाँव में जा रहे हैं। भाई का इंतकाल हो गया, उसी की खबर..."

"अच्छा, ठीक है। मगर आगे रास्ते में दलदल है। संभल कर जाना।"

"जी! ज़रूर। हम ख़्याल रखेंगे"

वे जैसे ही ब्रिटिश छावनी पहुँचे, उनको कॉलिन कैम्पबेल के सामने पेश किया गया।

"तुमलोग कौन हो? हमारी छावनी में क्या कर रहे थे?, कैम्पबेल ने पूछा

अपनी पगड़ी उतार कर चेहरे पर लगी कालिख पोंछते हुए उसने अंग्रेज़ी में कहा, "मैं कावनाग। आइरिश हूँ, सर!...यह कनौजी लाल। हमारा ही आदमी है। हम रेसीडेंसी से आए हैं।"

"यह कैसे मुमकिन है? तुम कैसे बच कर आ गए? किसी ने रोका नहीं।"

"हमें सर आउटरैम ने भेजा है। हमने लखनऊ के बाग़ियों की पूरी रेकी कर ली है। आप यह चिट्ठी पढ़ लें।"

चिट्ठी में लिखा था-

"आप जनरल हैवलॉक की तरह चारबाग़ की तरफ़ बढ़ने की ग़लती न करें। दिलकुशा बाग़ की तरफ़ से गोमती पार करते हुए रेसीडेंसी की तरफ़ बढ़ें।"

अपने 4, 700 सिपाहियों के साथ 12 नवंबर को कैम्पबेल बताए गए रास्ते से आगे बढ़ने लगे। दिलकुशा बाग़ में थोड़ी-बहुत मुठभेड़ के बाद वे आगे बढ़े, मगर सिकंदरबाग़ के सामने बुरी तरह घिर गए। वहाँ बाग़ियों ने हर तरफ़ से गोली चलानी शुरू कर दी।

एक गोली सीधे कैम्पबेल की जाँघ में आकर लगी, और वह चिल्लाए, "मैं मारा गया!"

उनका जख़्म गहरा नहीं था। गोली निकाल कर मरहम-पट्टी कर दी गयी। सिकंदरबाग के बाहर ऐसी क़िलाबंदी थी कि जो भी ब्रिटिश सिपाही अगली पंक्ति

में होता, वह गिर जाता। कैप्टन बरौ, लेफ़्टिनेंट कूपर और उनके साथ के सिख सिपाही मारे जा रहे थे।

तभी आर्थर लैंग चिल्लाए, "रिमेम्बर कॉनपुर!"

इसके साथ ही ब्रिटिश सिपाही सिकंदरबाग में भारी हथियार लेकर घुस गए। अंदर लगभग दो हज़ार बाग़ी सिपाही थे। चूँकि दरवाज़ा और बीच के कुछ खाँचे अंग्रेजों के हाथ में थे, इस कारण भारतीयों के पास अंदर से ही लड़ने का विकल्प था। संख्या में अधिक होने और बेहतर हथियारों के कारण वहाँ अंग्रेजों का पलड़ा भारी हो गया।

आर्थर लैंग ने लिखा है, "वे सभी मारे जा रहे थे। एक व्यक्ति था जो आखिरी दम तक हम पर गोलियाँ चलाता रहा, और जब गोलियाँ खत्म हो गयी तो वह छत पर चला गया। वह हमें ललकारते हुए हमारे बीच तलवार लहराते हुए छत से कूद गया। हमारी गोलियों ने उसे बींध दिया। साठ लोगों को हमने जिंदा पकड़ कर पंक्ति में खड़ा कर दिया। उन्हें 'कानपुर के लफ़ंगों' (Cawnpore scoundrels) कहते हुए उन पर थूका, और एक-एक के सीने में तलवार घुसेड़ दी या गोली से उड़ा दिया।"

लेकिन, यह लड़ाई इतनी भी एकतरफ़ा नहीं थी। 16 नवंबर की इस लड़ाई में अंग्रेजों को भारी क्षति होने के प्रमाण हैं। अठारह विक्टोरिया क्रॉस तो इसी एक लड़ाई में दिए गए। फोर्ब्स मिशेल ने अपने संस्मरण[1] में लिखा है,

"बाग़ के मध्य एक पीपल का पेड़ था। हमने ग़ौर किया कि हमारे अधिकतर लोग इसी पेड़ के आस-पास मारे जा रहे थे। वैलेस को आदेश मिला कि वह देखे कोई पेड़ के ऊपर तो नहीं बैठा? उसने कहा-हाँ! मैं देख पा रहा हूँ। कोई है ऊपर...

उसने गोली चलायी और एक लाल रंग की चुस्त क़मीज़ और पतलून पहने लाश ऊपर से गिरी। उसके गिरते ही कमीज के बटन खुल गए और हम देख कर चौंक गए कि यह तो औरत है!...उसने कम से कम आधे दर्जन लोगों को मारा। वैलेस उसे देखते ही बिफर पड़ा-अगर मुझे मालूम होता कि यह औरत है तो कभी गोली नहीं चलाता। इस एक औरत ने आज हमें सौ मौतें दे दी।"

---

1 फोर्बेस-मिशेल, विलियम, रिमिनेशेंसेस ऑफ ग्रेट म्युटिनी, मैकमिलन एंड कंपनी, 1910

किंवदंती है कि वह नवाब वाजिद अली शाह के दरबार में रहे एक अंगरक्षक की पत्नी ऊदा देवी थी। कुछ भारतीय विवरण उनके द्वारा बत्तीस अंग्रेजों के मारे जाने की कहानी कहते हैं। उनकी दलित वीरांगना की छवि बनी और सिकंदरबाग चौराहे पर एक मूर्ति लगायी गयी। ऐसे भी कथ्य मिलते हैं कि बेगम हजरतमहल ने स्त्रियों को भाग लेने के लिए प्रेरित किया।

लेफ्टिनेंट फेयरवेदर ने अपने संस्मरण में लिखा है कि उन्होंने एक बंदूक लिए स्त्री की लाश देखी जिसके पीठ पर एक गोलियों से छलनी बच्चा बंधा था। ये स्त्रियाँ कौन थी, जो सिकंदरबाग़ में अंग्रेजों का मुक़ाबला कर रही थी, यह नहीं कहा जा सकता।

उनका होना अपने-आप में एक इतिहास है जो 1857 युद्ध में भारतीयों को वर्ग, धर्म और लिंग तीनों पक्षों से एक सूत्र में बाँधती है।

❈ ❈ ❈

"मेरी मल्लिका-ए-आलम रफ़ीक-ए-सुलतान-ए-आलम मैं लखनऊ के वाक़्यायते हालत-ए-ज़ार जान-ए-आलम के लिए लिख रही हूँ। यहाँ के हाल दीगरदूँ हैं। देखा नहीं जाता। बुरा शगुन है। एक दिन मशहूर हुआ कि फौज बेलीगारद पर धावा करेगी....

आपस में कहने लगी कि जिस वक्त यहाँ सब का क़त्ल किया, तो जितने कलकत्ता में हैं, उनकी जान काहे को रहेगी। एक ने कहा हम तुम ही न बचेंगे, इस वास्ते कि फिरंगियों की जाल मिस्ल घास की जड़ के हैं, जितना काटो उतनी ही बढ़ती है...

मैं नहीं समझती थी कि हजरतमहल ऐसी आफ़त की परकाला है। खुद हाथी पर बैठ कर तिलंगों के आगे-आगे फिरंगियों का मुक़ाबला करती है...

गरज ये कि आलमबाग पर बड़ा मुक़ाबला रहा।...फिरंगी सरदार ओटराम और हैवलाक मुक़ाबिल थे। 40, 000 फौज यहाँ जमा थी। पानी बड़े जोर का बरसा। तारीगी हो गयी पर फ़िरंगियों के तोप ने और भी गोले बरसाए। तिलंगे पलटे, मम्मू खाँ और अशरफ़ुद्दौला ने हट कर नाका चारबाग़ लिया। राजा मानसिंह

ने बड़ी बहादुरी दिखायी। नौ हज़ार जमीयत से ऐसा मुक़ाबला किया कि फिरंगियों के छक्के छूट गए...

मगर ये सब तदवीरें उल्टी रही। आखिर हम सबको शिकस्त उठानी पड़ी। कानपुर से नानाराव पेशवा आया। देहली से जनरल बख़्त ख़ान रूहेला रिश्तेदार मल्क-ए-ख़ास का है। शाहज़ादा फिरोजशाह आए। अहमद रज़ा ने बड़ी बहादुरी दिखायी...

कैसर बाग़ के महलात पर गोले-बारूद गिरे। बेगमात भागी। बड़ी इफरातफरी थी। ख़ुदा वो दिन दुश्मन को भी न दिखाए...”

अंग्रेज़ यह जानते थे कि लखनऊ जीतना कठिन होगा। वे एक ‘सेफ पैसेज’ बना कर किसी तरह रेसीडेंसी के लोगों को सुरक्षित ले जाना चाहते थे। इसके लिए यह ज़रूरी था कि रास्ते के सभी मुख्य रणनीतिक बिंदु पर कब्जा कर लें।

सिकंदर बाग़ के बाद अंग्रेज़ों की अगली लड़ाई शाह नज़फ़ इमामबाड़ा हासिल करने की थी। मगर कैसरबाग़ और शाह नज़फ़ से इतनी गोलियाँ चल रही थी, कि उनका बढ़ना कठिन था। यह भी समझ नहीं आ रहा था कि गोली चला कौन रहा है। यह खुला मैदान न होकर लखनऊ की गलियाँ थी, और खिड़कियों या किसी ओट से छुप कर हमला हो रहा था। फिरंगी बुरी तरह मारे जा रहे थे।

जब कैम्पबेल के मुख्य सिपहसलार ऐलीसन अपना एक हाथ खो बैठे, तो उन्होंने वापस लौटने का निर्णय लिया। लेकिन इस मध्य ब्रिगेडियर होप किसी तरह शाह नज़फ़ में घुस गए, और उन्होंने देखा कि वहाँ बाग़ी वापस लौट रहे थे। शाम होने लगी थी और शाह नज़फ़ थोड़ी देर में अपने-आप ही खाली हो गया। अंग्रेज़ों ने उस पर कब्जा कर वह रात वहीं बितायी।

दूसरी तरफ़ रेसीडेंसी से हैवलॉक और आउटरैम भी अपनी सेना लेकर मोतीमहल से छत्तर मंजिल तक के सभी इमारतों पर कब्जा कर चुके थे। अब दो छोरों से बढ़ रही अंग्रेजों के ये दोनों सेनाएँ मिलने वाली थी। कैसरबाग़ से

---

1   अमृतलाल नागर रचित ‘गदर के फूल’ में उद्धृत

लगातार गोलियाँ चल ही रही थी, लेकिन अंततः कैम्पबेल के सामने आउटरैम और हैवलॉक आ गए।

बूढ़े और कमजोर दिख रहे हैवलॉक ने कहा, "हमें अब कैसरबाग़ पर क़ब्ज़ा कर लेना चाहिए"

कैम्पबेल ने समझाया, "अभी हमारे लिए यही उचित है कि हम सभी यूरोपीय नागरिकों को लेकर कानपुर की ओर अपनी छावनी में सुरक्षित पहुँचा दें। हम अब तक पाँच सौ से अधिक सिपाही खो चुके हैं, जिनमें पच्चीस अफ़सर भी थे। कैसरबाग़ के लिए हम बाद में लौटेंगे।"

19 नवंबर को यूरोपीयों को रेसीडेंसी से निकाल कर रक्त-रंजित सिकंदरबाग़ ले जाया गया, जहाँ उस वक्त भी कुछ लाशें सड़ रही थी। वहाँ बैठ कर उन्होंने चाय-नाश्ता किया। ब्रिटिश विवरण के अनुसार नवाब वाजिद अली शाह के खजाने से हथियाये गए बेशक़ीमती जेवर, पच्चीस लाख नगद और कई छोटे-बड़े हथियार रेसीडेंसी से ढोकर लाए गए। 22 नवंबर की आधी रात तक रेसीडेंसी खाली कर दी गयी।

अंग्रेज़ों को यूँ लखनऊ छोड़ कर जाता देख बाग़ियों में भी जश्न का माहौल था। उन्हें लग रहा था कि उन्होंने अंग्रेजों को पराजित कर दिया। यह बात तब अधिक पुख़्ता होने लगी जब 24 नवंबर को हैवलॉक ने बीमारी और कमजोरी से लखनऊ में ही दम तोड़ दिया। 27 नवंबर तक पूरी ब्रिटिश सेना लखनऊ मुख्य शहर छोड़ कर आलमबाग छावनी पहुँच चुकी थी।

इससे पहले कि वे दुबारा लखनऊ पर हमले की सोचते, कानपुर से जनरल विंडहैम का संदेश आया, "हमें बाग़ियों ने घेर लिया है। हमें जल्द सहयोग सेना भेजें।"

1857 के आखिरी छह महीने ब्रिटिश सेना पेंडुलम की तरह लखनऊ और कानपुर के मध्य झूलती रही।

कानपुर छावनी एक बार फिर से घिर चुकी थी। इस बार तात्या टोपे और बाला राव भारतीय सिपाहियों का नेतृत्व कर रहे थे, जो ग्वालियर, झाँसी, दीनापुर

आदि से आकर कालपी में जमा हुए थे। जनरल विंडहैम के ब्रिटिश सिपाही खंदकों में छुप गए थे, और लखनऊ से मदद का इंतज़ार कर रहे थे।

स्वयं नाना साहब पेशवा कानपुर में न रुक कर बिठूर में थे, हालाँकि उन तक कानपुर से खबरें पहुँच रही थी। 1857 के उत्तरार्ध में यह अंदेशा मिलता है कि तात्या टोपे ने नाना साहेब से सैन्य कमान ले ली थी, और नाना साहेब का पेशवा रूप में प्रतीकात्मक महत्व अधिक रह गया था। इस कथन को सहूलियत के हिसाब से बदला जा सकता है, लेकिन मेरा तात्पर्य युद्ध संरचना के बदलते स्वरूप से है। बादशाह और पेशवा की पोलिटिकल ऑथोरिटी घटने और सिपहसलारों की मिलिट्री ऑथोरिटी बढ़ने से।

कानपुर घेराव का उद्देश्य अंग्रेजों को सीधे मात देना नहीं लगता। यह एक तरह की शतरंज की चाल लगती है, जब विपक्षी के एक ऊँट को धमका कर उनके वजीर को बुलवाया जाता है, और अपना राजा बचाया जाता है। जैसे, हारते हुए लखनऊ को छुड़वाने के लिए कानपुर का दाँव खेला गया। कोलिन कैम्पबेल को लखनऊ छोड़ कर कानपुर आना पड़ा। योजना थी कि इनको कानपुर में फँसाने के मध्य लखनऊ को मजबूत कर लिया जाएगा। अगर आप कालपी से भारतीय टुकड़ियों के पूरी यात्रा पर गौर करेंगे, तो यह बात अधिक स्पष्ट होगी। उन दिनों हर दिन नयी शुरुआत हो रही थी, नये नेतृत्व उभर रहे थे। जैसे पूरब की ओर वर्तमान बिहार के जगदीशपुर में एक अस्सी वर्ष के बुजुर्ग बंदूक उठा रहे थे-कुंवर सिंह।

✳ ✳ ✳

"अब समय आ गया है कि दुनिया के सभी मानव एक धर्म अपना लें। रेलवे, स्टीमर, टेलीग्राफ़ दुनिया को इस कदर जोड़ रही है, कि अब पूरी दुनिया की दुःख, चिंताएँ, और ज़रूरतें एक हो जाएँगी। फिर धर्म क्यों अलग हो?"

-पटना में वितरित-प्रचारित एक ईसाई मिशनरी पैम्फ्लेट, 1855

ज़मींदार 1857 में क्यों भाग ले रहे थे?

अगर अभ्यर्थी परीक्षा के उत्तर में पहला बिंदु देशप्रेम या धर्म-रक्षा लिखेंगे, तो संभवतः खारिज कर दिए जाएँ। उन कारणों के लिए ज़मींदार होना कोई अर्हता

नहीं। वे निजी कारण क्या थे कि बंगाल और अवध प्रांत के कुछ ज़मींदार न सिर्फ़ साथ दे रहे थे, बल्कि पूरी योजना में उनकी बड़ी भूमिका थी?

इसके लिए हमें भारतीय सामंतवाद की जड़ तक पहुँचना होगा। ज़मींदार तो भारत में मुग़लों के समय भी थे, और राज्य को कर दिया करते थे। लेकिन, ईस्ट इंडिया कंपनी ने इसे व्यवसायिक या आज की भाषा में कहें तो 'कॉर्पोरेट' रूप दे दिया। ऐसा उन्होंने उत्पादन बढ़ाने, और ख़ज़ाने में वृद्धि के लिए किया। इससे ज़मींदारों और कृषकों की आय बढ़ने की भी काग़ज़ी संभावना थी। सब्ज़बाग़ तो दिखाए जा रहे थे।

लॉर्ड कार्नवालिस के पर्मिनेंट सेटलमेंट ऐक्ट (1793) के तहत वंशवादी ज़मींदारी की नींव कुछ प्रांतों (मुख्यतः बंगाल, वाराणसी, उड़ीसा) में डली। ज़मींदार किसानों से लगान वसूल कर लाभ का दस हिस्सा (91 %) अंग्रेज़ों को देते, और एक हिस्सा (9 %) अपने पास रखते। इसके लिए उन्हें कोई लाभ-हानि ब्यौरा नहीं देना पड़े, इसलिए एक तय रकम 'फिक्स' कर दी गयी थी, जो किसी भी हालत में देना ही होता। इस दबाव में उत्पादन बढ़ने लगा, और कुछ सामंत कपास और नील जैसे नगदी फ़सल भी उगाने लगे। वहीं, दूसरी ओर, कृषकों पर दबाव बढ़ने लगा। मुंशी प्रेमचंद की कहानियों में जो आततायी सामंत दिखते हैं, उसकी जड़ें यहाँ दिख सकती है। अंग्रेज़ों ने इसे जाति-आधारित और वंश-आधारित रूप में क्यों रहने दिया, इसे समझना कठिन नहीं।

इस प्रथा से जहाँ औद्योगिक मानसिकता के कुशल ज़मींदार ब्रिटिशों के 'गुड बुक्स' में आते गए, वहीं पुराने ढर्रे के ढीले-ढाले ज़मींदारों की आफ़त आ गयी। नियम स्पष्ट था कि लगान न चुकाने पर पगड़ी छीन कर किसी अन्य को दे दी जाएगी। बनारस और वर्तमान बिहार क्षेत्र के कुछ ज़मींदार शुरू से ही इस प्रथा से खुश नहीं थे। ब्रिटिश विवरणों के अनुसार, उन्हें उत्पादन बढ़ाने या कृषि-सुधार में रुचि नहीं थी, और वे ज़मीन पट्टीदारों को देकर चैन से पड़े रहते। वहीं, रईस मुसलमानों और राजपूतों में अंग्रेज़ों के इस आदेशात्मक रवैये को लेकर खीज थी। इसे मुग़ल राज और कंपनी राज के मध्य सांस्कृतिक बदलाव या 'चेंज ऑफ़ गार्ड' की तरह देखा जा सकता है।

समस्या उस समय अधिक बढ़ गयी जब अवध पर कंपनी का अधिकार हो गया। अवध और उत्तर-पश्चिम प्रांत में ज़मींदारी का रूप बहुत ही विविध था। कुछ स्थानों पर पुरानी तालुकदारी और मालगुज़ारी चल रही थी। आगरा के आस-पास कंपनी ने एक महालवाड़ी प्रथा लागू की, जिसमें ज़मींदारों को अधिकार न देकर सीधा किसानों के समूह (महाल) को लगान जमा करने का ठेका दिया गया। कई क्षेत्रों में छोटे-छोटे खेतों की पट्टीदारी चल रही थी। कंपनी ने इन्हें 'स्ट्रीमलाइन' करने के लिए और अन्य अनियमितताओं के कारण लगभग 21000 छोटे-बड़े ज़मींदारों से अधिकार छीन लिए।

ज़मींदारी जाने से अधिक ज़मींदारी के रुतबा जाने का भी महत्व है। जो गाँव में इज़्ज़त और राजा की खानदानी पदवी चली आ रही होती है, सभी खाक हो जाती है। जिस ज़मींदार की पगड़ी बच भी गयी, वह इस तनाव में रहते कि कब चली जाए। उनके पास तीन विकल्प थे-पहला कि जैसे-तैसे अच्छा उत्पादन करें, दूसरा कि कम उत्पादन के बावजूद किसी अन्य कुशलता (सैन्य/प्रशासनिक सहयोग/ख़ुफ़ियागिरी) से अंग्रेजों से दोस्ती बढ़ाएँ, तीसरा कि विद्रोह करें और कंपनी से मुक्ति पाकर पुरानी व्यवस्था में लौटें।

1857 में भाग लेने वाले ज़मींदारों की लंबी फ़ेहरिस्त है। जिन्होंने अमृतलाल नागर की 'गदर के फूल' पढ़ी है, वे कई अल्प-वर्णित नामों से रू-ब-रू हुए होंगे। जैसे गोंडा के देवीबख़्श सिंह, शंकरपुर के बेनीमाधव सिंह, भटवामऊ के तजम्मुल हुसैन खाँ, चहलारी के बलभद्र सिंह आदि। इन सब पर लिखने के लिए उनके जैसी ज़मीनी पकड़ चाहिए, क्योंकि वे मोटी-मोटी अंग्रेज़ी किताबों में कम और बुज़ुर्गों से सुने क़िस्सों में अधिक मिलेंगे। कुंवर सिंह के जरिए मैं इस विषय पर एक सामूहिक समझ बनाने का प्रयास करता हूँ। अवध से पूर्व दिशा में वर्तमान बिहार की ओर बढ़ता हूँ।

कारतूस विद्रोह से पहले ही धार्मिक आधार पर एक 'लोटा विद्रोह' उभरा जब 1855 में जेलों के अंदर पीतल के लोटे के बदले मिट्टी के लोटे लाए गए।[1]

---

1 केये, जॉन और मेलेसन, हिस्ट्री ऑफ द इंडियन म्यूटीनी ऑफ 1857-58, लॉन्गमेन्स ग्रीन, 1898

इस बदलाव का कारण यह था कि 24 परगना के एक कैदी ने पीतल के लोटे से मार-मार कर जेलर रिचर्डसन की हत्या कर दी थी। वहीं, पीतल के लोटे की ओर हिंदुओं का एक धार्मिक झुकाव था। वे इस बदलाव से भड़क उठे। मुज़फ़्फ़रपुर में एक बड़ी भीड़ ने आकर कारावास पर धावा बोल दिया, और सभी क़ैदियों को मुक्त करा दिया। जाँच में पता लगा कि इस विद्रोह के पीछे स्वयं को मुगलों का वंशज कहने वाले वारिस अली और कुछ स्थानीय जमींदार थे। (बाद में वारिस अली को फाँसी की सजा मिली)

इस घटना से कुछ वर्ष पूर्व कुंवर सिंह और अन्य ज़मींदारों के मध्य लिखी विद्रोही चिट्ठियाँ मिली थीं, जब शाहाबाद के मजिस्ट्रेट एल्फिंस्टन जैक्सन ने लिखा, "बाबू कुंवर सिंह की गिरफ़्तारी से पूरे इलाके में विद्रोह फैलने की आशंका है। हमें अभी धैर्य से काम लेना होगा।"

ऐसी दबंग छवि ज़मींदारी के साथ स्वतः आ जाती थी। चाहे मुग़ल सत्ता हो या अंग्रेज़ों की, ज़मींदार तो पुश्तों से गाँव में राज करते आ रहे थे। अपने-अपने इलाके में सिपाही विद्रोह की कमान सँभालना ज़मींदारों के लिए कहीं विवशता थी, कहीं आवश्यकता, कहीं नैतिक उत्तरदायित्व और कहीं अपनी खानदानी छवि बनाए रखने का जरिया। इस बात से शायद अब कम लोग वाक़िफ़ हों कि लखनऊ की तरह पटना भी अभिजात्य मुसलमानों का एक गढ़ रहा। पढ़े-लिखे और समृद्ध होने के साथ-साथ धर्मनिष्ठ मुसलमानों का। उन्होंने यह आशंका दिखायी कि ब्रिटिश सभी को जबरन ईसाई बना देंगे। पूरे बिहार में गुप्त रूप से जिहादी फ़तवे घूमने लगे।

मेरठ की घटना से बहुत पहले दीनापुर (वर्तमान दानापुर) छावनी में चिट्ठियाँ और धन भेजे जा रहे थे। इसके पीछे एक पूरा तंत्र था जिसमें मुग़ल-प्रेमी मुसलमानों से लेकर ब्रिटिशों से परेशान हिंदू ज़मींदार और राजा शामिल थे। एक उदाहरण दर्ज है कि दीनापुर छावनी के जमादार मोती मिश्र को मुंशी पीर अली बख़्श ने पटना के गोलघर के निकट रिश्वत दी और सिपाहियों में बाँटने को कहा। इस घटना के बाद तमाम ज़मींदारों और मुसलमानों के सोनपुर हरिहर क्षेत्र मेला में मिल कर योजना बनाने के सबूत मिले। ब्रिटिशों ने कुछ गिरफ़्तारियाँ कीं, लेकिन दबंग ज़मींदारों को

हाथ नहीं लगाया गया।[1]

जब सिपाही विद्रोह की खबरें आने लगी, तो दीनापुर छावनी और आस-पास हलचल बढ़ गयी। उस समय पटना के कमिश्नर विलियम टेलर ने इसे अपनी डायरी में दर्ज किया है। 3 जुलाई, 1857 को मुसलमानों की एक बड़ी भीड़ ने 'दीन दीन! अली अली!' का नारा लगाते हुए पटना के कैथोलिक गिरजाघर पर हमला कर दिया। उनके हाथ में हरी झंडियाँ थी जिस पर 'ला इलाह इल्लल्लाह' लिखा था। उन्होंने एक अंग्रेज़ अफ़ीम एजेंट डॉ. ल्यैल को मार डाला।

घटना के तुरंत बाद मुसलमानों की तलाशी ली गयी। पीर अली के घर से हथियार बरामद हुए, कई के घर चिट्ठियाँ मिली। टेलर ने लिखा है, "बारह लोगों को तुरंत फाँसी दे दी गयी। चौदह अन्य को मृत्यु की सजा सुनायी गयी।" पीर अली को रानीपुर गाँव के निकट एक खेसारी के खेत में पकड़ा गया, और सात जुलाई को फाँसी दे दी गयी। फाँसी दिए जाने से मामला गंभीर होता जा रहा था, क्योंकि इनमें कुछ नामी-गिरामी मुसलमान थे। इस मध्य खबरें आने लगी कि बाबू कुंवर सिंह ज़मींदारों के साथ मिल कर विद्रोह की योजना बना रहे हैं। 23 जुलाई को टेलर ने कलकत्ता चिट्ठी भेजी,

"मुझे कुंवर सिंह के विषय में सूचनाएँ मिली हैं, किंतु मुझे उन पर पूरा भरोसा है। वह मेरे बहुत अच्छे मित्र हैं, और वह ऐसे व्यक्ति हैं जो यूँ ही किसी को मित्र नहीं बनाते। यह सच है कि आज के माहौल में ईसाइयों के अतिरिक्त किसी पर भरोसा नहीं किया जा सकता, लेकिन बाबू कुंवर सिंह पर मेरा विश्वास अडिग है।"

25 जुलाई को दीनापुर छावनी के नेटिव इंफ़ैंट्री ने विद्रोह कर दिया। सिपाही 26 जुलाई को आरा पहुँचे, जहाँ वयोवृद्ध बाबू कुंवर सिंह ने उनकी कमान संभाल ली। ब्रिटिश इतिहासकार केये और मालेसन के अनुसार यह कमान उन पर ज़बरदस्ती हरकिशुन सिंह ने थोपी थी, क्योंकि वह इलाके के वरिष्ठ दबंग थे। कुंवर सिंह जैसे व्यक्ति पर कुछ थोपे जाने की बात पर संदेह है। एक विवरण है कि वह कुछ दशक पहले अपने लठैत लेकर आरा के कलक्टर को पीटने आ गए थे। वहीं टेलर एक चिट्ठी (3 सितंबर, 1856) में लिखते हैं,

---

1   टेलर, डब्ल्यू, द पटना क्राइसिस, जेम्स निस्बत कंपनी, 1858

"जब मिट्टी के लोटे को लेकर विवाद खड़ा हुआ, तो मैंने डुमराँव के राजा और बाबू कुंवर सिंह दोनों को जेल बुलाया। हमने कैदियों को यह विश्वास दिलाने का प्रयास किया कि अगर कुंवर सिंह मिट्टी के लोटे में पानी पी सकते हैं, तो वे क्यों नहीं। मगर पता नहीं उन्होंने कैदियों से क्या बात-चीत की, उनके निकलते ही कैदियों ने पलट कर हमारे गार्डों पर ही हमला बोल दिया"

आरा के मजिस्ट्रेट एच. सी. वेक की चिट्ठी (29 जनवरी, 1858) में लिखा है

"मैंने कमिश्नर टेलर को यह ख़ुफ़िया सूचना पहले ही भेजी थी कि 25 जुलाई को दानापुर छावनी विद्रोह करने वाली है, और उसके बाद कुंवर सिंह के पास जाने वाली है। ठीक वैसा ही हुआ।"

जे. जे. हॉल ने अपनी पुस्तक 'टू मंथ्स ऐट आरा' में लिखा है,

"पटना हमलों का एक मास्टरमाइंड अली करीम जगदीशपुर में कुंवर सिंह के घर पर देखा गया...25 जुलाई की तारीख तय की गयी।"

हिंदी और अंग्रेज़ी के भिन्न-भिन्न विवरणों से गुजर कर पता लगता है कि उस दिन अस्सी वर्ष के कुंवर सिंह अपने पुत्र के साथ सोन नदी के किनारे सिपाहियों की प्रतीक्षा कर रहे थे, और उनके लोग सिपाहियों को नदी पार करा कर ला रहे थे। कुंवर सिंह का साथ देने उनके 45 वर्षीय भाई अमर सिंह, एक साठ वर्षीय निशान सिंह और तीस वर्षीय हरिकिशुन सिंह भी आ गये।

बूढ़े कुंवर सिंह का बंदूक उठा कर लड़ना एक ऐसा प्रतीक बना, कि वह लोकगाथा बन गए। मैं उन लोक-कथाओं से इतिहास चुनने का प्रयास आगे करूँगा, लेकिन यह क्रम फौरी तौर पर देखा जा सकता है। सिपाही विद्रोह में मुसलमानों का जिहाद जुड़ा, हिंदुओं के धर्मयुद्ध जुड़े, कुछ निजी कारण जुड़े। जब इस कड़ी में राजपूत जुड़ गए, तो यह गाँव-गाँव की लड़ाई बन गयी। कंपनी और जनता के मध्य जो सामंती पुल था, वह ध्वस्त होने लगा।

मैलेसन ने लिखा,

"विपत्ति आ गयी। सिपाही विद्रोह अपना रंग बदल कर राष्ट्रीय आंदोलन में बदलने लगा। बिहार के राजपूत बहुल गाँवों के साथ ही यह विद्रोह बनारस, आज़मगढ़, गोरखपुर और पूरे दोआब-इलाहाबाद, कानपुर, मेरठ, आगरा,

रूहेलाखंड और पूरे अवध में पसर गया। यह अब हमारी सत्ता के खिलाफ़ युद्ध बन चुका था।''

कुंवर सिंह और बहादुरशाह ज़फ़र, दोनों ही क्रमशः अस्सी और बयासी वर्ष के थे। जहाँ बादशाह शायर-मिज़ाज के व्यक्ति थे, कुंवर सिंह बाग़ी मिज़ाज के। कुंवर सिंह जैसों की छवि से भोजपुर-बलिया क्षेत्र का कुछ हद तक ऐसा चरित्र ही बनता गया। जिस समय बादशाह जंग से निराश होने लगे थे, उस समय कुंवर सिंह नदियाँ और पहाड़ी पार करते हुए बांदा की ओर बढ़ रहे थे। इसके प्रमाण मिलने कठिन हैं कि आखिर उनका लक्ष्य क्या था, या किससे संपर्क हुए थे; लेकिन उनकी दिशा से क़्यास लगता है कि वह ग्रैंड ट्रंक रोड पर अंग्रेजों की 'सप्लाइ-चेन' को प्रभावित करना चाहते थे।

पहले सासाराम से आगे बढ़ते हुए उन्होंने रॉबर्ट्सगंज में लगभग दो हज़ार सिपाहियों की एक छावनी लगायी। इस रास्ते में वे जहाँ से गुजरते, ग्रामीण उनकी मदद करते। एक अंग्रेज़ रपट के अनुसार 13 अगस्त को कुछ गाँव वालों ने ब्रिटिश रसद ले जा रही बैलगाड़ियों का रास्ता रोक लिया। पूछने पर उन्होंने कहा, ''हम बाबू कुंवर सिंह के लोग हैं''।

एक और चिट्ठी मिलती है, ''दानापुर के बाग़ी सिपाहियों ने कलकत्ता से टेलीग्राफ़ और डाक काट दी है।''

लोकप्रिय वीर-गाथाओं से इतर कुंवर सिंह की गतिविधि सीधे मुक़ाबला या युद्ध न कर गुरिल्ला मार्च की तरह लगती है। वह छुप-छुप कर अपने सिपाहियों को बचाते हुए काफ़ी संभल कर आगे बढ़ रहे थे। उनके जासूस पहले ही खतरों का पता लिया करते। यह एक बड़ा कारण रहा कि वह लंबे समय तक पकड़े नहीं गए।

3 सितंबर को अंग्रेज़ अधिकारी शेरिंग के नाम एक सरकारी चिट्ठी मिलती है, ''मिर्जापुर पर ख़तरा मंडरा रहा है। बाग़ी जमींदार कुंवर सिंह यहीं कहीं आस-पास है।''

आगे एक ख़ुफ़िया चिट्ठी के अनुसार, ''कुंवर सिंह के बाग़ी सिपाही और रामगढ़ के बाग़ी विजयगढ़ (रॉबर्ट्सगंज) के जंगल में छुपे हैं। ऐसा नहीं लगता कि वे मिर्ज़ापुर पर हमला करेंगे।''

उनका क़यास ठीक था। कुंवर सिंह को संभवतः यह खबर हो गयी थी कि अंग्रेज़ों ने उन पर नज़र बना रखी है। वह मिर्ज़ापुर की ओर बढ़ने के बजाय जंगल के रास्ते रीवा की ओर बढ़ने लगे। उसी मध्य जबलपुर और नागौद की छावनियों का एक साथ विद्रोह करना और कुंवर सिंह से जुड़ना एक बड़ी योजना नज़र आती है। जैसे ये चीजें तय रही हो।

30 मई 1857 को ऐक्ट XI लाया गया जिसके अनुसार 'विद्रोह में सहयोग' देने वाले हर व्यक्ति को मौत की सजा, और संपत्ति जब्त करने का प्रावधान था। चाहे उन लोगों ने किसी सिपाही को एक रात की रोटी खिलायी हो, या किसी गाड़ीवान ने एक स्थान से दूसरे स्थान पहुँचाया हो, उन्हें पेड़ पर लटका दिया जाता। 6 जून 1857 को ऐक्ट XIV लाया गया जिसमें 'विद्रोह भड़काने वालों' को ऐसी ही सजा मुकर्रर हुई। इसमें वे लोग भी आ गए जिन्होंने न कभी बंदूक उठायी, न किसी बाग़ी को शरण दी, मगर उन्होंने कोई चिट्ठी लिखी या परचून की दुकान पर कुछ लोगों को भाषण दिया। किसी के घर अगर धन मिल जाता, जिसका खाता-बही वह नहीं दिखा पाते, तो उनको भी गिरफ़्तार कर लिया जाता। इन दोनों ऐक्ट का सर्वाधिक प्रयोग किया गया गंगा के किनारे और ग्रैंड ट्रंक रोड पर। यह तय किया गया कि उस सड़क से कोई भी गुजरे तो पूरे रास्ते पेड़ों पर लटके भारतीय ही दिखें। एक तरफ़ यह कुछ आग भड़का रही थी, तो दूसरी तरफ़ यह उतनी ही ख़ौफ़ पैदा कर रही थी। अगर यही फाँसी सड़क के बजाय कोतवाली या छावनी के अंदर दी जाती, तो उसका जनता पर मानसिक प्रभाव कम पड़ता।

इस तरह ब्रिटिशों ने बाग़ी सिपाहियों के लिए 'सप्लाइ चेन' काटनी शुरू की, और अपने लिए यह पूरी सड़क काफ़ी हद तक खुली रखी। यहीं अगर भारतीय सिपाही गुरिल्ला सेना बना कर ग्रैंड ट्रंक रोड पर आवा-जाही काट देते तो ब्रिटिश सिपाहियों के लिए लड़ना नामुमकिन हो जाता। कुंवर सिंह की रणनीतिक महत्ता यह है कि उन्होंने गुरिल्ला युद्ध लड़ कर कलकत्ता से बनारस की 'सप्लाइ चेन' काटने के कुछ इंतज़ाम किए।

कुंवर सिंह का अगला पड़ाव न दिल्ली था, न लखनऊ। वह एक तीसरी ही दिशा में बढ़ रहे थे। अगस्त के अंत तक वह रीवा पहुँच चुके थे। बुंदेलखंड और ग्वालियर रियासत का यह क्षेत्र ग्रैंड ट्रंक रोड पर पूरी तरह आश्रित नहीं था, और

उन बीहड़ों से अंग्रेज़ों को हराना कुछ आसान था। साथ ही बॉम्बे प्रेसीडेंसी तक बात पहुँचानी भी मुमकिन थी। 1857 का दूसरा फ़ेज़ झाँसी, ग्वालियर, बांदा जैसे स्थानों से गुजरता है। कुंवर सिंह यूँ ही अंधाधुंध चंबल की ओर नहीं बढ़ रहे थे। यह दिल्ली और लखनऊ के समानांतर गुरिल्ला मोर्चे की तैयारी थी। यमुना नदी के बीहड़ में युद्ध के एक नए केंद्र की नींव पड़ रही थी, जो 1858 में ही कुछ साफ़ दिखना शुरू होगा। यह स्थान था कालपी, और यहाँ से आगे की रणनीति तय करने वाले एक व्यक्ति हुए तात्या टोपे।

1857 के इतिहासकार तात्या को शुरू में एक बैक-बेंचर की तरह रखते हैं, और धीरे-धीरे आगे ले आते हैं। छुप कर रणनीतियाँ बनाने के कारण कुंवर सिंह की तरह वह भी लोकगाथा बन गए, और ब्रिटिश दस्तावेज़ों में रहस्यमय ही रहे। सितंबर के मध्य में कुंवर सिंह के नेतृत्व में दानापुर के बाग़ी, और नागौद, जबलपुर, झाँसी के बाग़ी बांदा के जंगलों में जमा हो गए। उसी वक्त तात्या टोपे कालपी में अपना गुप्त संगठन बना रहे थे। यह उस समय हो रहा था, जब अंग्रेजों का ध्यान दिल्ली के बाद लखनऊ पर केंद्रित था।

निशान सिंह की गवाही के अनुसार, "...उसके बाद बाबू कुंवर सिंह बाँदा से आगे निकले। मैं बीमार हो गया था, तो पालकी पर ले जाया गया। हम कालपी पहुँचे, क्योंकि ग्वालियर से संदेश आया था कि यमुना पार करना अभी ठीक नहीं। हमने वहाँ कंधापुर (कानपुर) की लड़ाई की योजना बनायी।"

मजिस्ट्रेट ने पूछा, "बांदा तक पहुँचने में कुंवर सिंह को किसी राजा या ज़मींदार ने नहीं रोका?"

निशान सिंह ने कहा, "रीवा के एक कामदार महाराज ने थोड़ी देर रोका था क्योंकि हम उनके क्षेत्र में घुस आए थे, मगर कोई लड़ाई नहीं हुई"

यह एक योजनाबद्ध मिलिट्री मूवमेंट की तरह लगता है कि हज़ारों सिपाही बिना किसी बड़ी हानि या लड़ाई के दानापुर से जंगलों में छुपते-छुपाते कालपी तक पहुँच गए और वहाँ एक बड़ी सेना खड़ी कर ली। अगर ऐसा न हुआ होता तो 1857 का अंत उसी वर्ष हो गया होता।

लखनऊ-झाँसी-आरा त्रिकोण ने युद्ध को 1858 में पहुँचा दिया।

पहले, कुंवर सिंह के नेतृत्व में दीनापुर (दानापुर) के बाग़ी कानपुर और फ़तेहपुर के मध्य खजुहा में जम गए, और इन दोनों छावनीयों के मध्य संपर्क काट दिया। खजुहा में कर्नल पॉवेल से युद्ध में सूबेदार भवानी सिंह और शिवलाल तिवारी की लंबी लड़ाई और मृत्यु का वर्णन मिलता है। इस छावनी को स्थानीय सहयोग देने वालों में जोधासिंह अटैया प्रमुख थे। दूसरी तरफ़ तात्या टोपे ग्वालियर के बाग़ियों को लेकर कानपुर की तरफ़ बढ़े। उनकी कुल संख्या भिन्न-भिन्न संदर्भों में तीन हज़ार से तेरह हज़ार तक बतायी जाती है। 26 और 27 नवंबर को नवाबगंज के पास हुई लड़ाई में जनरल विंडहैम को बुरी शिकस्त मिली, और उन्हें जाकर खंदकों में छुपना पड़ा। यह उनकी चिट्ठी में लिखी गुहार से स्पष्ट है जो लखनऊ में कॉलिन कैम्पबेल को भेजी गयी।

28 नवंबर से ही गंगा पार कर लखनऊ की ओर से ब्रिटिश सेना कानपुर आने लगी। आश्चर्यजनक रूप से तात्या टोपे की सेना ने लगभग पूरे हफ्ते कोई युद्ध नहीं किया। बल्कि उनकी कुछ टुकड़ियाँ शिवराजपुर के रास्ते लखनऊ की ओर निकलने लगी। यानी अंग्रेज़ भागे-भागे कानपुर बचाने आए, और इस मध्य लखनऊ को हथियार पहुँचा दिए गए! 6 दिसंबर को तात्या टोपे की सेना से युद्ध हुआ और उसमें ब्रिटिश नैरेटिव उनकी हार को दर्शाते हैं, जो अपनी जगह ठीक है। लेकिन हम अगले हफ्ते की घटनाओं को देखें तो ब्रिटिश कानपुर, बिठूर और फ़तेहपुर में उलझे रह गए, और भारतीय सिपाही इस मध्य लखनऊ पहुँच गए। स्वयं नाना साहेब पेशवा और कुंवर सिंह भी लखनऊ की ओर निकल गए। 8 दिसंबर को कैम्पबेल को यह खेल कुछ समझ आने लगा जब उन्हें खबर मिली कि शिवराजपुर के सराय घाट से कुंवर सिंह के सिपाही गंगा पार कर रहे हैं। उन्होंने जब तक जनरल होप ग्रांट को उनके पीछे भेजा, वे गंगा पार कर आगे निकल चुके थे। इसे ब्रिटिश इतिहासकार युद्धभूमि छोड़ कर भागना लिख सकते हैं, लेकिन कोई एक युद्धभूमि छोड़ कर दूसरी युद्धभूमि क्यों जाएगा?

11 दिसंबर को सात बाग़ी इंफ़ैंट्री रेजिमेंट और एक घुड़सवार टुकड़ी लखनऊ पहुँच चुकी थी, जिसमें 13 दिसंबर को तीन और टुकड़ियाँ जुड़ गयी। लखनऊ मज़बूत हो रहा था, और ब्रिटिश अब भी कानपुर में ही थे। 17 दिसंबर को जब बेगम हजरतमहल लखनऊ में दीवाल बनवा रही थी, उस समय जनरल ग्रांट नाना

साहेब के बिठूर आवास के एक कुएँ में खजाना ढूँढ रहे थे। उन्हें खजाना ज़रूर मिला और नाना साहेब के दीवान अज़ीमुल्ला ख़ान के कुछ प्रेमपत्र मिले। फ्रेड रॉबर्ट ने उन्हें पढ़ कर लिखा,

"मुझे हैरानी हुई कि आखिर अंग्रेज़ महिलाएँ इन भारतीयों को प्रेमपत्र कैसे लिख सकती है। एक मिस (नाम गुप्त रखा गया) तो इनसे शादी करना चाहती है!"

मुझे कम से कम एक भारतीय संदर्भ में इस पूरे घटनाक्रम का नाम 'कानपुर ट्रैप' मिला। उपलब्ध स्रोतों से गुजर कर कुछ हद तक यह किसी इंद्रजाल की तरह दिखने लगी, जिसमें बेगम हजरतमहल, नाना साहेब, कुंवर सिंह सभी के मध्य एक साझा योजना दिखती है। अगर ब्रिटिश कानपुर बचाने न आते, और पहले कैसरबाग जीत लेते, तो यह योजना धरी की धरी रह जाती।

कानपुर से जिन टुकड़ियों को हरा कर अंग्रेज़ लखनऊ लौटे, वहाँ वही लोग खड़े मिले। जब लखनऊ में उन्हें हरा कर कालपी पहुँचे, तो वहाँ भी वही मिले। जितने भारतीय सिपाही अंग्रेजों की सेना से भाग रहे थे, उतने ही उन्हें गोल-गोल भगा भी रहे थे।

आख़िरी लड़ाई

"आपकी महारानी सहमत हैं कि हमारे लोगों द्वारा की गयी ज़्यादतियाँ ईसाई धर्म के खिलाफ़ हैं...लेकिन हमारे निर्दोष बच्चों और महिलाओं के साथ जो क्रूरता की गयी, उसके बारे में जान कर सिहरन होती है। उन अपराधियों के लिए किसी भी तरह का दंड ग़लत नही। बल्कि जितना भी दंड दिया जाए कम है... लेकिन शांतिप्रिय और हमारी सहायता करने वाले आम भारतीयों के साथ उदारता से पेश आया जाए। उन्हें ऐसा न लगे कि हमें भूरी नस्ल से नफ़रत है"

-महारानी विक्टोरिया की चिट्ठी लॉर्ड कैनिंग के नाम[1]

दिल्ली और लखनऊ की हलचल के बीच कंपनी के मुख्यालय कलकत्ता में लॉर्ड कैनिंग की स्थिति डाँवाडोल थी। जून के महीने में नवाब वाजिद अली शाह और उनके पूर्व वज़ीर अली नकी ख़ान को गिरफ़्तार कर फोर्ट विलियम में ले आया गया था। यह गिरफ़्तारी महज औपचारिक थी, लेकिन इसने अवध की आग को हवा दे दी। दूसरी तरफ़ लंदन के हाउस ऑफ़ कॉमन्स में विपक्ष के नेता बेंजामिन डिज़राइली सरकार पर हमले कर रहे थे,

"बाग़ियों ने हिंदुस्तान की प्राचीन राजधानी पर कब्जा कर लिया, और आप हाथ पर हाथ धरे बैठे हैं? गवर्नर जनरल (लॉर्ड कैनिंग) से कहें कि इस्तीफ़ा दें।"

ब्रिटिश सरकार ने कंपनी की कोई त्वरित सहायता नहीं की। न ही लंदन से उस समय सिपाही भेजे गये। क्या ईस्ट इंडिया कंपनी के साथ ऐसा करना राजनीति थी? क्या उन्हें कंपनी को पूरी तरह नाकारा साबित कर प्रशासन अपने हाथ में लेना था? क्या ऐसी सियासत के लिए उनके पास वक़्त बचा था? झाँसी, पटना, ग्वालियर और मऊ के सिपाही बाग़ी हो रहे थे। अगर हैदराबाद के निज़ाम और

---

1 बेंसन, आर्थर क्रिस्टोफर और ईशर विस्काउंट (संपादक), द लेटर्स ऑफ़ क्वीन विक्टोरिया वॉल्यूम 2, जॉन मुर्रे, 1908

मराठा क्षेत्र में विद्रोह पसर जाता तो इसे अखिल भारतीय विद्रोह बनने में कितनी देर लगती?

ग्वालियर से मिसेज कूपलैंड के पठनीय संस्मरण[1] 'द मेमसाब ऐंड म्यूटिनी' के कुछ अंश यहाँ लिख रहा हूँ-

"मेरी आया मेरे सामानों पर ग़ौर करती रहती और पूछती कि क्या यह असली चाँदी का है। उसने यह रेकी कर ली थी कि क्या-क्या लूटना है...हमें सामान पहुँचाने वाले बनिये कहते कि आप लोगों को तो कुछ ही महीने अब यहाँ रहना है, फिरंगियों का राज खत्म हो रहा है...पंखावाला खुसर-फुसर करते कि इन फिरंगियों को गर्मी बहुत लगती है, यहाँ से भाग जाएँ तो इनका ही भला हो...मैं उस रात सोने की तैयारी रही थी जब आया भागी हुई आयी-मेम साब! भागो! बाग़ी आ रहे हैं!!...साईस ने हमें बताया कि कैप्टन स्टुअर्ट को गोली मार दी गयी...

हम वहाँ से भाग कर एक बगीचे में छुप गए और हमने देखा कि तक़रीबन सौ सिपाही मिसेज कैंपबेल के बंगले पर आक्रमण कर रहे थे। थोड़ी ही देर में बंगला धू-धू कर जल उठा....वे हमें ढूँढते बगीचे तक आये और एक सिपाही तो बिल्कुल मेरे छुपने की जगह के करीब खड़ा था। आखिर जब वे चले गए तो हमारा नौकर मूजा हमें पास ही अपनी झोपड़ी में ले गया। उसने हमें एक कमरे में बंद कर दिया।

कुछ देर में सिपाही वहाँ भी हमें ढूँढते पहुँच गए...वह मूजा से पूछ रहे थे-फ़िरंगी किधर हैं?

मूजा ने कहा कि उसकी माँ बीमार है, और उसने कुरान पर हाथ रख कर कसम खायी कि अंदर और कोई नहीं है। वे नहीं माने और एक मशाल लेकर अंदर झाँकने लगे। उस वक्त मूजा ने कहा-वे यहाँ नहीं हैं। मैं बताता हूँ कहाँ छुपे हैं...

मूजा उनको लेकर कहीं बाहर चला गया। थोड़ी देर में वह लौटा और उसने कहा-मेम साब! वे लोग मुझे मार डालेंगे। आप लोगों को मैं कहार के घर लिए चलता हूँ। वहाँ बेहतर रहेगा...

---

1 कूपलैंड, रूथ, द मेमसाहब एंड द म्यूटिनी – ऐन इंग्लिश लेडीज़ ऑर्डियल्स इन ग्वालियर एंड आगरा ड्यूरिंग द इंडियन म्यूटिनी 1857, लियोनॉर, प्रथम प्रकाशित 1859

सुबह के छह बज गए थे, जब हम कहारों की झोपड़ी में पहुँचे। वहाँ मिसेज राइक्स का बच्चा रोने लगा, जिसे सुन कर कुछ सिपाही आ गए और चिल्लाए-यहाँ कोई फ़िरंगी बच्चा रो रहा है!...

आखिर उन्होंने हमें ढूँढ निकाला जब मेरे पति ने कहा-यहाँ अंदर औरतों के सामने मत मारो। मैं बाहर मरना पसंद करुँगा...

मैंने और मिसेज राइक्स ने उनके सामने हाथ जोड़ कर कहा-मट मारो! मट मारो!

सिपाहियों ने कहा-मेम साहेब को नहीं, सिर्फ़ साहिब को मारेंगे।

उन्होंने मेरे पति को खींच कर गोली मार दी....हमें एक चारपाई पर बिठा कर सैकड़ों सिपाहियों ने घेर लिया और टोंट कसने लगे-अपने साहिब को देखना है, मेमसाहेब? तुम फिरंगी चले क्यों नहीं जाते अब? गर्मी नहीं लगती यहाँ?

हमने कहा कि हमें किसी भी तरह आगरा भिजवा दो, वहाँ हमारे लोग हैं। एक सिपाही ने हँस कर कहा-जल गया पूरा आगरा! मारे गए फिरंगी! अब कोई नहीं है वहाँ...”

वे ग़लत नहीं थे। आगरा में विद्रोह की आग पहुँच चुकी थी। नीमच और कोटा से आए विद्रोही सिपाहियों और स्थानीय जनता ने किले को घेर लिया था। नगर के सभी ईसाई किले के अंदर बंद थे और कई यूरोपीय अफ़सर मारे जा चुके थे। हालाँकि उसके बाद बाग़ी सिपाही दिल्ली की ओर कूच कर गए, और किले के अंदर लोगों की जान बच गयी।

मिसेज कूपलैंड के संस्मरण के अनुसार जब वह महाराज सिंधिया के महल पहुँची तो उन्हें अंदर आने नहीं दिया गया, और आगरा निकलने कहा गया। उन्होंने उन्हें ‘दोहरे चरित्र वाले मराठा’ कह कर संबोधित किया है जो एक तरफ़ अंग्रेजों से मीठी-मीठी बात करते रहे, और दूसरी तरफ़ बाग़ियों को भड़काते रहे। वहीं उन्होंने धौलपुर के राजा की तारीफ़ की है, जिन्होंने चंबल पार कराने में सहयोग दिया। यह तो खैर एक ऐसा समय था, जब किसी को किसी पर पूरा भरोसा नहीं था। 1857 की घटनाओं को सभी ग़ौर से देख रहे थे, कि आखिर ऊँट किस करवट बैठता है।

बाग़ियों पर रजवाड़ों की नज़र थी, रजवाड़ों पर कंपनी की, और कंपनी पर लंदन में बैठे महारानी की। भविष्य में इनमें से दो को हाथ मिलाना था, और दो को खत्म होना था। लेकिन, उस 'दिल्ली दरबार' से पहले काफ़ी खून बहना था।

❋ ❋ ❋

"तुमने हमारे स्त्रियों और बच्चों को क्यों मारा?"

"साहब! साँपों को मार कर कोई उनके बच्चों को जिंदा रखता है क्या?"

-काली नदी पर पकड़े गए सिपाहियों को फाँसी पर चढ़ाए जाने से पहले संवाद (सावरकर रचित 1857 के स्वातंत्र्य संग्राम में वर्णित)

कानपुर और फ़तेहगढ़ जीतना और कत्ल-ए-आम करना अंग्रेजों की ख़ास ख़्वाहिश थी। वे यहाँ हुए जुलाई के नरसंहार का बदला लेना चाहते थे। उन्हें मालूम था कि फ़तेहगढ़ अंग्रेजों के खिलाफ़ क्रूरता का केंद्र था, और उनका मानना था कि इसमें फ़र्रुख़ाबाद के नवाब की भूमिका थी। उन्होंने इस फेर में लखनऊ जाना टाल दिया कि पहले फ़तेहगढ़ और रुहेलखंड पर फ़तह किया जाए। लॉर्ड कैनिंग इस फैसले से बहुत खुश नहीं थे, लेकिन कैम्पबेल स्पष्ट थे कि बदला तो लेना ही है। दूसरा कारण आगे स्पष्ट होगा।

23 दिसंबर को कानपुर से निकलने के बाद कैम्पबेल ने 1 जनवरी को गुरसहायगंज में छावनी लगायी। वहीं रुक कर वह मैनपुरी की तरफ़ से आ रहे ब्रिगेडियर वाल्पोल और दिल्ली से आ रहे ब्रिगेडियर सीटन की फ़ौज का इंतज़ार करने लगे। उन्हें आने में देर हो रही थी, और कैम्पबेल का सब्र टूट रहा था।

फ़र्रुख़ाबाद के नवाब तफ़ज्जुल हुसैन ख़ान बाग़ी सिपाहियों के साथ फ़तेहगढ़ की क़िलाबंदी में लगे थे। दिल्ली के कमांडर रहे बख़्त ख़ान भी अपनी बरेली सेना लेकर फ़तेहगढ़ पहुँच चुके थे। अंदाज़न 5000 बाग़ियों की सेना फ़तेहगढ़ में जमा हो गयी थी।

कैम्पबेल अकेले ही अपनी सेना लेकर काली नदी पुल की तरफ़ बढ़े। 2 जनवरी को ख़ुदागंज में लड़ाई हुई, जिसमें अंग्रेज़ अंततः भारी पड़े, और बाग़ियों को पीछे लौटना पड़ा। नवाब फ़तेहगढ़ क़िला छोड़ कर गंगा पार निकल गए।

यह भी मुमकिन है कि भारतीयों का अंतिम उद्देश्य अंग्रेजों को लखनऊ पहुँचने से रोकना था, सिर्फ़ फ़तेहगढ़ बचाना नहीं। अंग्रेज़ों ने क़िले पर कब्जा कर लिया, और जो भी भागते हुए बाग़ी या सहयोगी पकड़े गए, उन्हें मौत के घाट उतार दिया। एंसन ने लिखा हैं,

"चौदह लोगों को बीच शहर में एक साथ लटका दिया गया। उनकी लाशें इतनी करीब थी कि लटक कर तड़पते हुए एक-दूसरे से टकरा रही थी"

सॉल डेविड के विवरण के अनुसार नवाब के एक करीबी रिश्तेदार नज़ीर ख़ान ने अंग्रेजों की खूब आवभगत की। उन्हें भोजन की दावत दी। अंग्रेज़ों ने छक कर खाया, और अगले ही दिन नज़ीर ख़ान को फिरंगियों की हत्या का षडयंत्रकारी साबित कर दिया। उनके मुँह में सूअर का माँस डाल दिया, और फाँसी पर लटका दिया।

जब उन्हें बाँध कर लाया जा रहा था, तो नज़ीर ख़ान चिल्ला रहे थे, "अगर मेरे हाथ में तलवार होती, तो तुम सबके टुकड़े-टुकड़े कर देता"

कानपुर और फ़तेहगढ़ के बाद कैम्पबेल अब रूहेलाखंड की ओर बढ़ कर विद्रोहियों का दमन करना चाहते थे, मगर उन्हें लॉर्ड कैनिंग की चिट्ठी मिली,

"दिल्ली के बाद हम सबकी नज़र अवध पर है। अवध एक ऐसी रियासत है जहाँ से हर बाग़ी जुड़ा हुआ है। एक बार अवध गिर गया, तो इनका जोश पूरी तरह खत्म हो जाएगा।"

कैम्पबेल ने फिर भी कैनिंग की नहीं सुनी, और लगभग पूरे महीने फ़तेहगढ़ में ही जमे रहे। उस दौरान कानपुर से फ़तेहगढ़ तक अनगिनत भारतीयों को सजाएँ दी गयी। उन्हें पकड़ कर 'कानपुर का बदला' के नाम पर पेड़ पर लटकाना अंग्रेजों का शौक बन गया। कैम्पबेल का बहाना था कि लखनऊ जीतने के लिए उनके पास सिपाही कम हैं। आखिर लॉर्ड कैनिंग को स्वयं कलकत्ता से निकल कर इलाहाबाद आना पड़ा, और उन्होंने कैम्पबेल को फ़ौरन बुलवाया।

कैनिंग ने कहा, "लंदन से मदद आने में वक्त लगेगा। आपको यहीं मौजूद सिपाहियों को लेकर अवध जीतना होगा। हमें नेपाल से जंग बहादुर ने 8000 गुरखा और 22 तोप भेजे हैं। वे आपको जीत दिलाने में मदद करेंगे।"

“वे कब तक आ जाएँगे? मैं यूँ आधी-अधूरी तैयारी के साथ लखनऊ नहीं जा सकता।”

“उनके आने में तीन-चार हफ्ते तो लगेंगे।”

“हम तब तक यहीं रुकेंगे। यूरोपीयों की जान हम यूँ दाँव पर नहीं लगा सकते। जब गुरखा आएँगे, तभी हम कूच करेंगे।”

✳ ✳ ✳

“Wha do ye tak’ us for?…”

[आपने हमें क्या समझ रखा है? हम विपक्षी सिपाहियों से आमने-सामने युद्ध लड़ने के लिए भर्ती हुए थे। इंडिया को लूटने और निहत्थों को फाँसी पर चढ़ाने के लिए नहीं। मैं जल्लाद बनने से इंकार करता हूँ।]

-**जैक ब्रायन**, 93वीं इंफैंट्री (फोर्स मिशेल के फ़तेहगढ़ संस्मरण में)

मुझे यह जानकर आश्चर्य हुआ कि तीन महीने तक कैम्पबेल की सेना कानपुर-फ़तेहगढ़ के इर्द-गिर्द ही सीमित रही, जबकि वहाँ ख़ास प्रतिरोध नहीं था। कानपुर की लड़ाई बमुश्किल एक हफ़्ते और फ़तेहगढ़ की एक दिन चली। भारतीय सिपाहियों को अधिक हानि नहीं हुई। उनमें से अधिकतर कालपी या लखनऊ सुरक्षित पहुँच गए। जो सजाएँ मिल रही थी, वह आम नागरिकों, कुछ पकड़े गए बाग़ियों और ज़मींदार-नवाब परिवार के लोगों को मिल रही थी।

रसूखदार मुसलमानों को अवध के हितैषी मान कर मारा जा रहा था। वहीं, फोर्स-मिशेल के संस्मरण के अनुसार सर रॉबर्ट नैपियर का एकसूत्री कार्यक्रम था कानपुर घाट पर स्थित सभी शिव और काली के मंदिरों को ध्वस्त करना। उन्होंने आगे बचाव में जोड़ा है कि यह कोई नफ़रती कदम नहीं था, बल्कि गंगा के पुल को सुरक्षित रखने के लिए उनका सफ़ाई अभियान था।

अगर वे लखनऊ से घबराए हुए थे, तो बुंदेलखंड या रूहेलखंड क्यों नहीं गए? कालपी में तात्या टोपे का पीछा क्यों नहीं किया? ग्वालियर और झाँसी के बागी तो वहाँ मौजूद थे। इस विषय में एक तकनीकी तथ्य मिलता है कि तात्या टोपे ने कालपी पहुँचने के लिए यमुना पुल तोड़ दिया था। उन्होंने हमीरपुर से जगमनपुर

के मध्य के सभी नावों को भी अपने अधिकार में ले लिया था। इस कारण अंग्रेजों के लिए वहाँ पहुँचना कठिन था।

आखिर 10 फरवरी को कैम्पबेल ने कानपुर में अपनी सेना आक्रमण के लिए तैयार करनी शुरू की। उन्होंने सभी को कार्यभार देते हुए कहा,

"ब्रिगेडियर ग्रांट घुड़सवारों का नेतृत्व करेंगे। इंफैंट्री जनरल आउटरैम, मेजर जनरल लुगार्ड और ब्रिगेडियर जनरल वाल्पोल के हाथों में होगी। तोप और गोला-हथियारों का ज़िम्मा विल्सन को दी जा रही है। हमारे इंजिनियर सर नैपियर के नेतृत्व में रहेंगे।"

उन्होंने आगे कहा,

"हम यह नहीं जानते कि शत्रुओं की शक्ति इतने दिनों में कितनी बढ़ गयी है। ज़ाहिर है इस बार वे बेहतर तैयार होंगे। मुझे यह भी नहीं मालूम कि हमारे ख़ुफ़िया कितने भरोसेमंद हैं। न ही यह मालूम है कि उनको कहाँ-कहाँ से मदद मिल रही है। इसलिए हमें संभल कर कदम बढ़ाने होंगे।"

उनका अंदेशा ग़लत नहीं था। लखनऊ में पूरे उत्तर भारत के बाग़ी सिपाही केंद्रित हो गए थे। उनके साथ तमाम जिहादी मिल कर लगभग एक लाख की फौज खड़ी हो गयी थी। कैसरबाग़ की क़िलाबंदी का मुआयना बेगम हजरतमहल और उनके सहयोगी कर रहे थे, और उन्होंने एक सुरक्षा दीवार खड़ी कर दी थी।

कैम्पबेल ने लॉर्ड कैनिंग को चिट्ठी भेजी कि उनके पास 10, 000 सिपाही हैं। जब तक नेपाली गुरखा आएँगे, तब तक वे धीरे-धीरे लखनऊ की ओर कदम बढ़ाएँगे। 2 मार्च को ब्रिटिश सेना लखनऊ की ओर बढ़ने लगी। इस बार लखनऊ को अलग-अलग दिशाओं से घेरने की तैयारी थी।

जेम्स आउटरैम गोमती पार कर पूर्व से हमला करने वाले थे। कैम्पबेल के साथ मुख्य सेना ला मार्टिनियर की ओर से कैसरबाग़ पर सीधा आक्रमण कर रही थी। नेपाली गुरखा आलमबाग़ छावनी पहुँच कर पश्चिम से पहुँचने वाले थे। यह एक चक्रव्यूह था, जिसमें बाग़ी पूरी तरह घिर जाने वाले थे।

3 मार्च को अंग्रेजों ने दिलकुशा पैलेस पर पुनः क़ब्ज़ा कर लिया। 5 मार्च को नेपाली गुरखा और यूरोपीय सेना आलमबाग़ से आगे बढ़ने लगी, और आउटरैम

ने गोमती पार कर ली। मगर आउटरैम के सिपाही नदी पार करते ही बुरी तरह फँस गए। उन पर गोलियों की बौछार हो गयी, मेजर स्मिथ मारे गए और उनकी पूरी सेना को वापस भागना पड़ा। आउटरैम ने चिनहट के निकट फ़ैज़ाबाद रोड पर अपनी छावनी लगा ली, और आगे की रणनीति सोचने लगे।

लखनऊ के चप्पे-चप्पे की समझ रखने वाले आउटरैम को मालूम था कि रेसकोर्स पर स्थित चक्कर कोठी हमले के लिए सबसे माकूल जगह थी। लेफ़्टिनेंट एंडरसन के नेतृत्व में सिख रेजिमेंट ने उस पर हमला कर दिया। बाग़ियों ने उनका मुक़ाबला किया, और लेफ़्टिनेंट एंडरसन के साथ बीस सिख सिपाही मारे गए। लेकिन, उसके बाद उत्तेजित सिख सिपाहियों ने कोठी में घुस कर सभी बाग़ियों को मार डाला, एक को बाहर खींच कर लाए और जिंदा जला दिया। इस दृश्य के चशमदीद मैजेंडी ने लिखा,

"उन्नीसवीं सदी की वह दुनिया जिसमें हम सभ्यता और मानवता की डींग हाँकते हैं, वहाँ एक मनुष्य हमारे सामने जिंदा जल रहा था, और हम यूरोपीय और सिख शांति से यह तमाशा देख रहे थे"

चक्कर कोठी पर कब्जे के बाद 11 मार्च को कंपनी की सेना बेगम कोठी की तरफ़ बढ़ने लगी। आउटरैम पुल पर अपने सिपाही लेकर बाग़ियों का मुकाबला कर रहे थे, और घोड़े पर सवार ब्रिगेडियर ग्रांट, लुगार्ड और रॉबर्ट्स गोमती पार कर रहे थे। उसी समय अपने गाजे-बाजे के साथ एक विदेशी शाही मेहमान कैम्पबेल से मिलने आए। वह थे नेपाल के प्रधानमंत्री जंग बहादुर राणा।

यह दृश्य भी अजूबा ही था कि एक तरफ़ गोलियाँ चल रही थी, और उस युद्धभूमि पर उनकी आवभगत में 'गार्ड ऑफ़ ऑनर' दिया जा रहा था। आखिर वह अकेले नहीं, बल्कि चार हज़ार गुरखा सिपाहियों और तोपों के साथ लखनऊ पहुँचे थे। रत्नों से सुसज्जित पगड़ी बाँधे हुए जंग बहादुर अभी कॉलिन कैम्पबेल के साथ बैठे ही थे कि खबर आयी, "93वीं इंफ़ैंट्री ने बेगम कोठी पर कब्जा कर लिया है"

फॉर्ब्स मिशेल के संस्मरण में लिखा है कि जंग बहादुर ने कहा, "मैंने इन्हें लंदन में देखा है। बहुत बहादुर हैं। इस पूरी इंफ़ैंट्री को मैं खरीदना चाहता हूँ।"

उन्हें समझाया गया कि यह फ़िलहाल मुमकिन न हो पाएगा। यूँ भी अभी बहुत लड़ाई बाक़ी थी। बेगम कोठी के सामने एक गहरा गड्ढा खोदा गया था, जिसमें उतर कर वापस ऊपर चढ़ कर युद्ध लड़ना था। इसमें कैप्टन मैक्डॉनल्ड और कुछ अन्य ब्रिटिश सिपाही मारे गए, लेकिन अंत में वे बेगम कोठी तक पहुँच गए। वहाँ हाथापाई शुरू हुई, गोलियाँ चली। विवरणों के अनुसार लगभग 600 बाग़ी मारे गए, और कोठी लाशों से लद गयी।

उस दौरान लूट-पाट होने के भी विवरण हैं, जब ब्रिटिश सिपाही कोठी में पड़े तमाम संदूकों से गहने और जवाहरात लूटने लगे। उस लूट में दिल्ली से आए विलियम हडसन अगुवाई कर रहे थे (हालाँकि फ़ोर्ब्स मिशेल के अनुसार वह स्वयं लूट नहीं रहे थे)। यह वही हडसन थे, जिन्होंने बादशाह बहादुरशाह ज़फ़र को गिरफ़्तार किया था, और शहज़ादों को मौत के घाट उतारा था।

एक दरवाजे को लात मार कर हडसन ने खोला और पूछा, "कोई है?"

वहाँ घुप्प अंधेरा था। हडसन अंदर घुसे ही थे कि एक गोली चली, और हडसन गिर पड़े। इस बेगम कोठी के आखिरी बाग़ी सिपाही का नाम क्या था, यह कहीं दर्ज नहीं। मगर हडसन का उस दिन वहाँ अंत हो गया। उन सिपाही को तो खैर उसी वक्त मार दिया गया।

13 मार्च से ब्रिटिश सिपाही पिछली पंक्ति में चले गए, और जंग बहादुर के गुरखाओं ने लखनऊ आक्रमण कर दिया। गुरखाओं की बदौलत अगले दिन तक इमामबाड़ा उनके क़ब्ज़े में था। बल्कि उस रात तक शाह नजफ़ और सिकंदरबाग़ के साथ-साथ कैसरबाग़ महल भी उनके हाथ में आ गया।

आर्थर लैंग ने लिखा है, "यह एक आलीशान इमारत थी...संगमरमर पर बेहतर नक्काशी, और खूबसूरत बगीचे। हमने खूब सोना लूटा, गहने लूटे, रेशमी लिबासों से लद गए। एक सिपाही तो गहनों से भरी बड़ी गठरी लादे आ रहा था, और मुझसे कहा कि सर! आप भी अपना हिस्सा ले लें।...मैंने कुछ अच्छी तलवारें उठा ली। मेरे एक साथी ने तो कम के कम पाँच लाख के गहने लूटे। मैंने अपने जीवन में एक साथ इतनी संपत्ति कभी नहीं देखी थी।"

लेकिन, हज़ारों बाग़ी गए कहाँ? जहाँ एक लाख की संख्या बतायी जा रही थी, उसमें हज़ार ज़रूर मारे गए। लेकिन बाकी कहाँ गए? लखनऊ तो घिरा हुआ

था। ब्रिटिश इतिहासकारों द्वारा आउटरैम पर इल्जाम लगाया जाता है कि उन्होंने ठीक से नाकाबंदी नहीं की, और बाग़ियों को भागने दिया। और-तो-और बेगम हजरतमहल, मम्मू ख़ान और नए नवाब बिरजिस क़ादिर भी भाग निकले।

19 मार्च तक लखनऊ पर ब्रिटिश सिपाहियों का अधिकार हो चुका था। एक आखिरी इमारत में फ़ैज़ाबाद के मौलवी अहमदुल्ला शाह के नेतृत्व में तमाम जिहादी मौजूद थे, जिन्हें 21 मार्च को वहाँ से निकाल कर मारा गया। मौलवी स्वयं अंग्रेजों के हाथ नहीं आए।

कैम्पबेल पर भी आरोप लगा कि उन्होंने जान-बूझ कर बाग़ियों और उनके सरदारों को इसलिए भागने दिया क्योंकि वे उनके अनुसार कोई खतरा नहीं रह गए थे। यह सच था कि दिल्ली और अवध गिरने के बाद अब बाग़ियों का मनोबल गिर चुका था, लेकिन ये हज़ारों लोग फिर से कहीं और संगठित हो रहे थे, और अगले एक वर्ष तक उनके लिए नासूर बन गए। उनकी समस्या यह थी कि अब वे किसी एक नगर में न होकर दोआब से चंबल तक बिखरे हुए थे।

मसलन ब्रिटिशों ने यह सोचा नहीं था कि दिल्ली, कानपुर और लखनऊ जैसी बड़ी जीतों के बाद उन्हें एक मामूली रियासत में बड़ी शिकस्त मिलेगी। हरदोई से कुछ दूर एक क़िला था-रुइयागढ़ी!

❊ ❊ ❊

"तो जब लखनऊ की लड़ाई में भारत वालों की हार हुई, बेगम हजरतमहल अपने शहज़ादे बिरजिस क़ादिर को लेकर बौंडी आयी। महाराज हरदत्त सिंह ने अपना धर्म समझ कर अंग्रेजों की ज़रा भी परवाह न कर उन्हें शरण दी...जिस जमाने में बेगम बौंडी के क़िले में मेहमान थी, नानासाहेब पेशवा रेहुआ में तीन दिन मेहमान रहे थे। महाराज हरदत्त सिंह के बड़े बेटे युवराज महेश बख़्श सिंह से बिरजिस क़ादिर की दोस्ती हो गयी। दोनों एक ही उमर के थे...जब लड़ाई में हार होती गयी, तब बेगम हजरतमहल, महाराज हरदत्त सिंह, नाना साहेब भाग कर पहाड़ों में चले गए...कुइन विक्टोरिया के ऐलान में जो आख़िरी तारीख़ बतायी गयी थी, तब तक नहीं आए। वहीं पहाड़ों में कहीं मर गए।"

-अमृतलाल नागर रचित 'ग़दर के फूल' में उद्धृत संस्मरण

लखनऊ और दिल्ली जीतने के बाद अंग्रेजों के लिए भारतीयों को दबाना आसान होता अगर वे उदारवादी रवैया अपनाते। हज़ारों बाग़ी सिपाहियों की नौकरियाँ तो पहले ही चली गयी थी, ज़मींदारों की ज़मीनें भी छीनी जाने लगी। इससे यह आग ठंडी होने के बजाय बढ़ती ही चली गयी।

5 मार्च को लॉर्ड कैनिंग ने एक अवध घोषणापत्र (Oudh proclamation) जारी करते हुए ख़ास हिदायत दी कि इसे तब तक न पढ़ा जाए जब तक लखनऊ जीत नहीं लिया जाता। 14 मार्च को जेम्स आउटरैम ने इसे सार्वजनिक किया।

इसमें लिखा था-

1. अवध की सारी ज़मीन अब कंपनी के अधिकार में ली जाती है।

2. इसकी मिल्कियत कंपनी के अनुसार ही बाँटी जाएगी।

3. तीन राजा, दो ज़मींदार और एक तालुकदार जिन्होंने ब्रिटिशों की किसी न किसी रूप में मदद की, उन्हें उनकी संपत्ति मिल जाएगी।

4. शेष सभी ज़मींदारों और तालुकदारों जैसे मान सिंह, लाल माधो, बेनी माधो आदि की संपत्ति छीन ली जाएगी।

5. संदिग्ध ज़मींदारों ने अगर कमिश्नर के सामने आत्मसमर्पण कर दिया, तो उन्हें किसी सजा से माफ़ी मिल जाएगी, बशर्ते कि उनके हाथ अंग्रेजों के खून से न सने हों।

6. जिन ज़मींदारों की विद्रोह में भूमिका सिद्ध होगी, उनके लिए सजा मुकर्रर की जाएगी।

जेम्स आउटरैम ने लॉर्ड कैनिंग को चिट्ठी लिख कर समझाया कि उनका घोषणापत्र तो अवध को वहीं वापस खड़ा कर देगा जहाँ से यह विद्रोह शुरू हुआ था। ये तमाम ज़मींदार जिनकी जमीनें छीनी जा रही है, विद्रोह को बुझाने के बजाय भड़का देंगे। कैनिंग ने सिर्फ़ इतना कहा कि आत्मसमर्पण करने वालों की जमीन पर पुनर्विचार संभव है।

आउटरैम ने लॉर्ड कैनिंग का अड़ियल रवैया देख कर और भविष्य को भाँप कर अपना तबादला करवा लिया। उनकी जगह लाहौर से रॉबर्ट मोंटगोमरी आ

गए। कुछ तालुकदारों और ज़मींदारों ने जल्द ही हाज़िरी लगानी शुरू कर दी थी, ताकि ज़मीन वापस मिल जाए। अप्रिल के अंत तक कुल 26 बड़े तालुकदारों ने आत्मसमर्पण करते हुए ब्रिटिश सत्ता स्वीकार ली।

अवध पर ब्रिटिश क़ब्ज़ा होने लगा था, मगर रूहेलखंड में बग़ावत के स्वर अब भी गूँज रहे थे। ख़ान बहादुर ख़ान के नेतृत्व में बरेली पर बाग़ियों का क़ब्ज़ा था। 7 अप्रिल को कैम्पबेल ने मेजर जनरल वाल्पोल को बरेली की तरफ़ भेजा। उनका साथ देने बुलंदशहर और रूड़की की तरफ़ से सेनाएँ बढ़ रही थी।

वाल्पोल लखनऊ से सेना लेकर धीरे-धीरे रुहेलाखंड की ओर बढ़ रहे थे। रास्ते में रुइयागढ़ी नामक एक छोटी रियासत का क़िला दिखा, जहाँ लखनऊ से भागे बाग़ियों के जमा होने की खबर मिली। यह खबर लाने वाले एक अंग्रेज़ उस क़िले से ही जैसे-तैसे जान बचा कर भागे आए थे।

उन्होंने कहा, "सर! यह नरपति सिंह का क़िला है। उसके पास बमुश्किल पाँच सौ बाग़ी हैं। अगर हम दक्षिण से बढ़ें, तो वह जल्दी ही आत्मसमर्पण कर देगा।"

वाल्पोल ने सोचा कि ये पाँच सौ बाग़ी आखिर कितना लड़ सकेंगे। उन्होंने सामने से ही आक्रमण कर दिया। ग्लासकॉक ने लिखा है,

"हम पूरे दिन क़िले में घुसने का प्रयास करते रहे, और उनकी गोलियों का मुक़ाबला करने में अक्षम रहे...अगले दिन सिख रेजिमेंट और हाइलैंडर्स को क़िले में घुसने के लिए भेजा गया। वे क़िले के बाहर कीचड़ में बुरी तरह फँस गए, और दीवाल पर चढ़ने के प्रयास में मारे जा रहे थे।...ब्रिगेडियर होप स्वयं आगे बढ़े और गोलियों से छलनी होकर मारे गए।...आखिर हमें लौटना पड़ा।"

15 अप्रिल को एक छोटे से क़िले में अंग्रेजों की बड़ी हार थी। उनके छह अफ़सर और 55 सिपाही मारे गए। 57 सिपाही घायल हुए। ग्लासकॉक के अनुसार बाग़ियों के साथ नरपत सिंह अगले दिन क़िला खाली कर निकल गए, और अंग्रेज़ों के हाथ नहीं आए।

वाल्पोल की चिंता यह थी कि जब रुइयागढ़ी में यह हाल है तो शाहजहाँपुर में आखिर क्या होगा? बरेली तक पहुँचना कैसे मुमकिन होगा?

*** * ***

"बाग़ी सिपाहियों ने गंडक पार नहीं किया है, लेकिन खबर मिली है कि वे त्रिवेणी घाट से तराई होते हुए नेपाल की ओर निकले हैं। वहाँ हर कचहरी पर उनको स्थानीय लोगों द्वारा मदद मिल रही है।"

-बेतिया के डिप्टी कलक्टर से डेविस द्वारा मुज़फ़्फ़रपुर के कमिश्नर को लिखी चिट्ठी (8.2.1858)

जिस समय लखनऊ और शेष अवध में कारवाई की तैयारी हो रही थी, उस समय कुंवर सिंह और अमर सिंह के नेतृत्व में दानापुर के बाग़ी पूरब की ओर निकल चुके थे। ढाका, पूर्णिया, रामगढ़ जैसे स्थानों पर पहले से विद्रोह हो रहे थे, जिनको संगठित करने की संभावना तलाशी जा रही थी। इसमें नेपाल की भूमिका संदिग्ध है, जो एक तरफ़ बाग़ियों के छुपने में मदद कर रही थी, दूसरी तरफ़ जंग बहादुर राणा स्वयं अपने गुरखाओं के साथ कभी पूर्णिया तो कभी लखनऊ में अंग्रेजों की मदद कर रहे थे। यह दोतरफ़ा नीति क्यों थी, इस पर चर्चा आगे होगी, लेकिन अपनी समझ से एक मन में प्रश्न बना लें कि ऐसा करने की क्या वजहें रही होंगी।

जनवरी 1858 में यह खबरें आने लगी कि चतरा (वर्तमान झारखंड) के एक दोमंजिले मकान में लगभग हज़ार बाग़ी जमा हैं। लोक-कथाओं और कुछ स्थानीय इतिहासकारों में प्रचलित है कि 2 अक्तूबर 1857 को वहाँ एक युद्ध हुआ था, जिसमें मंगल पांडे और नादिर अली लड़े थे, और वहाँ जिस स्थान पर बाग़ियों की लाशें गिरी वह हरजीवन तालाब बन गया। आज भी गीत गाए जाते हैं-

**जय मंगल पांडे नादिर अली दोनों सपूत रहे
दोनों मिल कर फाँसी चढ़े हरजीवन तालाब रे।**

जो अब तक का इतिहास पढ़ चुके हैं, वे इस तरह के गीतों की ऐतिहासिक त्रुटि समझते होंगे। इनका सांकेतिक महत्व ज़रूर है, लेकिन इतिहास में कुछ घाल-मेल है। ब्रिटिश दस्तावेज़ों के अनुसार सितंबर की गतिविधियाँ अलग थी, जब कलकत्ता से चली डाक को रोका गया था (जिसकी चर्चा पहले की है)। जनवरी,

1858 में यह कुंवर सिंह और अमर सिंह के साथ सिपाहियों का बुंदेलखंड और अवध की तरफ़ आना हो सकता है, या एक शाखा की गतिविधि हो सकती है।

एक वर्णन है कि चतरा में बाग़ियों से लड़ने के लिए मेजर रिचर्डसन, भागलपुर के कमिश्नर यूल और नेपाल से रतन मान सिंह आए। वहाँ उनके प्रयास विफल रहे और बाग़ी पकड़े नहीं जा सके। 27 जनवरी, 1858 को वे बाग़ी जनकपुर की ओर बढ़े और नेपाल की तराइयों में प्रवेश कर गए। यह बात मैंने एक पंक्ति में कह दी, लेकिन ज़रा सोचिए कि एक वयोवृद्ध व्यक्ति बाग़ियों के साथ पहाड़ियों से गुजर कर मिर्ज़ापुर होते हुए सासाराम आते हैं। सोन नदी पार कर छोटानागपुर पहाड़ियों में प्रवेश करते हैं। वहाँ से उत्तर की दिशा में बचते-बचाते हुए गया से आगे तिरहुत में प्रवेश कर जनकपुर तक पहुँचते हैं। इसमें कहाँ रुके, किन लोगों का साथ मिला, इसके प्राथमिक स्रोत कहाँ मिलेंगे? ब्रिटिश ख़ुफ़िया दस्तावेज़ों में अगर मौजूद होते, तो उसी वक्त पकड़े गए होते। वहाँ किंवदंतियों की भूमिका बन जाती है।

जैसे एक किंवदंती सुनी कि तिरहुत के महाराज ने उनकी अंधराठाढ़ी से नेपाल प्रवेश करने में मदद की। जब ब्रिटिश अधिकारियों ने पूछ-ताछ की तो उनके लोग आम के बगीचों में उलझा कर उन्हें ग़लत दिशा बताते रहे।

इसी यात्रा का दस्तावेज़ पक्ष देखें तो उसकी कहानी कुछ अलग दिशा में है, या संभवतः अधूरी है। बाग़ी सिपाही रंजीत सिंह की गवाही मुझे मिली,

"हम लखनऊ के मार्टिनियर कॉलेज में डेढ़ महीने रहे। बेगम ने खुश होकर कुंवर सिंह को खिलत भेजी-एक हज़ार रुपए, सुंदर वस्त्र, दो बंदूकें और कुछ हाथी। वहाँ से हम फ़ैज़ाबाद और सूरजकुंड होते हुए अतरौलिया पहुँचे, जहाँ कंपनी सेना को हराया। मगर आज़मगढ़ में हमारी हार हुई और हमें भाग कर ग़ाज़ीपुर के मनिहारी पहुँचे। वहाँ हमारे 25-30 लोग मारे गए।

हम जैसे-तैसे गंगा पार कर शिवपुर घाट होते हुए जगदीशपुर के जंगलों में छुप गए। वहाँ अंग्रेजों से एक महीने लड़ाई चली, जिसमें हम छुप कर जगह बदलते रहे। आखिर हम वहाँ से निकल कर गहमर पहुँचे। जब पता लगा कि फिरंगी जंगलों से निकल गए, हम वापस जगदीशपुर आ गए। वहाँ धीरे-धीरे 2500 सिपाही जमा हो गए।

वहाँ से भाग कर हमें बुला गाँव और कुआत खास (Kooath Khas) जाना पड़ा, जहाँ हमारी हार हुई। हमने एक झील पार करने की कोशिश की, मगर भाग कर जुखनी की तरफ़ जाना पड़ा। वहाँ एक मंदिर था। मेरे पैरों में छाले पड़ गए थे, जब हम चुनारी के पहाड़ों से गुजर रहे थे। वहीं मैं पकड़ा गया।

मुझे पश्चाताप है कि मैं इस विद्रोह में शामिल हुआ, क्योंकि इस पूरे घटनाक्रम में मेरा जीवन संघर्ष और दुख से ही भरा रहा"

इसके आगे की कहानी निशान सिंह की गवाही में है,

"हम बराँव में छुपे थे, जब एक पट्टीदार भजन सिंह ने मुझे नहलाया-धुलाया और कहा-तुमलोग खुद तो लुट ही गए, हमें भी लुटवाओगे।

मैं जंगल में भाग कर सो रहा था, जब आपके सवार मुझे उठा लाए"

मजिस्ट्रेट ने पूछा, "कुंवर सिंह जिंदा है या मर गया?"

"वह तो अपने घर पर ही मर गए साहब"

"गोलियों से?"

"नहीं। एक बड़ा गोला उनके दाहिने हाथ पर गिरा। उनको हाथ काटना पड़ा ताकि जहर न फैल जाए। मैंने जो बात सुनी, आपको बता रहा हूँ।"

✻ ✻ ✻

मेरी रुचि एकपक्षीय वीरगाथाओं में कम है। कभी-कभार भारतीय होने के नाते एक पक्ष ले लूँ, यह संभव है, अन्यथा प्रयास एक क्लर्क की तरह फ़ाइल जमा करने और नत्थी करने की ही है। उसके विश्लेषण बहुकोणीय होंगे। बाबू कुंवर सिंह पर प्रशस्ति गान उपलब्ध है, जिसे मैं अनुच्छेद में डाल दूँगा।

कुंवर सिंह और अन्य बाग़ी जिस जगदीशपुर के जंगल में छुपे थे, उनके पेड़ कभी उनके द्वारा संरक्षित थे। शाहाबाद में बाज़ार, संस्कृति और भव्य शिवरात्रि मेलों की शुरुआत का श्रेय उन्हें जाता है। अंग्रेज़ों के भी वह प्रिय सामंत रहे, और 1856 तक उन पर विश्वास बना रहा। उस समय यूँ भी उनके जीवन के आखिरी वर्ष चल रहे थे। किंतु अंग्रेज़ी भाषा में निरक्षरता, शिकार आदि के शौक, और उनके सहयोगियों द्वारा कु-प्रबंधन के कारण उनकी आर्थिक स्थिति कमजोर हो रही थी।

1857 में उनकी ज़मींदारी 20 लाख कर्ज में डूब चुकी थी। हालाँकि अपनी मृत्यु से पहले इसकी भरपाई के हल उन्होंने ढूँढे थे।

नवंबर 1854 की उन्हीं के द्वारा एक याचिका है,

"पेशवा को हर साल 7 लाख रुपए की राशि मिलती थी, जो उनकी मृत्यु के बाद बंद कर दी गयी। उनके खजाने में अब भी पर्याप्त धन है। उनके वंशजों ने यह निर्णय लिया है कि मूलधन को छूए बिना अपने ब्याज को कर्ज पर देंगे। उन्होंने पचास लाख तक का कर्ज देने का प्रस्ताव रखा, लेकिन किसी ने इतने बड़े कर्ज के लिए हामी नहीं भरी। नतीजतन 25 लाख उन्होंने सरकारी निवेश (promissionary note) में जमा कर दिए, और 13 लाख मुझे कर्ज देने पर राजी हैं। शेष 7 लाख के लिए दरभंगा के राजा से बात हो गयी है।"

मगर 1857 तक ऐसी स्थिति बन गयी कि पेशवा और कुंवर सिंह, दोनों को ही विद्रोह में जुड़ना पड़ा, और यह व्यवस्था ठीक उसी रूप में नहीं हो सकी। कुंवर सिंह की अंततः अप्रिल 1858 में मृत्यु हुई, लेकिन अमर सिंह और हरकिशुन सिंह ने विद्रोह अक्तूबर तक जारी रखा। भविष्य में यूरोपीय कॉन्ट्रैक्टरों द्वारा जगदीशपुर के जंगल इसलिए धीरे-धीरे काट दिए गए ताकि वह कोई छुपने की जगह न बने। दूसरी तरफ़ दिल्ली और अवध गिरने के बाद रूहेलखंड से यह खबरें आने लगी थी कि वहाँ के बहुमत हिंदू बरेली में ख़ान बहादुर ख़ान की सत्ता से कुछ असंतुष्ट थे। इस धार्मिक विभाजन का परिणाम भी दिखने लगा। जहाँ एक तरफ़ बेगम हजरतमहल अवध के हिंदू ज़मींदारों से संपर्क साध रही थी, नाना साहेब पेशवा से पत्राचार कर रही थी, वहीं आम हिंदू जनता द्वारा मुसलमान नेतृत्व को सहयोग कुछ घटने लगा।

वही वाल्पोल जो 16 अप्रिल को रुइयागढ़ी में हार गए थे, महज तीन हफ़्तों में शाहजहाँपुर और बरेली, दोनों जीत गए। ख़ान बहादुर ख़ान की बा़ग़ी सेना संघर्ष के बाद अंततः पराजित हुई। इस तरह दिल्ली, अवध, रूहेलखंड, शाहाबाद, सभी एक-एक कर गिरने लगे थे।

अब मैं आखिरी युद्धों की तरफ़ बढ़ता हूँ, जिसकी चर्चा अक्सर सबसे पहले हो जाती है। सुभद्रा कुमारी चौहान के वीर-रस के गीतों से झाँसी की रानी लक्ष्मीबाई

की छवि भारतीयों के मन में अंकित है। लेकिन, पूरे 1857 'वर्ष' में झाँसी की रानी ने कभी कोई युद्ध नहीं लड़ा। मैंने इससे पहले भी उनकी भूमिकाओं की चर्चा की है किंतु वह सबसे 'लेट इंट्री' थी। दिल्ली, लखनऊ, कानपुर आदि गिरने के बाद झाँसी की रानी की भूमिका है। उससे पहले तो वह ब्रिटिश आदेशनामों के अनुसार ही झाँसी प्रशासन संभाल रही थी।

इसलिए जब रजवाड़ों या ज़मींदारों की अंग्रेज़परस्ती पर बात हो, तो वह एक 'पिंच ऑफ़ सॉल्ट' के साथ होनी चाहिए। जैसा पहले लिखा है कि सामंत कंपनी और जनता के मध्य एक पुल थे। वह पुल तब तक ही खड़ा रह सकता था, जब तक दोनों उन्हें सहारा दें। दोनों का अस्तित्व बचाते हुए अपना अस्तित्व बचाना एक कठिन कार्य था।

झाँसी को पड़ोसी (और ब्रिटिश समर्थक) ओरछा और दतिया रियासतों से आक्रमणों की चिंता होने लगी। अक्तूबर, 1857 में जब लक्ष्मीबाई ने झाँसी की सुरक्षा के लिए अंग्रेजों से मदद माँगी, तो उन्हें ख़ास तवज्जो नहीं मिली। जनवरी 1858 में उन्होंने दुबारा सर रॉबर्ट हैमिल्टन से सहयोग के लिए कहा। लेकिन, उस समय तक ब्रिटिशों का रवैया पूर्ण दमनकारी होने लगा था। उन्हें झाँसी अपने हाथ में लेनी थी, और रानी स्पष्ट नहीं थी कि ऐसी परिस्थिति में उनका और झाँसी का भविष्य क्या होगा।

❇ ❇ ❇

"हजरतमहल और लक्ष्मीबाई की भागीदारी में अंतर था। हजरतमहल उसी वक्त बाग़ी नेतृत्व से जुड़ गयी, जब लखनऊ में विद्रोह शुरू हुआ। दूसरी तरफ़, लक्ष्मीबाई ने पहले स्वयं को विद्रोह से दूर रखा, वहाँ के नरसंहार से स्वयं को अलग किया, ब्रिटिशों को अपना विश्वास सौंपा, और उनसे सुरक्षा और प्रशासन सहयोग के संवाद किए...(बाद में) वह विद्रोही सिर्फ़ इसलिए नहीं बनी कि अन्य विद्रोहियों से दबाव बढ़ने लगा, बल्कि उन्हें यह लगा कि ब्रिटिश उनकी मदद के लिए नहीं आएँगे। उनके (ब्रिटिशों के) लिए वह संदेह और घृणा की प्रतिमूर्ति बन गयी थी।

दोनों के नेतृत्व भी भिन्न थे…(हज़रतमहल) ने योजना बनायी, आदेश दिए, बाग़ियों को प्रेरित किया, लेकिन वह युद्ध-भूमि में बहुधा नेपथ्य में रही। इसके विपरीत लक्ष्मीबाई जिस दिन युद्ध में उतरी, एक योद्धा बन कर सामने से लड़ी।

इस कारण इनकी मृत्यु की परिस्थितियाँ भी विपरीत थी। हज़रतमहल की मृत्यु लॉर्ड क्लाइड की टुकड़ियों से भाग कर नेपाल में गरीबी की हालत में हुई। लक्ष्मीबाई की मृत्यु एक योद्धा की तरह रणभूमि में हुई। संभवतः इस कारण ब्रिटिशों और आने वाली पीढ़ीयों की आँखों में उनका आभामंडल अधिक विस्तृत हो गया।''

—'अ बेगम एंड अ रानी' पुस्तक में, रुद्रांग्शु मुखर्जी

जनवरी 1858 तक झाँसी की रानी लक्ष्मीबाई सैन्य रूप से स्वयं को यथासंभव समर्थ करती जा रही थी। उनकी सेना ओरछा रियासत से मऊरानीपुर में युद्ध लड़ रही थी। ओरछा और दतिया रियासतों के ब्रिटिशों से बेहतर संबंध थे, और लक्ष्मीबाई पर ब्रिटिश शंकाएँ बढ़ने लगी थी। बानपुर के राजा ने बाग़ियों का नेतृत्व संभाल लिया था, और वह रानी लक्ष्मीबाई को हाथ मिलाने का प्रस्ताव देते रहे थे। इसके अतिरिक्त कालपी में तात्या टोपे से बढ़ रहे गुप्त संवादों की खबर भी आने लगी थी।

8 जनवरी 1858 की एक ख़ुफ़िया रपट के अनुसार बाग़ी दरोगा बख्शिश अली ने जब रानी से पूछा कि वह अंग्रेजों के खिलाफ़ लड़ेगी या नहीं, तो उन्होंने मना करते हुए कहा कि उपयुक्त रेज़िडेंट के आने के बाद वह प्रशासन उन्हें सौंप देगी। जनवरी के अंत में उन्होंने जबलपुर में एर्सकिम को खबर भेजी कि अगर उनके साथ व्यवहार अच्छा रहा, तो वह विद्रोह से नहीं जुड़ेगी।

यह संभव है कि रानी लक्ष्मीबाई किसी भी स्थिति में अपनी रियासत और उसकी जनता की सुरक्षा के लिए रणनीतियाँ बना रही हों। जनवरी तक यूँ भी ब्रिटिश पलड़ा भारी हो चुका था, और रानी को फूँक-फूँक कर ही कदम रखना था। जैसा पहले लिखा है कि वह कानपुर छावनी के घेराव और उससे पूर्व से ही नाना साहेब के संपर्क में रही थी, और साथ-साथ ब्रिटिश अधिकारियों से भी संपर्क में

थी। ब्रिटिशों के मन में उनकी विश्वसनीयता के प्रति आशंका के कारण मौजूद थे। आखिर वह वक्त आया, जब उन्हें एक अंतिम विकल्प चुनना था।

ब्रिटिश जनरल ह्यूग रोज अपनी टुकड़ी लेकर 16 जनवरी को सीहोर से झाँसी की तरफ़ बढ़ने लगे। बीहड़ से गुजरते हुए उनकी पहली बड़ी टक्कर राहतगढ़ के किले में फिरोजशाह से हुई, जो कुछ महीनों से मालवा क्षेत्र में बाग़ियों का नेतृत्व कर रहे थे। इससे पहले नवंबर 1857 में उन्होंने मंदसौर में लड़ाई लड़ी थी, जहाँ ब्रिटिशों की बढ़त के बाद उन्हें राहतगढ़ क़िले में जाना पड़ा। 24 से 26 जनवरी तक ह्यूग रोज की लड़ाई राहतगढ़ में हुई, जिसमें फिरोजशाह की मदद के लिए बानपुर के राजा मर्दन सिंह ने भी सेना भेजी थी। वहाँ ह्यूग रोज की सेना ने संघर्ष के बाद उन्हें पीछे धकेला, हालाँकि फिरोजशाह स्वयं पकड़े न जा सके। 3 फरवरी तक सागर पर ब्रिटिश प्रभुत्व कायम हो चुका था।

उसके बाद ह्यूग रोज के पास दो रास्ते थे। पहला यह कि कालपी की ओर बढ़ कर तात्या टोपे के सिपाहियों से मुक़ाबला करें। दूसरा कि झाँसी पर नियंत्रण कर रानी लक्ष्मीबाई को प्रशासन से मुक्त करें। हालाँकि 11 फरवरी की चिट्ठी में गवर्नर जनरल के स्पष्ट निर्देश थे कि रानी लक्ष्मीबाई पर कोई कोर्ट मार्शल जैसी कारवाई न कर, विद्रोह में कथित भूमिका पर न्यायिक प्रक्रिया होगी। रानी लक्ष्मीबाई अब इस विषय में आक्रामक रुख अपनाने को तैयार हो रही थी कि वह अपनी झाँसी रियासत इतनी आसानी से 'फ़िरंगियों' के हवाले नहीं करेगी। झाँसी की जनता और बाग़ी सिपाहियों का रुख भी लड़ाई लड़ने का था, और उनके सहयोगी रियासत और तात्या टोपे उन्हें पहले से इस दिशा में प्रेरित करते रहे थे।

प्रत्यक्षदर्शी वर्णन उद्धृत है-"रानी ने यथासंभव भर्तियाँ शुरू की..हज़ारों टन अनाज लाए जाने लगे। आटा, घी, शक्कर जमा किया जाने लगा...पुरोहित युद्ध-विजय के लिए यज्ञ करने लगे। राव साहब और तात्या टोपे को हरकारे भेजे गये। इस तरह उस वीरांगना ने आने वाले तूफ़ान से बिना भयभीत हुए शांत और योजनाबद्ध ढंग से झाँसी का सुरक्षा कवच तैयार किया"

बुंदेलखंड की मिट्टी में ही वीर-गाथाएँ बसी हुई हैं। लोकगीतों में 'सबसे बड़े लड़ैया रे' और छत्रसाल शौर्य पद छाए हुए हैं। भारत के अन्य रियासतों की

सेनाओं में भी बुंदेल और बघेल भर्ती किए जाते रहे। मैं अक्सर उन इलाकों में जाता रहा हूँ, तो मुझे कभी आल्हा-ऊदल के अखाड़े दिखाए गए, तो कभी बीहड़ों से परिचय कराया गया। अन्यथा अगर तर्क से देखा जाए तो मार्च 1858 तक अंग्रेजों का लगभग पूर्ण प्रभुत्व बन चुका था, एक लाख से अधिक की सेना और यूरोपीय सहयोग पहुँच चुका था। भारतीय विद्रोह के केंद्र ढह चुके थे। फिर झाँसी आखिर अकेले क्या कर लेती? क्या वे सचमुच यही सोच रहे थे कि अंग्रेजों को परास्त कर देंगे? या यह उनकी सांस्कृतिक पहचान का ही एक पक्ष था?

ह्यूग रोज एक-एक कर सभी गढ़ों पर क़ब्ज़ा कर रहे थे, और उन गढ़ों की छोटी सेनाएँ भाग कर कालपी की ओर जमा हो रही थी। अगर खेल की उपमा दूँ तो तमाम लीग मैचों और सेमीफ़ाइनल के बाद जो फ़ाइनल का स्थान बन रहा था, वह कालपी में था। 4 मार्च 1858 को ह्यूग रोज की लड़ाई शाहगढ़ के बखतबली से हुई, और आखिर अंग्रेजों का कब्जा हुआ। बानपुर-ललितपुर भी उनके हिस्से आ गये। मगर इनमें से कोई भी राजा आत्मसमर्पण नहीं कर रहे थे, बल्कि कुछ समय अंग्रेजों को रोक कर अपनी पोज़ीशन बदल रहे थे।

चरखारी के राजा रतन सिंह को अंग्रेजों ने दिसंबर 1857 में अपना सहयोगी बनाने की पेशकश की थी, लेकिन फरवरी तक तात्या टोपे दल-बल लेकर चरखारी किले पहुँच चुके थे और राजा को उनका साथ देना पड़ा। ह्यूग रोज अब यह सोच रहे थे कि चरखारी पर आक्रमण करें, या पहले झाँसी निपटा लें। आखिर उनके मन में एक ऐसी तरकीब आयी, जिससे दोनों एक साथ हल हो जाते। उन्हें यह ख़ुफ़िया खबर मिल रही थी कि अगर वे झाँसी पर हमला करते हैं, तो तात्या टोपे अपनी सेना लेकर बचाने आएँगे। ऐसी स्थिति में एक तीर से दो निशाने संभव थे।

तात्या टोपे के सिपहसलार मुहम्मद इशहाक ने बुंदेलखंड के राजाओं के लिए एक चिट्ठी जारी की थी। इस अंग्रेज़ी में अनूदित चिट्ठी में 2 जनवरी 1858 की तारीख लिखी है।

"श्रीमंत महाराजा पेशवा बहादुर ने अपना सब कुछ त्याग कर अंग्रेजों के खिलाफ़ ज़ंग छेड़ी है। यह लड़ाई हिंदुओं और मुसलमानों, दोनों के लिए है।

महाराजा नाना साहेब ने कहा है कि वह आखिरी दम तक लड़ेंगे। उनकी मंशा सिर्फ़ अंग्रेजों को मुल्क से बाहर फेंकने की है, खुद गद्दी पर बैठने की नहीं। जब अंग्रेज़ चले जाएँगे तो आप सभी राजा अपनी-अपनी रियासतों के मालिक होंगे। जिन रियासतों पर अंग्रेजों का क़ब्ज़ा है, वह साथ देने वाले राजाओं में बाँट जाएँगे।

मैं बुंदेलखंड के सभी रियासतों से दरखास्त करता हूँ कि अपने फौजी और हथियार हमारे लिए भेजें ताकि सभी साथ मिल कर फिरंगियों को हरा सकें। आपकी सलाह और जवाब का हमें इंतज़ार है।"

एक ब्रिटिश ख़ुफ़िया रपट 16 जनवरी, 1858 की मिलती है, जिसमें लिखा है,

"नाना का एक वकील झाँसी में है। झाँसी की रानी का एक वकील भी कालपी में है। रानी ने नाना साहब के परिवार और बानपुर के राजपरिवार के लिए अपने क़िले में इंतजाम किए हैं। बानपुर के राजा ने ग्वालियर के कुछ बाग़ियों को सागर भेजा है ताकि वहाँ से सहयोग जुटा सकें। वहाँ कोई लाला दुलकारा उनकी मदद कर रहा है। सआदत अली और मुहम्मद ख़ान भी फौज जुटाने निकले हैं।

झाँसी क़िले में कुछ 3-4000 सिपाही और दो तोपें हैं, मगर अधिक से अधिक 1300 सिपाहियों के पास ही हथियार होगा। झाँसी की रानी बानपुर के राजा को पाँच सौ रुपए रोज के हिसाब से सहयोग देती है। जेल दरोगा बख़्शीश अली ने अलीगढ़ से संदेश भेजा है कि वह फिरोजशाह के साथ बड़ी सेना लेकर झाँसी आ रहा है, पाँच हज़ार रुपए की ज़रूरत है। रानी ने तीन हज़ार रुपए फौरन भेज दिए।"

इस चिट्ठी से रानी पर यह आरोप ख़ारिज हो जाते हैं कि वह मात्र झाँसी के लिए लड़ रही थी। बल्कि वह यथासंभव एक संगठित युद्ध की तैयारी कर रही थी, जिसमें मुग़ल परिवार के फ़िरोजशाह, पेशवा प्रतिनिधि नाना साहब, और बुंदेलखंड के तमाम रियासत साझा रूप से शामिल थे। ऊपर लिखी चिट्ठी के बाद छह तोप और आ गए थे, और हर तरफ़ से बुंदेलखंडी स्वयंसेवी भर्ती होने लगे थे। बारूद के लिए सॉल्टपेटर (saltpeter) के ढेर झाँसी क़िले में लग चुके थे।

एक संकेत जो लगभग सभी विवरणों से मिलता है, वह ये कि ह्यूग रोज की झाँसी की रानी से कुछ व्यक्तिगत खुंदश थी। उनकी प्राथमिकताओं में झाँसी की रानी का सर था। इसके मनोवैज्ञानिक कारण की चर्चा मैंने पहले की है, जिससे पारंपरिक भारतीय या यूरोपीय इतिहासकार शायद सहमत न हों। महारानी विक्टोरिया राज के बावजूद औपनिवेशिक ब्रिटिशों के अंदर पितृसत्ता कूट-कूट कर भरी थी। दुनिया पर राज करने वाली उनकी सेना में एक भी महिला जनरल नहीं थी। जनरल तो क्या अफ़सर भी नहीं थी। वह किसी राजा-नवाब का तना सीना जितनी सहजता से देख सकते थे, उतना एक भारतीय स्त्री का क़तई नहीं। भारत में तो दो-दो दिख गयी। ह्यूग रोज को सिर्फ़ झाँसी जीतना ही नहीं था, बल्कि लक्ष्मीबाई को अपने हाथों से खत्म करना था।

31 जनवरी 1858 को तात्या टोपे ने नाना साहेब को चिट्ठी लिखी, "इस (चरखारी) क़िले को जीतना मेरे लिए कठिन होगा, क्योंकि यह इलाक़ा पहाड़ी है, और मेरे पास लोग कम हैं। दुर्भाग्यवश राजा (रतन सिंह) हमारे साथ नहीं, और वह अंग्रेजों पर अधिक विश्वास करते हैं। सिपाही यूँ तो जोश दिखाते हैं, मगर मौक़े पर पीछे हट जाते हैं, जैसे परसों हमारे साथ हुआ। आप अफ़ग़ानियों को जल्द भेजे, क्योंकि कुछ भर्ती सिपाही हमें छोड़ गए। आप मुझे सौ जोड़े कपड़े भी भिजवा दें, ताकि सिपाहियों को कुछ प्रोत्साहन मिले। पिछली चिट्ठी में माँगें कारिंदा और हथियारों की प्रतीक्षा भी कर रहा हूँ।"

पिछले वर्षों में जनवरी-मार्च 1858 के मध्य उर्दू और बुंदेली में लिखी कई चिट्ठियाँ सामने आयी हैं, जो तात्या टोपे द्वारा या उन्हें लिखी गयी। ये ब्रिटिश दस्तावेज़ों से अलग हैं। ऐसी चिट्ठियाँ अगर अन्य क्षेत्रों से भी मिलती रहे, तो उनका दस्तावेज़ीकरण संभव है। अन्यथा उपन्यास, लोककथाएँ, या किंवदंतियाँ अंतरराष्ट्रीय इतिहास मानक स्रोतों पर खरी नहीं उतरती, भले वह सत्य रही हो। मैं प्रयास करूँगा कि उन असल चिट्ठियों के माध्यम से बात रखूँ, जो उपलब्ध हैं।

फरवरी 1858 (फाल्गुन वदी ९, १९१४) की तात्या टोपे की एक चिट्ठी है-

"...अंग्रेज़ चंदेरी की तरफ़ से बढ़ रहे हैं। सिकंदरा के राजा भाऊ को नज़र रखने कहा है...वामन राव जोशी के मार्फ़त दस तोपों की मरम्मत के आदेशनामे

पर सहमति भेज दें"

4 मार्च को चरखारी से असिस्टेंट मजिस्ट्रेट जे. एच. कार्ने ने लिखा,

"ठाकुर झज्जर सिंह की गद्दारी से यह क़िला हाथ से निकल गया। उसने अपने सौ लोग क़िले की सुरक्षा के लिए लगा रखे थे, लेकिन जैसे ही बाग़ी आए, उसने रास्ता दे दिया। बाद में वह बाग़ियों में मिल गया।"

चरखारी क़िले पर कब्जे से तात्या टोपे को काफ़ी मदद मिल गयी। वहाँ हथियार, हाथी-घोड़े और रसद की व्यवस्था थी। राजा रतन सिंह के सिपाही भी बाग़ियों के साथ हो गए थे। विवरणों के अनुसार राजा को नज़रबंद रख दिया गया था। रीवा के सिपाही की एक चिट्ठी मिलती है-

"तात्या, सूबेदार और हम सभी पन्ना की ओर बढ़ रहे हैं। सिपाही खुश हैं। हमारे दुश्मन सिर्फ़ गोरे हैं। चरखारी राजा से बात हो गयी। उन्होंने तीन लाख रुपए दिए, और क़िले से खजाना भी मिला। राजा की दिमाग किसी (अंग्रेज) 'साहब' ने खराब कर रखा था, और वह डरा हुआ था।"

इन चिट्ठियों से यह स्पष्ट है कि मार्च महीने तक चरखारी क़िले पर कब्जा कर तात्या टोपे की टुकड़ियाँ झाँसी की ओर बढ़ने लगी थी। ब्रिटिश इतिहासकार लिखते रहे हैं कि ह्यूग रोज की महज 2000 की सेना ने तात्या टोपे की 25, 000 की सेना को पराजित किया। इस पर कुछ तथ्यात्मक अन्वेषण की ज़रूरत है।

उस दौरान झाँसी से गुजर रहे यात्री विष्णुभट्ट गोडसे वरसईकर ने अपनी पुस्तक 'माझा प्रवास' में लिखा है-

"झाँसी से चार कोस दूर से किसी साहब (ह्यूग रोज?) ने रानी के नाम चिट्ठी भेजी है। चिट्ठी में रानी को खुद आकर मिलने कहा है। यह लिखा है कि उनके साथ सात लोग आ सकते हैं। उन्हें किसी और को लाने की इजाज़त नहीं, और उनके पास कोई भी अस्त्र न हो।"

रानी स्वयं तो नहीं गयीं, अपने हरकारों से उत्तर भिजवाया कि वह लड़ाई नहीं चाहती। गोडसे के वर्णन के अनुसार यह सुनते ही 'साहब' ने चिट्ठी मसल कर फेंक दी, और युद्ध की तैयारी करने लगे। वहीं 11 मई 1858 को एक ब्रिटिश अखबार ने लिखा कि रानी ने दो हरकारों को हैमिल्टन के पास भेजा, और उन दोनों को पेड़

से लटका दिया गया! हैमिल्टन ने इस आरोप को ख़ारिज करते हुए कहा कि उनके पास कोई दूत कभी आया ही नहीं था, तो फाँसी कैसे देता। इस एक पैरा में आप इतिहास के कई पक्ष देख सकते हैं।

सच इनके मध्य कहीं छुपा होगा, लेकिन ऐसा प्रतीत होता है कि 'रानी' का स्वयं न आना अंग्रेजों के आत्मसम्मान पर चोट थी। ऐसी ही चिट्ठी जब नाना साहब ने लिखी थी, तो यह समस्या नहीं आयी थी। वहाँ तो समझौता हुआ था। लेकिन, रानी लक्ष्मीबाई के मामले में नियम बदल गए।

20 मार्च को ह्यूग रोज सिमरावारी पहुँचे। 21 मार्च से झाँसी का घेराव शुरू हो गया।

✳ ✳ ✳

ह्यूग रोज का वर्णन है, "झाँसी नगर की परिधि साढ़े चार मील है, और यह 8 से 12 फ़ीट मोटी, और 18 से 30 फीट लंबी दीवाल से सुरक्षित है...एक ऊँची पहाड़ी पर क़िला अवस्थित है, जो ग्रेनाइट की दीवालों से बना है और इसलिए भेदना कठिन है...क़िला तीन दिशा से झाँसी नगर से घिरा है। पश्चिम दिशा में ढलानदार पहाड़ हैं, जो इसे सुरक्षित रखते हैं। दक्षिण दिशा से एक हिस्सा खुला है, लेकिन उस तरफ़ नगर की दीवालें सुरक्षा दे रही हैं।"

विष्णुभट्ट गोडसे उस वक़्त झाँसी नगर में ही मौजूद थे। उन्होंने बहुत ही ख़ूबसूरती से आँखो-देखी लिखी है। गोडसे लिखते हैं,

"चैत्र समाप्त हुआ था, बैसाख की गर्मी शुरू हुई थी...एक शाम छत पर खड़े होकर मैंने देखा कि नगर के बाहर फ़िरंगियों के तंबू लगे हैं, और कई जगह आग जला कर फौजी बैठे हैं...रात को हमारे जासूसों ने खबर दी कि कुछ साठ हज़ार फ़िरंगी सैनिक होंगे, बाकी आस-पास के लफ़ंगे भी वे पकड़ लाए थे...रानी स्वयं क़िले का मुआयना कर रही थी, और एक-एक कर सभी तोपों की तरफ़ जा रही थी...एक सुबह उनके पच्चीस घुड़सवार पश्चिम की तरफ़ से बढ़ने लगे। जैसे ही वे नगर के निकट आए, हमारे गोलंदाज ने निशाना लगाया, आधे मारे गए और बाकी भाग गए।"

गोडसे के वर्णन से यह लगता है कि ब्रिटिश इतिहासकारों द्वारा वर्णित दो-तीन हज़ार अंग्रेज़ सैनिक वाली बात ग़लत हो सकती है। मुमकिन है उन्होंने संख्या घटा कर बतायी होगी या गोडसे ने बढ़ा कर बतायी होगी। नगर के हालात के विषय में वर्णित है कि जब अंग्रेज़ों के गोले गिरते थे, तो अफ़रातफ़री मच जाती, लेकिन रानी ने आग बुझाने के इंतज़ाम कर रखे थे। गणपति मंदिर में भोजन की व्यवस्था थी। लोग सुबह से छतों पर बैठ कर युद्ध देखने लगते। जैसे ही कोई अंग्रेज़ मरता, या उनका गोला ग़लत जगह गिरता, तो सभी हुंकार भरते-'रानी लक्ष्मीबाई की जय!'

झाँसी घेराव के आठ दिन बाद 30 मार्च को तात्या टोपे अपनी सेना लेकर बेतवा नदी के निकट बरुआ सागर पहुँच गए थे। उनकी सेना में ग्वालियर के बाग़ी सिपाहियों के अतिरिक्त अफ़ग़ानी बंगाश घुड़सवार भी जुड़े थे, जिनको विलायती फ़ौजी बुलाया जाता। गोडसे ने कुछ अन्य अफ़ग़ानी विलायती फ़ौजियों का वर्णन झाँसी के अंदर भी किया है। मैं जब रीवा इलाक़े में घूम रहा था तो इन बंगाश कबीलों के विषय में कुछ और जानकारी मिली कि इनमें कई लोग बाद में ग्वालियर निकल गए (सरोद वादक अमजद अली ख़ान भी स्वयं को उन्हीं का वंशज मानते हैं)।

तात्या टोपे के विषय में भिन्न-भिन्न संदर्भों में मुझे पंद्रह हज़ार से तीस हज़ार की सेना का वर्णन मिला। कैप्टन पिंकनी ने इसका ब्योरा दिया है-27 तोप, 2000 बाग़ी, 7000 बुंदेला, एक विलायती घुड़सवारों की टुकड़ी। बानपुर के राजा मर्दन सिंह के साथ एक हज़ार सैनिक और दो हाथी बताए गए। इनमें अगर झाँसी की सेना जोड़ दी जाए तो कुल गिनती एक लाख तक पहुँच सकती है। ग़ौर इस बात पर भी किया जाए कि मूल सिपाही विद्रोह से निकले बाग़ियों की संख्या घट रही थी, और स्थानीय (जैसे बुंदेला) कि संख्या बढ़ रही थी। इसलिए भी इसका फलक 'सिपाही विद्रोह' से कहीं बड़ा हो चुका था।

मुझे अंदेशा है कि भारतीय पाठक ग़ौस ख़ान और झलकारी बाई जैसे लोक-प्रचलित या औपन्यासिक नाम ढूँढ रहे होंगे, लेकिन मुझे उस काल-खंड के प्रामाणिक दस्तावेज़ों में ये नाम नहीं मिल सके। यह उनके होने या न होने का प्रमाण नहीं, बल्कि वरिष्ठ इतिहासकार देवेंद्र सिंह जी के माध्यम से यह जानकारी

मिली कि ह्यूग रोज ने जिन कुशल तोपची का वर्णन किया है, वह ग़ौस ख़ान हो सकते हैं। इसी तरह झलकारी बाई भी हो सकती है। बल्कि ऐसे कई नाम होंगे, जिनका उस वक्त ज़िक्र नहीं हुआ। ऐसे भी नाम होंगे, जो मुझे नहीं मिले या प्रमाण की आवश्यकता है।

तात्या टोपे की योजना यह दिखती है कि उन्होंने बुंदेला और ग्वालियर सिपाहियों को युद्ध में आगे किया, और इस मध्य अफ़ग़ानी विलायती झाँसी में रानी की मदद के लिए प्रवेश कर गए। ह्यूग रोज ने भी तात्या टोपे की रणनीति की तारीफ़ की है, कि उनके सुरक्षा कवच को समझना मुश्किल हो रहा था। रोज और कैप्टन पिंकनी के अनुसार जब बाग़ियों की पहली पंक्ति हार गयी या भाग गयी, तो उन्हें लगा कि तात्या टोपे खत्म हुए। तभी डेढ़ मील दूर से धूल उड़ाते बुंदेले नज़र आए। उन्हें समझ नहीं आया कि यह सेना आखिर किसकी है, और कहाँ से आ रही है।

हमने बचपन में या अमर चित्र कथा में पढ़ा होगा कि पीठ पर दामोदर राव को बाँधे घोड़े पर सवार होकर रानी लक्ष्मीबाई झाँसी के क़िले से कूद गयी। मेरा मानना है कि ऐसी अविश्वसनीय वीर-गाथाएँ बचपन में सुनाने के लिए ठीक है, लेकिन ऐसी कथाएँ उनकी वीरता को बढ़ाने के बजाय घटाती है। इत्र तो वहाँ डलता है जिसकी अपनी सुगंध न हो। अगर इसे क्रमबद्ध युद्ध रणनीति की तरह पढ़ा जाए, तो इसका वजन कहीं अधिक बढ़ जाएगा।

3 अप्रिल को अंग्रेजों की सेना झाँसी नगर भेदने में सफल हो रही थी। 4 अप्रिल को रानी लक्ष्मीबाई को झाँसी क़िले से निकल कर नगर की गलियों में अंग्रेजों से युद्ध लड़ते हुए आगे बढ़ना था। अंग्रेज़ों के चक्रव्यूह को भेद कर निकलना असंभव था, क्योंकि वे नगर के अंदर और बाहर हर जगह मौजूद थे। फिर यह कैसे संभव हुआ? प्रत्यक्षदर्शी भारतीय क्या लिखते हैं? अंग्रेज़ों ने क्या लिखा?

उन्हें पढ़-समझ कर एक छवि बनानी होगी, और जब वह छवि बनेगी, तो रानी का स्थान अपने-आप बृहत्तर होता जाएगा।

इतिहास में पक्ष चुनने से अधिक समस्या है अधूरेपन की। अंग्रेज़ों की रिपोर्ट में झाँसी क़िले के अंदर की गतिविधि अधूरी होगी। वहीं झाँसी के लोगों को यह

नहीं मालूम था कि बाहर क्या चल रहा है। विष्णुभट्ट गोडसे ने अपने संस्मरण में लिखा है कि तात्या टोपे अपनी सेना सहित रण छोड़ कर भाग गए, और लक्ष्मीबाई की मदद नहीं कर पाए। वहीं पराग टोपे अपनी पुस्तक में लिखते हैं कि तात्या टोपे द्वारा भेजे अफ़ग़ानी विलायती ही लक्ष्मीबाई को सुरक्षित बाहर लाए। मुझे नहीं लगता कि यह मतांतर सिर्फ़ पक्ष चुनने की वजह से है। संभव है कि दोनों की खबरें अधूरी हो क्योंकि युद्ध की लाइव टेलिकास्ट रिपोर्टिंग तो हो नहीं रही थी। अगर होती, फिर भी अधूरी ही आती।

ब्रिटिश सेना का एक गोला 28 मार्च को भी एक दीवाल तोड़ चुका था, लेकिन उसकी फ़ौरन मरम्मत कर दी गयी। तात्या टोपे की सेना को हराने के बाद ब्रिटिश झाँसी के काफ़ी करीब आ गए। 2 अप्रिल को झाँसी नगर के मध्य स्थित भव्य गणपति मंदिर पर एक गोला आकर गिरा, और मंदिर ध्वस्त हो गया। इसका उनके मनोबल पर निश्चित प्रभाव पड़ा, क्योंकि संस्मरणों में यह बारंबार वर्णित है कि लक्ष्मीबाई और नगरवासी इस गणपति मंदिर को शक्ति का केंद्र मानते थे। दो दिन पहले रानी ने यज्ञ भी करवाया था। अब उन्हें हार निश्चित दिखने लगी।

3 अप्रिल को दक्षिणी दीवाल तोड़ कर, सीढ़ियाँ लगा कर ब्रिटिश सेना झाँसी नगर में प्रवेश करने लगी। हलवाईपुरा में आग लगा दी गयी। नगर के सभी पुरुषों को मारा जाने लगा। वर्णन है कि लगभग बीस हज़ार नगरवासी केंद्र में स्थित किसी भिडे परिवार के बगीचे में जमा हो गए। उनको इस शर्त पर छोड़ दिया गया कि वे बगीचे से बाहर नहीं निकलेंगे।

उस रात्रि का आँखो-देखी वर्णन 'माझा प्रवास' पुस्तक में कुछ यूँ है-

"हमें बताया गया कि रानी आधी रात को क़िले से निकल गयी। मोरो पंत ताम्बे और अन्य सहयोगी उनके साथ ही निकले। उन्होंने खजाने खाली कर दिए, और अपनी कमर में सोने बाँध लिए। उनके साथ 200 देशी और 1200 विलायती सिपाही थे। रानी ने पुरुषों की तरह पतलून और बूट पहनी थी, और कमर पर तलवार बाँधी थी। रानी अपने पसंदीदा सफ़ेद घोड़े पर सवार थी, जो उन्होंने ढाई हज़ार रुपए में खरीदी थी। अपने दत्तक पुत्र को उन्होंने एक रेशमी कपड़े से अपनी पीठ पर बाँध रखा था....

हमने 'जय शंकर' के नारे लगाते क़िले से निकलते रानी और उनके सहयोगियों को देखा...फिरंगी सेना ने कुछ गोलियाँ चलायी, मगर रात के अंधेरे में सिपाहियों के बीच रानी को पहचानना मुश्किल हो रहा था। उनकी एक विश्वासपात्र दासी (झलकारी बाई?) उनके साथ ही घोड़े पर सवार थी और उनकी ही तरह वेशभूषा पहन रखी थी। आखिर वे नगर से निकल कर कालपी की ओर बढ़ने में सक्षम हुए। ब्रिटिशों ने कुछ देर पीछा किया, मगर रानी का क़ाफ़िला उनकी नज़रों से ओझल हो गया। उन्हें यह भी अंदेशा था कि रानी क़िले में ही मारी गयी...

देर रात रानी कालपी के एक गोदाम पहुँची...लेकिन सुबह होते ही रानी के साथ एक समस्या आ गयी...उन्हें मासिक धर्म आए और अछूत स्थिति बन गयी (स्त्रीधर्माप्रमाणें अस्पर्श दशा प्राप्त झाली)। उन्होंने उस वक्त सोचा होगा कि ऐसी वीरता का क्या उपयोग जब उनका शरीर ही उनके साथ नहीं...जब तात्या टोपे को खबर हुई कि रानी कालपी पहुँच चुकी हैं, उन्होंने वस्त्र लाकर दिए और तंबू का इंतज़ाम किया।"

गोडसे का विवरण साहित्यिक उपमाओं से युक्त है और संभवतः मासिक धर्म जैसी बातें उन्होंने स्त्रीत्व की समस्याओं को अंकित करने के लिए लिखी होगी। अन्यथा कालपी से इतनी सूक्ष्म और निजी बातें उन तक पहुँचने का कारण नहीं। ह्यूग रोज़ इस पूरी घटना को कुछ पंक्तियों में समेट कर लिखते हैं,

"सुबह कैप्टन एबॉट की छावनी में एक मराठा गुप्तचर आया और कहा कि रानी 25 घुड़सवारों और 300 विलायतियों के साथ रात को ही निकल गयी"

कैप्टन पिंकनी का विवरण भी कुछ मिलता-जुलता ही है। यह आश्चर्यजनक लगता है कि ब्रिटिश सेना झाँसी में मात्र रानी लक्ष्मीबाई के समर्पण के लिए बढ़ी थी, और उन्हें ही नहीं पकड़ पायी। इस बात की खीज नागरिकों पर निकली। रानी के एक सिपाही दुलाजी सिंह के परिवार के सभी बच्चों को निकाल कर सार्वजनिक रूप से गोली मारी गयी, और दुलाजी का सर धड़ से अलग कर दिया गया। एक पुरोहित अग्निहोत्रि को होम करते देखा गया, तो उनके परिवार को मार डाला गया। यह बातें प्रत्यक्षदर्शी वर्णनों से हैं कि झाँसी नगर एक मरघट में तब्दील होने लगा, जबकि रानी और उनके सिपाही तो रात को ही निकल गए थे। यह निहत्थों की हत्या हो रही थी।

कालपी में लक्ष्मीबाई और तात्या टोपे के मिलने के बाद नयी भर्तियाँ शुरू हुई। 11 अप्रिल 1858 को पेशवा के नाम से एक आदेशानामा जारी हुआ,

"16 से 23 वर्ष की उम्र के सभी नागरिक जो तलवार चलाने में समर्थ हैं, जल्द हमारी सेना में भर्ती हों...सभी प्रत्याशी मदारी लाल बख़्त के घर पर नाम दर्ज करवाएँ"

इन आदेशानामों के बावजूद बुंदेल जमींदारों में अब पेशवा सेना में भरोसा घट रहा था। यह मुमकिन है कि वाकई तात्या टोपे बरुआ सागर से भाग आए हों और उनके नेतृत्व पर प्रश्न उठा हो। ऐसा अप्रिल के दो अन्य आदेशानामों से प्रतीत होता है कि बुंदेलों से विनती की जा रही थी वे भरोसा बनाए रखें। एक चिट्ठी मिली जिसमें पचास रुपए की मदद के लिए विनती की जा रही थी, दूसरी चिट्ठी मिली जिसमें पाँच सौ रुपए की मदद भेजी गयी मगर कालपी पहुँची ही नहीं।

ह्यूग रोज की सेना कालपी की ओर बढ़ने लगी। 7 मई को कोंच नामक स्थान पर उन्हें रोकने के प्रयास विफल रहे। 12 मई को ह्यूग रोज कालपी पहुँच गए। उस समय तक खबरें आ गयी थी कि कुंवर सिंह की मृत्यु हुई, अवध पर अंग्रेज़ प्रभुत्व कायम हुआ, ब्रिटिश बाग़ियों को ढूँढ-ढूँढ कर सजाएँ दे रहे हैं। कालपी में रानी लक्ष्मीबाई और राव साहब पर ह्यूग रोज को रोकने की ज़िम्मेदारी थी, जिसमें कोई जादुई संभावना नहीं दिख रही थी।

13 से 24 मई के मध्य किसी दिन तात्या टोपे मदद के लिए एक आखिरी शक्ति के पास पहुँचे। उनके रुख से ही कुछ हद तक यह भी तय होना था कि इस विद्रोह को जारी रखा जाए भी या नहीं। बाग़ियों के संसाधन और उत्साह, सभी खत्म हो रहे थे। दिल्ली, अवध, रुहेलखंड और बुंदेलखंड गिर चुके थे।

एक आखिरी आशा की किरण तलाशी जा रही थी ग्वालियर के सिंधिया में।

✹ ✹ ✹

ग्वालियर पर यह आरोप लगता है कि उन्होंने लक्ष्मीबाई का साथ न देकर अंग्रेजों का साथ दिया। सुभद्रा कुमारी चौहान की यह पंक्तियाँ जनमानस में दर्ज है-

1857 हमने सुनी कहानी थी

"रानी बढ़ी कालपी आयी, कर सौ मील निरंतर पार
घोड़ा थक कर गिरा भूमि पर, गया स्वर्ग तत्काल सिधार
यमुना तट पर फिर अंग्रेजों ने खायी रानी से हार
विजयी रानी आगे चल दी, किया ग्वालियर पर अधिकार
अंग्रेज़ों के मित्र सिंधिया ने छोड़ी राजधानी थी
बुंदेले हरबोलों के मुँह हमने सुनी कहानी थी"

कुछ वर्ष पहले आयी एक हिंदी फ़िल्म में रानी लक्ष्मीबाई की किरदार सिंधिया के विषय में कहती है, "जो अपनी माँ का सौदा कर दे, वह मर चुका है। मैं मुर्दों पर तलवार नहीं चलाती।"

जैसी मेरी आदत है कि मैं 'डेविल्स एडवोकेट' बन कर दूसरे पक्ष को समझना चाहता हूँ, तो सिंधिया के विषय में भी कुछ तर्क रखता हूँ। मैंने पहले ज़िक्र किया है कि ग्वालियर के सिपाही विद्रोह में सिंधिया के लिप्त होने के पर्याप्त सबूत हैं। एक ब्रिटिश स्त्री का संस्मरण भी प्रस्तुत किया जब वह बाग़ियों से जान बचा कर सिंधिया के पास आयी, तो उन्होंने शरण देने से इंकार कर दिया। उस स्त्री ने अपने संस्मरण में उन्हें दोगला मराठा कह कर संबोधित किया। 1857 में राजमाता बायजी बाई सिंधिया ब्रिटिश-विरोध की योजनाओं में प्रारंभ से सम्मिलित रही थी, जिनका जिक्र चपाती आंदोलन और शुरुआती विवरणों में मैं कर चुका हूँ। सितंबर 1857 में तात्या टोपे के ग्वालियर आने, और कालपी से नियमित संपर्क के भी विवरण हैं।

दूसरी तरफ़ राजनैतिक पहलू भी हैं। मराठा राज्य में जब छत्रपति का कद घटा, और उनके प्रधानमंत्रियों (पेशवा) ने राज्य को आपस में बाँट कर एक संघ (confederate) बनाया, तो उनमें आपसी विवाद भी उभरे। सिंधिया एक शक्तिशाली और धनाढ्य पेशवा थे, जबकि नाना साहेब तो बिठूर प्रवासित और ब्रिटिश पेंशन पर रहने वाले पेशवा के ऐसे वंशज थे जिन्हें कंपनी राज ने पेंशन अधिकार भी नहीं दिए। ऐसे में अगर नाना साहेब स्वयं को न सिर्फ़ मराठों बल्कि भारत के प्रतिनिधि रूप में प्रस्तुत करें, तो सिंधिया के समर्थन की ज़मीन नहीं बनती।

1857 में यह समस्या दिखती है कि युद्ध-कौशल वाले या ठीक-ठाक सैन्य शक्ति वाले रियासतों को अपने विश्वास में नहीं लिया गया। राजपूताना, सिख, सिंधिया, मूल मराठा, गुरखा और निज़ाम को इस योजना में शामिल न कर एक बूढ़े, कमजोर मुगल शासक, एक निर्वासित अवध नवाब की बेगम और एक प्रवासित मराठा पेशवा के गठबंधन बने। एक तरह से यह भारत की बी-टीम या सी-टीम थी जो अंग्रेजों की ए-टीम से लड़ रही थी। तुर्रा यह कि भारत की ए-टीम अंग्रेजों के ए-टीम का साथ दे रही थी, क्योंकि उन्हें विद्रोह योजना समिति ने चुना ही नहीं था। न सिर्फ़ सिंधिया, बल्कि सिख, गुरखा, निजाम, राजपूताना सभी अंग्रेजों के साथ थे। सिंधिया 'डबल गेम' तो खेल रहे थे, मगर ऐसा अधिकांश सामंत कर रहे थे।

इस भूमिका के साथ अब क्रोनोलॉजी के हिसाब से चलें कि आखिर हुआ क्या, कब, कहाँ और कैसे था। तात्या टोपे सिंधिया से मदद माँगने उस वक्त पहुँचे, जब ब्रिटिश सेना उत्तर भारत में झंडे गाड़ चुकी थी। झाँसी पराजित हो चुकी थी, और स्वयं तात्या टोपे झाँसी से भाग कर कालपी आए थे। तात्या टोपे की सेना में शुरू से ही ग्वालियर के बाग़ी सिपाही थे, जिन पर अप्रत्यक्ष रूप से सिंधिया का वरदहस्त रहा था। तात्या टोपे की चिट्ठी में भी बायजा बाइ शिंदे (सिंधिया राजमाता) के आशीर्वाद की बात लिखी है।

13 मई से कालपी में ह्यूग रोज की सेना ने पैठ बनानी शुरू की। चूँकि कालपी झाँसी की तरह क़िलाबंद नहीं था, वहाँ भारतीयों के लिए लड़ाई कठिन थी। ऐसे वर्णन मिलते हैं कि वहाँ के आम नागरिक पहले ही नगर खाली कर गए थे, और भारतीय बाग़ी लुका-छिपी कर युद्ध को टाल रहे थे। 22 मई को गुलौली में आमने-सामने की लड़ाई हुई, जो दो दिन चली। 24 मई की रात को भारतीयों को वहाँ से भागना पड़ा। इसलिए कालपी में 'अंग्रेजों ने खायी रानी से हार' इतिहास-सम्मत नहीं। इसका उद्देश्य राष्ट्रवाद की लौ जलाना था, और उसी तरह देखा जाना चाहिए। इतिहास क्रूर होता है, किंतु साहित्यकार समाज को जागृत करने का उत्तरदायित्व रखते हैं। इस कारण ये कविता उस काल-खंड में उपयुक्त थी।

कालपी से भाग कर तात्या टोपे, राव साहब और रानी लक्ष्मीबाई ग्वालियर की तरफ़ आए। जायाजीराव सिंधिया उस वक्त मात्र तेइस वर्ष के थे, और उनसे

उम्मीद की जा रही थी कि जब बड़े-बड़े सूरमा हार गए, तो वह जीत दिलाएँ। लेकिन, जायाजीराव के पास विकल्प क्या था? अगर वह अंग्रेजों का साथ देते, तो उन्हें अपने ही मराठा पेशवा के खिलाफ़ और ग्वालियर का बाग़ियों से लड़ना होता। अगर वे तात्या टोपे का साथ देते, तो हार और बेदखली लगभग तय थी। क्या यह योजना बनायी गयी कि तात्या टोपे से एक झूठी लड़ाई लड़ कर, ग्वालियर का किला और हथियार उन्हें सौंप कर, स्वयं भाग जाया जाए? सितंबर 1857 और मई 1858 में आखिर सिंधिया और तात्या के मध्य क्या बात हुई?

स्वयं तात्या टोपे के वंशज पराग टोपे[1] लिखते हैं,

"सिंधिया के विषय में गद्दार की धारणा बनाने में ग्वालियर के रेज़िडेंट मैक्फर्सन का योगदान है...जबकि वह स्वयं ग्वालियर छोड़ कर लंबे समय तक आगरा में रहे... ग्वालियर के विवरण उनकी सुनी-सुनाई बातों और मनगढ़ंत कथाओं से बने। बाद में इतिहासकारों ने इसी आधार पर ऐसा कथ्य बुना कि 1857 में भारतीयों की हार का ठीकरा सिंधिया पर फोड़ दिया जाए। ऐसा करने का यह कारण था कि अंग्रेज़ स्वयं जीत का श्रेय नहीं लेना चाहते थे, बल्कि भारतीयों के आपसी झगड़ों को उभारना चाहते थे। अगर अंग्रेज़ जीत का श्रेय लेते तो उन्हें अपनी क्रूरताओं का उत्तर देना होता।"

सिंधिया परिवार अपनी कूटनीतियों की वजह से इकलौता राजवंश है जो पिछले तीन सदियों से अपने तिकड़मों से सत्ता में मौजूद है। चाहे आखिरी मुगल-मराठा काल हो, ब्रिटिश काल हो, अथवा लोकतांत्रिक कांग्रेस या भाजपा सरकारें हो, वे अपनी जगह बनाते रहे हैं। रशीद किदवई ने अपनी पुस्तक 'हाउस ऑफ सिंधिया' में इस पूरी कड़ी को जोड़ने का प्रयास किया है, जिसमें कई बार इतिहास स्वयं को दोहराता नज़र आता है। बायजी बाइ सिंधिया और विजय राजे सिंधिया की छवि एक जैसी दिखने लगती है। वहीं जयाजीराव सिंधिया और माधवराव सिंधिया एक जैसे दिखते हैं। मसलन दोनों ने क्रिटिकल मौकों पर ग्वालियर से भाग कर अपने बेहतर भविष्य के लिए साँठ-गाँठ की। वहीं राजमाताएँ दूसरे खेमे की पीठ थपथपाती रही। इस पर विस्तार देने के लिए 1857 का खंड उपयुक्त

---

1   टोपे, पराग, तात्या टोपेज ऑपरेशन रेड लोटस, रूपा एंड कंपनी, 2009

नहीं, किंतु राजनैतिक इतिहास पर एक विहंग-दृष्टि डाल कर ये समानताएँ ढूँढी जा सकती है।

वहीं, जयाजीराव सिंधिया के रेज़िडेंट मैक्फर्सन से अच्छे ताल्लुकात थे, और दोनों विद्रोह के समय मुख्यतः आगरा में मौजूद थे। उनके दीवान दिनकर राव को राष्ट्रवादी इतिहासकार खलनायक दिखाते रहे हैं, मगर उन्हें भी आधुनिक इतिहास के दीवान सरदार आंग्रे के समकक्ष देखा जा सकता है। ये दीवान बहुत ही 'कैलकुलेटिंग' क़िस्म के लोग थे, जो ये भाँप लेते कि हवा किस तरफ़ चल रही है। मई 1858 में भारत के किसी तार्किक व्यक्ति को यह स्पष्ट था कि विद्रोह का अब 'पैक अप' शुरू हो चुका है। बंबई, बंगाल, और मद्रास प्रेसीडेंसी तो पहले से कंपनी के हाथ में थे, अब शेष भारत पर भी उनका ही राज निश्चित था।

प्रश्न यह है कि अगर ग्वालियर ब्रिटिशों के साथ थी, तो तात्या टोपे किस उत्साह से अपनी सेना लेकर ग्वालियर आए? क्या वह ग्वालियर को हराने आए थे? ऐसा 1857 में पहले कब हुआ था कि एक भारतीय रियासत ही दूसरी रियासत पर विजय पाए? यह कोई चरखारी जैसी मामूली रियासत भी नहीं, बल्कि दस हज़ार से अधिक सिपाहियों वाली बड़ी सेना थी। भला तात्या टोपे एक तरफ़ ह्यूग रोज और दूसरी तरफ ग्वालियर से लड़ने की अतार्किक योजना क्यों बना रहे थे? रानी लक्ष्मीबाई जो ओरछा और दतिया रियासतों से नहीं जीत सकी, उनके ग्वालियर जीतने की योजना भी अनुपयुक्त लगती है। इस योजना को पुनः गणितीय बुद्धि से समझने का प्रयास करना चाहिए।

27 मई 1858 को राव साहब, लक्ष्मीबाई, तात्या टोपे, सिपहसलार मुहम्मद इशहाक और बांदा के नवाब अली बहादुर की महोना (एक संदर्भ में गोपालपुर) में बैठक हुई। तात्या टोपे ग्वालियर में राजमाता से मिल कर लौटे थे, और उन्होंने पूरी योजना समझायी। ग्वालियर का एक दिखावटी प्रतिरोध होना था, जिससे कंपनी बहादुरों को लगे कि सिंधिया उनके साथ हैं। तात्या टोपे को जीत मिलनी तय थी, लेकिन यह स्पष्ट नहीं था कि उसके बाद क्या? ग्वालियर तो अधिक से अधिक हथियार और संसाधनों का 'रीफिल प्वाइंट' था।

वर्णन मिलते हैं कि रानी लक्ष्मीबाई स्वयं झाँसी को वापस हासिल करने के

लिए करेरा की तरफ़ बढ़ना चाहती थी। लेकिन बुंदेल रियासतों से समर्थन की उम्मीद घट रही थी। खैर, 2 जून तक ग्वालियर विजय पा ली गयी। इसे एक नकली युद्ध न मानने के भी तर्क मौजूद हैं। लश्कर और महल के इर्द-गिर्द गोलियाँ चली थी, लोग मारे भी गए थे। जो भी हो, यह 1857 के अन्य युद्धों के मुक़ाबले कमजोर लड़ाइयों में थी। ब्रिटिश इतिहासकार सॉल डेविड[1] लिखते हैं,

"31 मई को बड़ागाँव में सिंधिया की सेना ने बाग़ियों पर हमला कर दिया। इससे बाग़ी घबरा गए, क्योंकि उन्हें किसी प्रतिरोध की उम्मीद नहीं थी। कुछ वापस लौटना चाहते थे। उस समय रानी (लक्ष्मीबाई) ने उन्हें जागृत किया और घुड़सवारों को लेकर स्वयं आगे बढ़ी। हालाँकि ग्वालियर आधे मन से ही लड़ रहा था, और कुछ समय बाद उनका असल रंग दिखने लगा। वे भी बाग़ियों के सुर में सुर मिला कर 'दीन! दीन!' चिल्लाने लगे।"

जयाजीराव सिंधिया और उनके दीवान धौलपुर के रास्ते आगरा की तरफ़ निकल गए (भाग गए?)। राजमाता बायजी बाई पनिहार में थी, जहाँ तात्या टोपे द्वारा मिल कर आशीर्वाद लेना वर्णित है। पेशवा राव साहब द्वारा राजमाता को लिखी एक चिट्ठी है-

"आपका यहाँ (ग्वालियर) से जाना उचित नहीं...मैं जमादार रामजी चौले के हाथ चिट्ठी भेज रहा हूँ। आप यहाँ आकर गद्दी संभालें। हम ग्वालियर में आगे की योजना के लिए आपसे विमर्श करना चाहते हैं।"

हालाँकि पराग टोपे एक अन्य आदेशनामा उद्धृत करते हैं, जिसके तेवर अलग हैं। यह ग्वालियर के नागरिकों के लिए था-

"हम राव हैं, पेशवा हैं। सिंधिया तो हमारी जूतियाँ ढोते थे। हमने उन्हें राज दिया। उनकी सेना अब हमारे साथ है। बायजा बाई भी हमारे साथ है। तात्या टोपे ने पहले ही ग्वालियर आकर सब तय कर लिया था। क्या आप हमसे लड़ना चाहेंगे?"

बिठूर से उठ कर ग्वालियर की गद्दी पर बैठने का दंभ स्वाभाविक है, और राव पेशवा के धौंस की ऐतिहासिक वजह भी है। पेशवा ने ही शिंदे परिवार को

---

1   डेविड, सॉल, द इंडियन म्यूटिनी, गार्डनर बुक्स, 2003

मालवा में सूबेदारी दी थी, जो बाद में सिंधिया कहलाए। किंतु यह समय भोंसले, राव या सिंधिया के आपसी ऊँच-नीच दिखाने का नहीं था। यह अभिमान दस दिन नहीं टिक सका। अंग्रेज़ ग्वालियर के 'अजेय' किले पर विजय को एक 'ग्रैंड इवेंट' बनाना चाहते थे।

अंग्रेज़ों की जीत 1857 के ताबूत की आखिरी कील साबित हुई।

ह्यूग रोज ने लिखा है, "रानी लाल वर्दी और सफेद पगड़ी में थी। उन्होंने मोतियों की माला और सोने की पैंजनिया पहन रखी थी। जब वह घायल होकर अपनी तंबू में मृत्युशय्या पर थी, तो उन्होंने अपने सभी आभूषण सिपाहियों को बाँट देने कहा। मैंने सुना कि तात्या टोपे ने वह आभूषण ले लिए। पूरी बाग़ी सेना शोक संतप्त होकर आँसू बहाने लगी। ग्वालियर की चट्टान के नीचे एक इमली के पेड़ तले रानी का शवदाह किया गया, जहाँ मैंने उनकी अस्थियाँ देखी।"

जिस वक्त राव साहेब ग्वालियर राजमहल में अपना भव्य दरबार लगा रहे थे, और मराठा पेशवा राज के पुनर्स्थापन का उद्घोष कर रहे थे, रानी लक्ष्मीबाई ने उस आयोजन में सम्मिलित होने से इंकार कर दिया। वह इस यथार्थ में जी रही थी कि जिस समय अंग्रेजों की सेना कुछ ही मील दूर हो, उस समय इन खोखले आयोजनों का कोई महत्व नहीं। कथित रूप से 5 जून को उन्होंने राव साहब को डाँट लगायी,

"आप ग्वालियर की सुरक्षा का इंतजाम या आगे की योजना बनाने के बजाय ऐसे आडंबर क्यों कर रहे हैं? आप किस सिंहासन पर बैठे हैं? पुरोहित क्यों आपका राज्याभिषेक कर रहे हैं? आखिर क्यों आपको तोपों की सलामी दी जा रही है? आप इस भ्रम से बाहर आएँ, और सिपाहियों को तैनात करें। फिरंगी सेना आती ही होगी। मैं इस क़िले में आराम नहीं करने वाली। मैं युद्ध लड़ने जा रही हूँ।"

लगभग सभी विवरण और परिस्थितियाँ ग्वालियर में रानी लक्ष्मीबाई का कद बहुत ऊँचा कर देते हैं। इसमें कोई दो राय नहीं कि झाँसी के क़िले से कालपी और ग्वालियर पहुँचने तक रानी युद्ध को लेकर गंभीर थी। उन्हें ग्वालियर के वैभव में अधिक रुचि नहीं थी, और वह रणनीतिक सफलता चाहती थी। इसके लिए उन्हें ग्वालियर से संसाधन इकट्ठा कर यथाशीघ्र बुंदेलखंड की ओर लौटना अधिक माकूल लगता था। शायद यह बेहतर निर्णय भी होता।

ह्यूग रोज स्वयं थक चुके थे और कालपी में कमान त्यागने वाले थे। लेकिन, ग्वालियर की खबरें सुन कर उन्हें एक आखिरी मुहिम पर जाने का कारण मिला। 6 जून को वह कालपी से निकले, और 16 जून तक ग्वालियर नगर की परिधि में मुरार छावनी के निकट पहुँच गए। दक्षिण से ब्रिगेडियर स्मिथ और मेजर ओर भी जुड़ गए थे।

विलियम रसेल (टाइम्स के 1857 युद्ध पत्रकार) ने प्रत्यक्ष वर्णन लिखा है,

"फौजी वेशभूषा में रानी लक्ष्मीबाई हमेशा घोड़े पर सवार रहती, और सिपाहियों को निर्देश रही होती। उनकी इस अथक ऊर्जा ने बाग़ियों को संगठित होने में बड़ी भूमिका निभायी।"

रानी ने ग्वालियर के दक्षिण में कोटा की सराय के निकट खंदकों में अपनी कमान संभाली थी। 17 जून को ब्रिगेडियर स्मिथ की टुकड़ी ने इन खंदकों पर हमला किया, और भारतीय सिपाही अपनी जगह बदलने पर मजबूर हुए। लेकिन, स्मिथ को किसी और हमले की खबर मिली, और पीछे लौटना पड़ा। रानी लक्ष्मीबाई ने पुनः इन खंदकों पर बेहतर घेराबंदी बना ली।

ग्वालियर की पहाड़ियों और कोटा की सराय के मैदान के मध्य गड्ढों में ब्रिटिश फौज को ख़ासी दिक्कतें आ रही थी, और ब्रिगेडियर स्मिथ की टुकड़ियाँ गहरे नालों में फँस गयी थी। यह विवरण मेजर रॉबर्ट पूरे ने दिया है। रानी स्वयं इन गोलीबारियों की देख-रेख कर रही थी।

उसी मध्य 8वीं हुस्सर रेजिमेंट के कुछ घुड़सवार अचानक रानी के निकट आ गए, और उनके इर्द-गिर्द के सिपाही घबरा कर छिटक गए। घुड़सवारों से घिरी रानी ने जब जवाबी हमला किया, तो एक तलवार उनकी बाँह पर लगी, और वह घोड़े से गिर गयी। संभवतः रानी के भेष के कारण वे उन्हें एक आम पुरुष सिपाही ही समझ रहे थे। वे रानी को वहीं घायल छोड़ कर आगे बढ़ गए। उस समय रानी ने एक पिस्तौल चलायी, और घुड़सवारों ने पीछे मुड़ कर उन्हें गोलियों से भून डाला।

18 जून को हैमिल्टन ने टेलीग्राम भेजा, "झाँसी की रानी मारी गयी"

ह्यूग रोज, जो झाँसी से उनका पीछा कर रहे थे और उनके सर पर एक लाख का ईनाम रखा था, वह आश्चर्यजनक रूप से तारीफ़ों के पुल बाँधने लगे। उन्होंने

रानी को संपूर्ण बाग़ी नेतृत्व का कठिनतम योद्धा कहा। उन्हें संभवतः यह अंदेशा नहीं था कि रानी स्वयं घोड़े पर सवार होकर युद्ध लड़ेगी।

उनका आकलन ग़लत नहीं था। रानी के गिरते ही ग्वालियर गिर गया। अगले ही दिन 19 जून को ह्यूग रोज की सेना क़िले में प्रवेश कर गयी। राव साहब और तात्या टोपे को चंबल की ओर भागना पड़ा। जयाजीराव सिंधिया को पुनः गद्दी सौंप दी गयी। संभवतः सिंधिया की एक टुकड़ी अथवा कुछ सिपाही तात्या टोपे के साथ निकल गए। कथित रूप से ग्वालियर से 19 लाख रुपए के खजाने भी साथ ले गए। इसकी पुष्टि इस बात से होती है कि सिंधिया के मुख्य खजाँची अमरचंद बातिया को बाग़ियों की मदद के लिए फाँसी दे दी गयी।

1857-58 में पेशवा का दूसरा (पहला कानपुर) अल्पकालिक राज्याभिषेक खोखला ही रहा। अब आमने-सामने की लड़ाइयों का दौर खत्म हो चुका था। बाग़ियों को ऐसी जगह तलाशनी थी, जहाँ से छुप कर गुरिल्ला युद्ध किया जा सके, छिटपुट हमले किए जा सके। चंबल के जंगलों से गुजरते हुए बाग़ी तीन खेमों में बँट गए। एक टुकड़ी को नवाब अली बहादुर लेकर बाँदा की तरफ बढ़े, दूसरी को राव साहब ले गए, और तीसरी को तात्या टोपे अरावली और विंध्य की पहाड़ियों से गुजरते हुए ले गए हिण्डौन (वर्तमान राजस्थान)।

तात्या टोपे की मुलाक़ात टोंक में फ़िरोज शाह से हो रही थी। ऐसी ही मुलाक़ातें कहीं दूर कुंवर सिंह के भाई अमर सिंह भी कर रहे थे। स्वात घाटी में बख़्त ख़ान कर रहे थे। आखिरी आशाओं की तलाश में जंगलों, मरुस्थलों और घाटियों में भटक रहे थे।

✤ ✤ ✤

नाना साहेब कहाँ थे? ग्वालियर या कालपी में जो पेशवा तात्या टोपे के साथ थे, वह नाना साहेब के भाई (भतीजे?) राव साहब थे। ऐतिहासिक विवरणों में इन पहचानों को लेकर पर्याप्त शंकाएँ हैं, और संभव है कि नाना साहेब की लिखी वह चिट्ठी ठीक हो जिसमें वह स्वयं को विद्रोह से अलग कर लेते हैं। कानपुर के बाद नाना साहेब और उनके दीवान अज़ीमुल्ला ख़ान विवरणों से गायब होने लगते हैं।

तात्या टोपे और राव साहेब के हाथ में कमान दिखती है। यह भी संभव है कि नाना साहेब के लिए जंगलों और पहाड़ों में भटकना या युद्ध लड़ना कठिन था, और वह दोआब में ही किसी स्थान से आर्थिक सहयोग के इंतज़ाम कर रहे थे।

तात्या टोपे को पकड़ना अंग्रेजों के लिए ऐसा लक्ष्य था, जो वाकई गुरिल्ला युद्ध प्रशिक्षण में उपयोगी हो सकता है। तात्या बहुत कुशलता से अपने स्थान बदल रहे थे, और अंग्रेज़ों को गुमराह कर रहे थे। राजपूताने में जब वह टोंक में थे, तो अंग्रेजों को खबर मिली कि वह रामपुर की ओर भाग रहे हैं। जब कर्नल होम्स रामपुर पहुँचे, तात्या सवाई माधोपुर की ओर कुशताला गाँव निकल गये थे। 18 जुलाई को वह बूँदी पहुँच गए। तात्या अकेले नहीं थे, बल्कि बाग़ी सिपाहियों और हथियारों के साथ चल रहे थे। ख़ास कर उस जमाने के तोपों को खींचने के लिए हाथी भी लगते थे। इसलिए यह इतना सहज नहीं था। मुमकिन है कि राजपूताना के सामंतों या आम नागरिकों से उन्हें गुप्त सहयोग मिल रहा हो, और वे अंग्रेजों को भटकाने में मदद कर रहे हों।

कर्नल होम्स ने लिखा है, "तात्या मेरी पकड़ में आते-आते रह गया। हमें सवारी (carriage) इंतज़ाम में देर हो गयी"

ब्रिटिश विवरणों के अनुसार बूँदी के सामंत राव राम सिंह ने तात्या के लिए दरवाजे बंद कर दिए, और उन पर गोलियाँ भी चलायी। लेकिन इस पर शंका है, क्योंकि सामंत अक्सर अंग्रेजों को बहलाने के लिए ऐसी बातें कह देते, और बाग़ियों को छुपा कर रखते। बूँदी के बाद तात्या अंग्रेजों के रडार से अचानक गायब हो गए। कर्नल होम्स अपने तमाम ख़ुफ़िया लगा कर भी ढूँढ नहीं पाए। कयास लगते हैं कि राम सिंह ने ही बाग़ियों को छुपाने और भगाने में मदद की।

8 अगस्त 1858 को अचानक पता लगा कि तात्या टोपे ने भीलवाड़ा में अपनी छावनी लगा ली। उस समय एक जनरल रॉबर्ट्स से उनकी भिड़ंत हुई, और कर्नल होम्स भी निकट के काछोला गाँव पहुँच गए। लेकिन, तात्या और उनके सिपाही पुनः भाग निकले। इस रणनीति की आलोचना हो सकती है कि वह आमने-सामने योद्धा की तरह नहीं लड़ रहे थे, लेकिन मराठा इतिहास इसी गुरिल्ला रणनीति के लिए जाना जाता है। भारत पर लगभग कब्जा करने के बाद

भी ब्रिटिश इस शिकार में फँसे हुए थे, और उन्हें आशंका थी कि बाग़ी फिर से संगठित न हो जाएँ।

उनकी आशंका ग़लत नहीं थी। तात्या पहली बार राजपूताना में भी चिनगारी जलाने में सक्षम हुए। एक रिपोर्ट के अनुसार-

"नरवर का राजा (मान सिंह) करेरा के जंगलों में तीन हज़ार लोगों के साथ है। उसके पास तोप नहीं है।

बड़ोदा का राजा कोटा के निकट मंगरोल में चार हज़ार लोगों और तीन हाथियों के साथ है, उसके पास भी तोप नहीं है।

झाँसी के निकट मऊ में 3000 बाग़ी जमा हुए हैं। बताया जा रहा है कि रानी लक्ष्मीबाई का भाई उनका नेतृत्व कर रहा है।

इंदुरकी का दौलत सिंह 1500 बंदूकचियों के साथ नाचूर में मौजूद है।"

यह क्षेत्र बहुत देर से जागा, मगर इतनी जल्दी इतनी सेना और हथियार इकट्ठा कर लेना इनकी क्षमता तो दिखाता ही है। ब्रिटिश इन नए मोर्चों पर उलझ गए, और तात्या की टुकड़ी चंबल पार कर मालवा जाने की तैयारी करने लगी। उनके इस गोल-गोल घूमती यात्रा का कारण यह भी हो सकता है, कि वह गाँव-गाँव को पुनः जागृत कर रहे थे। यह आशा दिखा रहे थे कि अभी सब कुछ खत्म नहीं हुआ। पिक्चर अभी बाकी है।

कथित रूप से 13 अगस्त 1858 को तात्या टोपे नाथद्वारा मंदिर दर्शन के लिए पहुँचे, और उसके बाद मालवा के जंगलों के लिए कूच कर गए। कोठरिया और मावली में उन पर हमला हुआ, जिसमें कुछ बाग़ी मारे गए, लेकिन अंततः वे जंगलों में छुपने में सक्षम हुए।

चंबल का जल-स्तर बढ़ रहा था, और अपने हाथियों के साथ खड़ी बाग़ी सेना इसे पार करने की जुगत लगा रही थी। कैप्टन पार्क और जनरल रॉबर्ट्स उनके पीछे जंगलों में आ चुके थे। प्रश्न यह था कि क्या तात्या आखिर पकड़े जाएँगे?

18 सितंबर 1858 को द फ्रेंड ऑफ इंडिया पत्रिका ने लिखा, "ऐसा लगता है कि तात्या हार गया है। अब किसी खतरे की आशंका नहीं दिखती, लेकिन अभी तक तात्या टोपे मरा नहीं है..."

चंबल की उफ़ान में लगभग चार हज़ार बाग़ियों के साथ तात्या टोपे रामपुर पहुँचे, और 27 अगस्त को झालरापाटन नामक स्थान पर थे। वहाँ झालावाड़ के राणा ने उन्हें पाँच लाख नकद, हथियार और कुछ सिपाही दिए। ब्रिटिश विवरण में शंका जतायी गयी कि झालावाड़ के बाद तात्या की सेना बढ़ कर 8000 हो गयी।

ब्रिटिशों ने तात्या को पकड़ने के लिए एक चक्रव्यूह का निर्माण किया, लेकिन उस मौसम में चंबल पार करना एक समस्या तो थी ही। पहले नीमच और महू से टुकड़ियाँ झालावाड़ की ओर निकली। नलखेड़ा से कैप्टन होप के निकलने के भी विवरण हैं। 4 सितंबर को राजगढ़ के छपिहेड़ा में इस ऑपरेशन के मुखिया जनरल मिशेल पहुँच चुके थे। 10 सितंबर को गुना के कैप्टन मेन भी पहुँच गए। इन विवरणों से लगता है कि झालावाड़ में ठीक-ठाक बाग़ी सेना रही होगी या ऐसी आशंका होगी, अन्यथा इतनी तैयारी का मतलब नहीं लगता। अगर यह प्रकरण छाँट दिया जाए, तो राजपूताना की भूमिका बहुत कम हो जाती है। किंतु मुझे लगता है कि इस पर कुछ कार्य संभव है।

मसलन नरवर के राजा मान सिंह को भी 1857 के तमाम गद्दारों में एक गिना जाता है। लेकिन इतिहास लेखन में इन शब्दों के उपयोग में सावधानी बरतनी चाहिए। क्रम से देखना पड़ेगा कि परिस्थितियाँ क्या थी। जनता तो यूँ ही हरकिशुन सिंह को कुंवर सिंह का गद्दार भी कहती है, लेकिन दस्तावेज़ों से गुजर कर ऐसी बातों का प्रोजेक्शन पता लगता है। थोड़ा बारीक़ देख कर ऐसे भी संकेत मिल जाते हैं कि भारतीयों के मध्य नायक-खलनायक युग्म रच कर ब्रिटिश स्वयं पाक़ साफ़ बच जाते हैं।

जिस समय तात्या टोपे झालावाड़ में घिर रहे थे, उस समय परबती नदी पार से मान सिंह और आदिल मोहम्मद शाह (अंबावली गाँव) ही उनकी मदद कर रहे थे। 13 सितंबर को तात्या बच कर राजगढ़ पहुँचने में सक्षम हुए। वहाँ से आगे सिरोंज नामक स्थान पर आदिल शाह और मान सिंह अपनी टुकड़ी लेकर तात्या से जुड़ गए (यह स्पष्ट नहीं कि स्वयं मान सिंह जुड़े या सिर्फ़ उनके सिपाही)। एक ब्रिटिश संदर्भ उद्धृत है कि तात्या की सेना बढ़ कर 15, 000 हो गयी, जो अतिशयोक्ति लगती है। जनरल मिशेल के कथनानुसार वहीं किसी ब्योवरा (राजगढ़ के निकट) स्थान पर तात्या घेर लिए गए थे, लेकिन बच निकले। भले तात्या टोपे से कोई

प्रत्यक्ष नुकसान नहीं हो रहा था, लेकिन ब्रिटिश मीडिया के लिए अब यह एक रोचक मुद्दा बन गया था। लाटसाहेब चाय पर चर्चा करते कि तात्या पकड़ा गया या नहीं।

सिरोंज से आगे बेतवा नदी के किनारे ईसागढ़ और अक्तूबर मध्य तक तात्या टोपे ललितपुर पहुँच गए। घूम-फिर कर बुंदेलखंड की तरफ़ बढ़ने का कारण यह था कि वहाँ राव साहब और बाँदा के नवाब अली बहादुर मिलने वाले थे। इस तरह जो संगठन ग्वालियर में बिखरा था, वह पुनः एकत्रित हो गया। मालवा-बुंदेलखंड ने ब्रिटिशों को लंबे समय तक उलझा कर रखा, किंतु दोनों ही पक्ष गोल-गोल घूम कर कुछ ख़ास हासिल नहीं कर रहे थे। अक्तूबर के अंत में सेंधवा और खुरई नामक स्थानों पर पुनः जनरल मिशेल द्वारा तात्या टोपे को हराना वर्णित है, लेकिन वहाँ भी वह पकड़े या मारे नहीं जा सके। बल्कि, उसके बाद तात्या नर्मदा पार कर दक्षिण की ओर बढ़ने लगे। ऐसा लगता है कि वह मराठा क्षेत्र तक पहुँच कर कुछ समर्थन जुटाना चाहते थे, अथवा एक नयी चिनगारी जलाना चाहते थे।

यही वह वक्त था जब ब्रिटिश सरकार ने एक बड़ा फ़ैसला लिया। इसकी भूमिका पहले से बन रही थी, 1857 ने एक माकूल वजह दे दी। 1 नवंबर 1858 को लॉर्ड कैनिंग ने महारानी विक्टोरिया का फ़रमान पढ़ा जो भारत के सभी राजाओं, ज़मींदारों और जनता के नाम था। इसके अनुसार ईस्ट इंडिया कंपनी का अंत कर अब भारतीय प्रशासन सीधे महारानी विक्टोरिया के हाथ में था। भारतीयों को ब्रिटिश साम्राज्य के अन्य नागरिकों की तरह अधिकार देने के वादे किए गए। यह 'गवर्नमेंट ऑफ़ इंडिया ऐक्ट' एक तरह से कंपनी के चंगुल से आज़ादी की तरह देखी गयी, वहीं यह महारानी की ग़ुलामी का द्योतक भी थी।

ब्रिटिशों ने महारानी के घोषणापत्र को इस तरह प्रचारित किया कि भारत को कंपनी के अत्याचारों से आज़ादी मिल जाएगी, और 'गोरे' लोगों से समानता मिल जाएगी। ऐसे तर्क बनाए गए कि तमाम रियासतों में बसा भारत अब एक देश का रूप ले चुका है, और विक्टोरिया इस देश की महारानी (एम्प्रेस ऑफ़ इंडिया) होगी। गाँवों तक में ख़ुशी की लहर पहुँची, और तात्या टोपे जैसे बाग़ियों को समर्थन मिलना कम हो गया।

7 नवंबर को तात्या टोपे और राव साहेब ने एक आदेशनामा निकाला,

"सभी ग्रामवासियों, व्यापारियों और सिपाहियों को सूचित किया जाता है कि हम आपके गाँव पर आक्रमण करने नहीं आए हैं...हमारी शत्रुता मात्र ईसाईयों और फिरंगियों से है...आपने अगर हमारे द्वारा लूट की घटनाएँ सुनी हैं, वे ग़लत हैं...हमें अपनी लड़ाई के लिए रसद चाहिए। आप अपने घरों में ही रहें, सिर्फ़ अनाज बाहर रख दें। हम आपको उसकी उचित क़ीमत भी देंगे। आप पर कोई आँच नहीं आएगी।"

इस पत्र से यूँ लगता है जैसे कभी जनता के नायक रहे बाग़ी सिपाहियों की गिनती देश को हानि पहुँचाने वाले लुटेरों में हो रही थी। चंबल के इन बाग़ियों का चित्रण डाकुओं की तरह होने लगा। यह तो इतिहास ने स्पष्ट किया कि आखिर लूट कौन रहा था।

✳ ✳ ✳

दिल्ली पर बाबर की फ़तह के 332 वर्षों बाद, 7 अक्तूबर (1858) की सुबह चार बजे आखिरी मुग़ल बादशाह एक बैलगाड़ी पर बैठ कर दिल्ली से रुख़्सत हुए। उनके साथ उनकी बीवियाँ, दो ज़िंदा बेटे, और नौकर-चाकर मिला कर कुल इक्त्तीस लोग...उन्हें कहा ले जाया जा रहा था, यह बादशाह को भी नहीं मालूम था। उन्हें तो सुबह 3 बजे ही यह बताया गया कि दिल्ली से कहीं दूर ले जाया जाना है।"

-विलियम डैलरिम्पल, द लास्ट मुग़ल पुस्तक में

विद्रोह का सूर्यास्त हो रहा था। नर्मदा पार कर नागपुर की ओर बढ़ रहे तात्या टोपे को भी वापस लौटना पड़ा, जब उन्हें ख़बर मिलने लगी कि मराठों से सहयोग की कोई उम्मीद नहीं। सतपुड़ा के जंगलों में मुल्ताई नामक स्थान पर तात्या को लगा कि दक्षिण का रास्ता बंद है, उत्तर में अंग्रेज़ घेराबंदी कर चुके हैं, पूरब में भी कोई आशा की किरण नहीं। अब एक दिशा बची थी-सौराष्ट्र की ओर।

7 नवंबर से दस दिनों तक जंगलों में भटकते हुए वह खंडवा होते हुए खरगोन नामक स्थान पहुँचे। अंग्रेज़ों ने उन्हें ट्रैक कर लिया था, और कुछ ही दूर जुलवानिया

में उन्हें पकड़ने की योजना बनने लगी। ह्यूग रोज स्वयं वहाँ पहुँच रहे थे। यह स्पष्ट नहीं कि आखिर तात्या कैसे उनसे बच कर वडोदरा के देवहाटी पहुँचने में सक्षम हुए। कयास लगाए जाते हैं कि उन्हें भील नायकों का सहयोग मिला। मुझे केवल दामा और रूपा गोब्बर नामक नायकों के नाम मिले, जो उस इलाक़े में लंबे समय से ब्रिटिश-विरोध में सक्रिय थे। इन्हें मालवा से पंचमहल तक के जंगलों की पूरी जानकारी थी, और गुरिल्ला आक्रमण करते रहे थे।

येन-केन-प्रकारेण दिसंबर महीने में तात्या टोपे वर्तमान गुजरात के गोधरा के निकट पिपलोड नामक स्थान पर पहुँच गए थे। इस मध्य खबर मिली कि अब अन्य विद्रोहियों ने घुटने टेकने शुरू कर दिए। बाँदा के नवाब जो लंबे समय से तात्या का सहयोग कर रहे थे, उन्होंने 17 नवंबर को आत्मसमर्पण कर दिया। हालाँकि फ़िरोज शाह ने अब तक हथियार नहीं डाले थे, और वह दोआब में समर्थन जुटाने में लगे थे। तात्या टोपे की भी यही योजना था कि फ़िरोज शाह के साथ मिल कर विद्रोह को जारी रखा जाए।

जनवरी 1859 में राजगढ़ और इंद्रगढ़ के मध्य मालवा में तात्या टोपे और फिरोज शाह के बाग़ियों की मुलाक़ात होनी थी। इसमें संभवतः बाँसवाड़ा के भील उनका सहयोग कर रहे थे। ब्रिटिश इतिहासकार मैलेसन[1] ने इसके उलट लिखा है कि भील उन्हें लूटने की योजना बना रहे थे। वह लिखते हैं-

"भील उन बाग़ियों का ऐसे पीछा कर रहे थे, जैसे गिद्ध एक घायल खरगोश का करते हैं"

जबकि उस क्षेत्र के अन्य ब्रिटिश अधिकारी चार्ल्स शॉवर इसका खंडन करते हैं। भीलों ने तात्या की कदम-कदम पर मदद ही की, और वे विद्रोह में शामिल थे। ऐसा लगता है कि अंग्रेज़ इतिहासकारों ने भीलों, संथालों और गुर्जरों को बाग़ी के बजाय लुटेरा अधिक बनाया, और कुछ हद तक यही भारतीय जनमानस में दर्ज़ कराया गया। प्रतापगढ़ में तात्या टोपे के बाग़ी सिपाहियों की सीधी टक्कर अंग्रेजों से हुई, जहाँ भीलों ने उनका साथ दिया। विवरणों के अनुसार तात्या को सुरक्षित

---

1   केये, जॉन और मेलेसन, हिस्ट्री ऑफ द इंडियन म्यूटिनी ऑफ 1857-58, लॉन्गमेन्स ग्रीन, 1898

निकाल कर ही भील बाँसवाड़ा लौटे।

1 जनवरी को छीपाबडौद नामक स्थान पर एक बार फिर तात्या टोपे को घेर लिया गया। मेजर पैगेट[1] ने संस्मरण में लिखा है,

"सफेद घोड़े पर सवार सफ़ेद लिबास में एक व्यक्ति उनका नेतृत्व कर रहा था। वह तलवार लहराते हुए बाग़ियों को गोली चलाने कह रहा था। तभी एक गोली उसके घोड़े को लगी और वह गिर पड़ा। बाग़ी उसे बचाने के लिए भागे... वह तात्या टोपे ही था"

9 जनवरी को राव साहब, मान सिंह, फ़िरोज शाह और तात्या टोपे के मिलने की योजना थी। नियत समय पर राव साहब और फ़िरोज शाह इंद्रगढ़ में मिले। मान सिंह वहाँ नहीं पहुँचे। और तात्या टोपे? क्या वह वाकई छीपाबडौद में मारे गए?

अगले महीनों में अजीबोग़रीब रिपोर्ट आ रही थी-"तात्या टोपे अपनी पहचान बदल कर राम सिंह के नाम पर रह रहा है...झाँसी के निकट एक जील जंग नामक आदमी देखा गया, जो संभवतः तात्या है....चंबल के जंगलों में एक राव सिंह नामक आदमी तात्या टोपे हो सकता है"

7 अप्रिल को मेजर मीड ने दावा किया कि तात्या टोपे के ख़ास दोस्त मान सिंह की मदद से उन्होंने 'असल' तात्या को गिरफ़्तार कर लिया है![2]

✳ ✳ ✳

"कितना है बद-नसीब 'ज़फ़र' दफ़्न के लिए
दो गज़ ज़मीन भी न मिली कू-ए-यार में"

आखिरी मुग़ल बादशाह को छुप-छुपा कर नहीं, बल्कि एक काफ़िले की तरह दिन की रोशनी में दिल्ली से इलाहाबाद बैलगाड़ियों पर ले जाया जा रहा था। इसके लिए गंगा और यमुना के मध्य उसी दोआब से गुजरना था, जो कुछ ही समय पहले बग़ावत की आग में जल रहा था। इस यात्रा से काफ़ी हद तक यह स्पष्ट था

---

1   पैगेट, लियोपोल्ड ग्रीमस्टों, कैम्प एंड कैंटोनमेंट-ए जर्नल ऑफ़ लाइफ इन इंडिया इन 1857-59, ब्रिटिश लाइब्रेरी, 1865

2   टोपे, पराग, तात्या टोपेज ऑपरेशन रेड लोटस, रूपा एंड कंपनी, 2009

कि अंग्रेज़ अपनी पकड़ बना चुके थे। यह एक शक्ति-प्रदर्शन भी हो सकता है कि जनता को स्पष्ट दिखा दें उनके नेता आत्मसमर्पण कर चुके हैं।

ब्रिटिशों के अनुसार ज़फ़र और उनका परिवार भी दिल्ली से निकल कर राहत महसूस कर रहा था, और बैलगाड़ियों में खुशनुमा माहौल था। यह बात अटपटी लगती है, लेकिन मिर्ज़ा ग़ालिब के 'दस्तबूं' के अनुसार दिल्ली मुसलमानों के लिए महफ़ूज़ नहीं रही थी। हर रोज़ सात-आठ रसूखदार मुसलमानों को फाँसी दी जाती, या गोली मार दिया जाता। जिस समय बादशाह वहाँ से निकले, उस वक़्त दिल्ली में बमुश्किल हज़ार मुसलमान परिवार रह गए थे, जिनमें अगर अभिजात्य मुसलमान ढूँढे जाएँ तो सिर्फ़ ग़ालिब ही बच गए थे। कई अन्य जैसे ज़हीर देहलवी आदि दिल्ली से प्रवास कर गए थे। एक शहज़ादा मिर्ज़ा अब्दुल्ला तो टोंक भाग कर गए, और भिखारियों की तरह भटक कर मर गए। झज्झर के नवाब और बल्लभगढ़ के राजा को फाँसी पर लटका दिया गया।

27 जनवरी, 1858 को स्वयं बादशाह बहादुर शाह ज़फ़र की पेशगी हुई, और उन पर मुक़दमा शुरू हुआ। उन्हें समझाया गया कि वह स्वयं को 'निर्दोष' (not guilty) ही कहें, तभी राहत मिलेगी। लेकिन, एक-एक कर गवाह आते गए, आदेशनामे निकलने लगे जिन पर बादशाह के हस्ताक्षर थे। इसमें कोई शक तो था भी नहीं कि बादशाह की कोई भूमिका नहीं थी। यह तो उन्हें जान-बूझ कर बेइज्जत करने और ब्रिटिश न्याय दिखाने के लिए किया जा रहा था।

आखिर बादशाह ने अपना कथन दर्ज़ किया[1]-

"मुझे बग़ावत के शुरू होने से पहले कोई खबर नहीं थी...मैंने उनसे कहा भी कि यहाँ से चले जाएँ...मैं ख़ुदा की कसम खा कर कहता हूँ कि मैंने फ़्रेजर साहब या किसी फ़िरंगी अफ़सरान के कत्ल के हुक्म नहीं दिए...जहाँ तक मेरे दस्तख़तों और मुहरों का सवाल है, तो जिस दिन बाग़ी क़िले में आए, मैं उनका क़ैदी बन कर रहा और उनके हुक्म की तामील की...जो भी किया, बाग़ियों ने किया। मैं आखिर

---

1 प्रोसीडिंग्स ऑन द ट्रायल ऑफ़ मुहम्मद बहादुर शाह, टाइच्युलर किंग ऑफ़ दिल्ली, बिफ़ोर ए मिलिट्री कमीशन, अपॉन ए चार्ज ऑफ़ रिबेलियन, ट्रीज़न एंड मर्डर, दिल्ली, 27 जनवरी 1858 पृष्ठ 131-33

                    1857 हमने सुनी कहानी थी

कर भी क्या कर सकता था?...मैं तो क़िला छोड़ कर फ़क़ीर बन जाना चाहता था...कुतुब साहिब, और अजमेर के बाद मक्का जाना चाहता था...ख़ुदा जानता है कि मैंने जो भी लिखा है, सच लिखा है।"

सभी गवाहों और बादशाह के कथन के बाद 9 मार्च को ब्रिटिशों की तरफ़ हैरियट ने अपनी दलील रखी,

"मुजरिम सिर्फ़ एक बादशाह नहीं, इंडिया के मुसलमानों के ख़लीफ़ा हैं... इसमें कोई शक नहीं कि यह साजिश मुसलमान मज़हब के लोगों ने पूरी तैयारी के साथ की थी...हमारे पास पुख़्ता सबूत हैं कि बादशाह ने फ़ारस और तुर्की तक चिट्ठियाँ भेजी और इसे एक मज़हबी ज़िहाद बनाया...यहाँ के नागरिकों को यह समझ लेना चाहिए कि ईसाईयत उनके लिए कोई खतरा नहीं है, और इसे जिहाद बनाने की कोशिशें ग़लत हैं"

उसी शाम फ़ैसला सुनाया गया,

"मुजरिम बहादुर शाह ज़फ़र पर लगाए गए सभी आरोप सही करार दिए जाते हैं...उन्हें अंडमान द्वीपसमूह अथवा गवर्नर जनरल परिषद द्वारा निर्धारित किसी स्थान पर निर्वासित किया जाएगा"

सवाल यह है कि जब मार्च में ही फ़ैसला हो गया, तो अगले छह महीने से अधिक तक उन्हें भेजा क्यों नहीं गया? ऐसा लगता है कि बग़ावत पर पूरी तरह से नियंत्रण के बाद ही ब्रिटिश ऐसा कोई रोड-शो रखना चाहते थे। यह भी संभव है कि स्थान पर सहमति नहीं बन रही थी। अंडमान, दक्षिण अफ़्रीका और बर्मा में एक जगह चुनी जा रही थी। बादशाह की उम्र भी अधिक थी, तो किसी तरह का यातनापूर्ण जीवन कठिन था।

दिल्ली में थॉमस मेटकाफ़ एक-एक कर मुग़लों के निशान नेस्तनाबूद कर रहे थे। ग़ालिब ने उर्दू बाज़ार, खानुम बाज़ार, ख़ास बाज़ार के खत्म होने का ज़िक्र किया, वहीं तमाम मस्जिद और इमामबाड़े भी सपाट कर दिए गए। लाल क़िला और जामा मस्जिद भी टूट जाते, अगर लॉरेंस जैसे कुछ संवेदनशील अंग्रेज़ न होते।

नवंबर के अंत में बहादुरशाह ज़फ़र को मिर्ज़ापुर के रास्ते गंगा नदी पर स्टीमर से कलकत्ता ले जाया गया, और 4 दिसंबर 1858 को एचएमएस 'मगर' पर चढ़ा

कर रंगून के लिए रवाना कर दिया गया।

बहादुरशाह ज़फ़र ने स्वयं को अगर विद्रोह से अलग किया, तो इसमें कोई पूर्ण विसंगति नहीं थी। जैसा हम पढ़ चुके हैं कि मेरठ के बाग़ी सिपाहियों के लाल क़िले आने के बाद उनको लगभग जबरन नेतृत्व पकड़ाया गया। इसके पीछे की राजनैतिक और मज़हबी उद्देश्यों पर भी बात हुई है। लेकिन, अगर वह वाकई इस विद्रोह के शीर्ष नेतृत्व थे, तो इसके सफल होने की संभावना भी नगण्य थी। न उनकी उम्र थी, न वह मिज़ाज और न युद्ध-कौशल।

दूसरी तरफ़ नाना साहेब, उनके दीवान अज़ीमुल्ला ख़ान और फ़ैज़ाबाद के मौलवी अहमदुल्ला शाह शुरुआत में इस विद्रोह के मास्टर-माइंड की तरह नज़र आते हैं। लेकिन, ये हस्तियाँ 1858-59 में धीरे-धीरे गायब होने या नेपथ्य में जाने लगती है। कुंवर सिंह, हजरतमहल, लक्ष्मीबाई, तात्या टोपे और राव साहब जैसे नाम उभरते हैं, जो अपने-अपने अंदाज़ और कौशल से कमान संभालते हैं। अगर नाना साहेब वाकई विद्रोह का नेतृत्व कर रहे थे, तो शुरू से अंत तक इसे दिशा देते? अब तो खैर उनकी वह चिट्ठी भी सार्वजनिक है, जिसमें उन्होंने स्वयं को विद्रोह से अलग किया, जिसके अंश पहले प्रस्तुत किए हैं।

इतिहासकार आर. सी. मजूमदार अपनी पुस्तक[1] में नाना साहेब का निर्मम आकलन कुछ इस तरह करते हैं,

'नाना साहेब (और उनके सहयोगी तात्या टोपे एवं अज़ीमुल्ला ख़ान), झाँसी की रानी और कुंवर सिंह का 1857 के नायकों के रूप में बहुत ऊँचा स्थान है। लेकिन इनमें से पहले, जिनकी चर्चा सबसे अधिक होती है और जो सबसे सुविख्यात हैं, वह इस श्रेय के सबसे कम हकदार है। ऐसा नहीं लगता कि उन्होंने किसी महान राजनैतिक आंदोलन की नींव रखी, और अगर रखी भी, तो कोई ख़ास सफलता नहीं पायी। एक सेनापति के रूप में वह पूरी तरह असफल रहे, और कानपुर में हैवलॉक से बुरी तरह पराजित हुए...हालाँकि अंग्रेजों ने उन पर जिन क्रूरताओं के आरोप लगाए, वह उचित नहीं और उनकी जो मलिन छवि बनायी

---

1   मजूमदार, आर सी, सेप़ॉय, म्यूटिनी एंड द रिवोल्ट ऑफ़ 1857, कलकत्ता ओरिएंटल प्रेस, 1957

    1857 हमने सुनी कहानी थी

गयी, वह भी ग़लत है। लेकिन भारत के नाम पर जो महिलाओं और बच्चों से क्रूर हिंसा की गयी, उसमें उनकी अप्रत्यक्ष भूमिका नकारना कठिन है...

नाना के जीवन का आखिरी समय जो नेपाल में बीता, उसकी चर्चा यहाँ उपयुक्त नहीं। एक निष्पक्ष इतिहासकार को यह अंततः स्वीकारना होगा कि नाना साहेब के जीवन या मृत्यु में ऐसा कुछ भी नहीं कि उन्हें एक नायक, एक शहीद या एक महान नेता समझा जाए। जनमानस में जो उनके प्रति प्रेम और आदर आज तक कायम है, उसकी वजह उनकी ब्रिटिश-विरोधी विद्रोही छवि है, जिसने बाद में भारतीय राष्ट्रवाद के उदय में भूमिका निभायी।"

इस उद्धरण के साथ यह प्रश्न दोहराता हूँ कि नाना साहेब आखिर गए कहाँ? कयास लगते हैं कि वह 1858 में नेपाल प्रवास कर गए। क्या वह तात्या टोपे से संपर्क में थे? गाहे-बगाहे कुछ पुरानी चिट्ठियाँ आज भी उभरती रहती है कि वह बाद में नैमिषारण्य में संत बन कर रहे। लेकिन, यहाँ विद्रोह के समय की बात हो रही है, जब उनकी सबसे अधिक ज़रूरत थी।

दरअसल अंग्रेज़ भी स्पष्ट नहीं थे कि आखिर चल क्या रहा है। यह राव साहब कौन हैं, कहाँ से आ गए? तात्या टोपे जीवित हैं या मर गए? आखिर कोई नाना साहेब थे भी या नहीं? मैं ब्रिटिश कंफ्यूजन के उदाहरण के लिए नागपुर के कमिश्नर की चिट्ठी पेश करता हूँ, जो अपनी अलग ही 'कंसपिरेसी थियरी' दे रहे थे-

"मुझे लगता है कि तात्या टोपे ही नाना है। रही बात तात्या, राव साहेब और नाना साहेब की पहेली की, तो मुझे लगता है कि दो-दो नाना हैं। पहला नाना दिवंगत बाजीराव पेशवा का दत्तक पुत्र है, जो सभी दस्तावेज़ों में मौजूद है। मगर वह (ढोंढू पंत) ग़लती से नाना नाम से दर्ज हो गया। दरअसल पेशवा के सूबेदार रामचंद्र पंत का बेटा तात्या टोपे ही नाना है...और राव साहेब ढोंढू पंत का भतीजा नहीं, बल्कि असल नाना यानी तात्या टोपे का छोटा भाई है"

इस चिट्ठी को किसी भी कोण से सत्यापित नहीं किया जा सकता, हालाँकि ख़ारिज करना भी कठिन है। लेकिन, ऐसी चिट्ठी बताती है कि अंग्रेज़ अधिकारी भी पूरी तरह स्पष्ट नहीं थे। उनके पास कोई पक्की पहचान या तस्वीरें नहीं थी। अगर

नहीं थी, तो जिन्हें मान सिंह की मदद से गिरफ़्तार किया गया, वह तात्या टोपे ही थे, इसका क्या सबूत है?

तात्या के वंशज पराग टोपे अपनी शोधपरक पुस्तक में कई तथ्यों से गुजर कर इस निष्कर्ष पर पहुँचते हैं कि तात्या का देहांत जनवरी 1859 में छीपाबडौद में ही हो गया था। उनका यह भी मानना है कि राव साहब ने उनका दाह-संस्कार भी उसी वक्त कर दिया। बाद में जब मान सिंह पर दबाव बना, तो उन्होंने समझौता करते हुए एक नकली तात्या टोपे को पेश कर दिया। संभवतः मेजर मीड भी यह जानते थे कि वह जिसे फाँसी देने जा रहे हैं, वह तात्या टोपे हो ही नहीं। इसकी कुछ हद तक पुष्टि इस हड़बड़ी में निपटाए जाने वाले घटनाक्रम से होती है।

कलकत्ता से 11 अप्रिल 1859 को ब्रिगेडियर नेपियर ने टेलीग्राफ़ भेजा, “मैं इंदौर के रेज़िडेंट के समक्ष तात्या टोपे के ट्रायल के लिए आ रहा हूँ”

12 अप्रिल को गुना-इंदौर डिविज़न से चिट्ठी भेजी गयी, “तात्या टोपे को कल शिवपुरी में फाँसी दे दी गयी। उसकी पूरी शिनाख्त कर ली गयी थी, और उसने अपने बयान दर्ज़ कर दिए थे।”[1]

नाना साहेब और अन्य बाग़ियों के नेपाल प्रवास, तात्या टोपे की मृत्यु और बहादुरशाह ज़फ़र के रंगून निर्वासन के बाद विद्रोह को अंग्रेजों ने ‘दी एंड’ मान लिया। दिल्ली, अवध और मध्य भारत से पूर्ण शांति की रिपोर्ट आने लगी। इसके बाद का इतिहास-लेखन पहले से अधिक कठिन हो जाता है। अब नायक-खलनायक चुनने की बारी थी, जिसमें हर किसी ने अपने पक्ष तय करने शुरू कर दिए। ब्रिटिश इतिहासकारों ने लगभग हड़बड़ी में इसका इतिहास लिखना शुरू कर दिया। भारतीयों ने भी कुछ संस्मरण लिखे, मगर खुल कर लिख पाना तो कठिन था। दमन और फांसी के डर से चिट्ठियाँ दबा दी गयी।

आज के इतिहास-पाठ में समस्या यह है कि यह बात तो अब डेढ़ सौ वर्ष से अधिक पुरानी हुई, जिसमें कम से कम दो पीढ़ियाँ तो निकल गयी। यानी प्राथमिक स्रोत मिलने की संभावना नगण्य है। कोई अगर कहे कि उसने अपने दादा-परदादा के माध्यम से कुछ सुना, तो उसे उसी तरह दर्ज़ करना होगा। लेकिन, उन पर भी

---

1   टोपे, पराग, तात्या टोपेज ऑपरेशन रेड लोटस, रूपा एंड कंपनी, 2009

                                1857 हमने सुनी कहानी थी

क्षेत्रीय, जातीय और धार्मिक नायकत्व के मुलम्मे चढ़ जाते हैं। शंकाओं और मतांतर का स्थान घट जाता है। 'ऐसा भी हो सकता है' के बजाय 'ऐसा ही हुआ था' पर विश्वास करना कठिन है। इतिहास में से नायकत्व छाँट कर उसका मानवीय पक्ष, उसकी कमजोरियाँ, उसके दोष भी रखे जाएँ, तो उसका वजन बढ़ जाता है। जैसे एलोपैथिक दवाओं पर कई लोग इसलिए भी भरोसा करते हैं क्योंकि वह ऊँचे दावे करने के बजाय अपने लिफ़ाफ़े में कुप्रभाव (साइड-इफेक्ट) और दोष/वर्जन पर अधिक बल देता है। भरोसेमंद आयुर्वेदिक चिकित्सक भी चमत्कारी दावों के बजाय उसके गुण-दोष अवश्य बताते हैं।

इस भूमिका के साथ नाना साहेब विषयक एक चिट्ठी अंश यहाँ 'गदर के फूल' से उद्धृत करता हूँ जो दीनदयाल दीक्षित ने अमृतलाल नागर को लिखी, हालाँकि यह भी प्राथमिक स्रोत नहीं थी। इसमें भी अपने पूर्वजों के नाम के साथ स्वाभाविक रूप से वीर-रस का उपयोग किया गया है, लेकिन अन्य स्रोतों को देख कर इसकी अधिकांश बातें मेल खाती है।

"जिला बाराबंकी में कस्बा बदोसराय के उत्तर में...हजरतपुर नामक एक ग्राम है...

लखनऊ पतन के पश्चात बेगम हजरतमहल, युवराज बिरजिस क़ादिर, नाना ढोंढू पंत, राणा बेनीमाधव सिंह, बौंडी के राजा हरदत्त सिंह तथा गोंडा नरेश देवी बख्श सिंह गुप्त रूप से यहीं एकत्र हुए थे। नवाबगंज, बहरामघाट आदि स्थानों पर देशभक्त वीरों ने मोर्चे लगा दिए थे...वे लोग अपने नेताओं के हितों की रक्षा के लिए प्राण देने को तैयार थे।

रात को लगभग दो बजे इन नेताओं ने अपने रक्षकों के साथ चौका घाट तथा सरहदा घाट से घाघरा नदी को पार किया। प्रातः काल वे घाघरा नदी के उस पार राजा बौंडी के गढ़ी पहुँच गए...बहराइच जिला से नेताओं का यह दल गोंडा जिले में प्रवेश करते हुए नेपाल की ओर बढ़ गया। अंग्रेज़ी सेना इस दल का पीछा कर रही थी। बौंडी गढ़ी धरास्त कर दी गयी। गोंडा के गढ़ में राजा देवी बख्श सिंह अंग्रेज सेना को रोकने के लिए डट गए। तब तक यह दल तुलसीपुर पहुँच चुका था। तुलसीपुर से यह दल देवी पाटन के आगे जरवा-मार्ग से नेपाल में प्रवेश कर

गया। तुलसीपुर की रानी ने अंग्रेजों की सेना को रोकने में वीर-गति प्राप्त की।

राजा देवी बख़्श सिंह का साथ छूट गया था। अब केवल नाना साहेब, बौंडी के राजा, बेगम हजरतमहल, बिरजिस क़ादिर, और उनके रक्षकों में पं. भवानीशंकर दीक्षित...साथ थे।

नेपाल के जंगलों में बहुत से साथी बीमार होकर स्वर्ग सिधार गए। बेगम हजरतमहल और नाना साहेब में मतभेद हो गया। बेगम युवराज और अपने साथियों को लेकर काठमांडू चली गयी। नाना साहेब और भवानीशंकर दीक्षित उत्तर पश्चिम के घने जंगलों की ओर बढ़ते चले गए..."

अब एक पल के लिए इस वर्णन में रुक कर यह ढूँढना चाहिए कि इनमें से अंग्रेजों से लड़ते हुए किनकी मृत्यु हुई। वह नाम कहीं वाक्यों के मध्य खो तो नहीं गया? क्या उनका ज़िक्र नाना साहेब, बेगम हजरतमहल या रानी लक्ष्मीबाई जितना ही किया गया? क्या हम उनका नाम दुबारा ढूँढना चाहेंगे? अगर हाँ, तो कैसे?

यह कार्य इतिहास के विद्यार्थियों का है।

सन सत्तावन का धुआँ

1857 में ग़लती कहाँ हुई? इस विषय पर दर्जनों आकलन मिल जाएँगे। मैं उनमें भिन्न-भिन्न पक्षों को चुन कर प्रस्तुत करने का प्रयास करूँगा। शुरुआत ब्रिटिश आकलनों से करता हूँ, क्योंकि उनकी कमजोरी का अंदाज़ा उन्हें बेहतर होगा।

थॉमस मेटकाफ़ ने लिखा[1]-

"क्या यह सिपाही विद्रोह था या एक पूर्वनिर्धारित जन-क्रांति? क्या वे ब्रिटिशों को निकाल कर एक स्वतंत्र भारतीय राज्य स्थापित करना चाहते थे? शुरुआती सफलताओं और भारी संख्या के बावजूद वे असफल क्यों हुए?

अंतिम निष्कर्ष तो यही निकला कि ब्रिटिश साम्राज्य के पास अपार संसाधन और शक्ति थी, जिसका भारत में प्रयोग के लिए वे तैयार थे...चाहे कितना भी बलिदान देना पड़े, 1857 के सबसे बुरे वक्त में भी किसी अंग्रेज़ को भारत त्याग कर जाने की इच्छा नहीं थी।

दूसरी तरफ़, बाग़ियों ने शुरुआती बढ़त का फ़ायदा नहीं उठाया। अगर सिपाही संगठित होकर न सिर्फ़ दिल्ली, बल्कि कलकत्ता की ओर भी कूच करते तो निष्कर्ष कुछ और हो सकता था। वे एक बार बंगाल की खाड़ी पर कब्जा कर लेते तो ब्रिटिश बुरी तरह फँस जाते। बाग़ी इतने अधिक असंगठित और बिखरे हुए थे, कि उन्हें मालूम ही नहीं था कि करना क्या है। नेतृत्व का व्यापक अभाव था। ग्वालियर के बाग़ी महीनों तक आदेश का इंतज़ार करते रहे, और हताश होकर बिखरते चले गए।

बाग़ी नेतृत्व के अपने स्वार्थ भी इस कदर शामिल थे कि ब्रिटिशों के लिए उन्हें अलग-अलग हराना आसान था। अगर वे सभी एकजुट होते, एक योजना

---

1   मेटकाफ, थॉमस, द आफ्टरमाथ ऑफ रिवॉल्ट, प्रिंसटन यूनिवर्सिटी प्रेस, 1964

से चलते, तो उनसे मुक़ाबला करना असंभव होता। जैसा सर जॉन लॉरेंस ने भी कहा कि उन्हें ज़रूरत थी मात्र एक अदना नेता कि जिस पर वे सभी आँख मूँद कर विश्वास करते। जिस तरह ब्रिटिशों की एक आदेश-पद्धति थी, वैसी भारतीयों की नहीं थी।"

आकलन अपनी जगह ठीक लगता है, लेकिन आदेश-पद्धति आती कहाँ से? सैकड़ों रियासतों में बँटा भारत किसके आदेश मानता? जहाँ तक जनता के नेता उभरने की बात है, वह तो तभी मुमकिन होता, जब आम-सभाएँ होती। मीडिया के साधन होते। गुप्त रूप से किए आंदोलन में एक जन-नेता का उभरना इतना आसान नहीं। उस समय तो दुनिया में ही इस तरह के क्रांति के मॉडल बहुत कम थे।

8 जुलाई 1859 को नवाब वाजिद अली शाह को फोर्ट विलियम से रिहा कर यह स्थापित किया गया कि विद्रोह का अब पूर्णतः अंत हो चुका है। 28 जुलाई को लॉर्ड कैनिंग ने कहा[1],

"युद्ध खत्म हुआ। विद्रोह समाप्त हुआ। अब उन क्षेत्रों से भी गोलियों की आवाज़ नहीं सुनाई देती, जहाँ बाग़ियों का वर्चस्व था। इसलिए अब बड़ी सैन्य-शक्ति या दमन की आवश्यकता नहीं। अब भारत में शांति बहाल की जाएगी।"

इस खबर को सुन कर कार्ल मार्क्स के साथी फ्रेडरिक एंजल्स ने लेख लिखा कि अभी कुछ खत्म नहीं हुआ, बल्कि यह तो क्रांति की शुरुआत थी। उन्होंने लिखा[2],

"यह ठीक है कि ब्रिटिशों ने भारत पर पुनः क़ब्ज़ा कर लिया है। बंगाल से शुरू हुआ विद्रोह अब आखिरी सांसे गिन रहा है। लेकिन, अंग्रेज़ों ने जो क्रूर दमन किए और कर रहे हैं, वह जनता में उनके लिए प्रेम तो कतई नहीं जगा सकता। हिंदुओं और मुसलमानों में ईसाईयों के प्रति नफ़रत घटने की बजाय बढ़ गयी है... इतना ही नहीं, मुझे रूसी और ब्रिटिश साम्राज्य के मध्य टक्कर की आशंका अब

---

1   डेविड, सॉल, द इंडियन म्यूटिनी, गार्डनर बुक्स, 2003

2   मार्क्स, कार्ल, द फर्स्ट इंडियन वार ऑफ इंडिपेंडेंस 1857-1859, प्रोग्रेस पब्लिशर्स, 1988

अधिक दिखने लगी है। साइबेरिया और भारत के मध्य पेकिंग (चीन) में एक युद्ध हो सकता है…अगर ऐसा हुआ तो क्या मालूम भारत के सिपाही रूस के कोसैक से ऑक्सस में मिलें। उस दिन डेढ़ लाख भारतवासी (सिपाहियों) का ब्रिटिश-विरोध फिर से उबल पड़ेगा।"

✳ ✳ ✳

"हैफ़ समझा है न वो क़ातिल-ए-नादाँ वरना
बेगुनाह मारने के काबिल यह गुनहगार न था"
-राकिम जान आलम अख़्तर के एक खत से[1], 1858

ब्रिटेन की महारानी विक्टोरिया ने आत्मसमर्पण की तारीख़ बढ़ा कर 1 जनवरी 1859 कर दी। उस दौरान धीरे-धीरे छोटे ज़मींदारों ने ब्रिटिश सरकार को अपना विश्वास-पत्र सौंप दिया। तीन समूहों के साथ समस्या कुछ और थी-पहले वे सामंत जिनका विद्रोह और फिरंगी-विरोधी हिंसा में सीधा योगदान थे, दूसरे वे बाग़ी सिपाही जिनको क्षमा-दान की सुविधा नहीं मिली, तीसरे वे ग्राम्य जातीय समूह जिन पर हिंसा और लूट-पाट के व्यापक आरोप लगे।

मोटे तौर पर देखें तो पहले समूह के लोग नेपाल भाग गए, फांसी पर चढ़ाए गए या उनकी जमीनें हड़प ली गयी। कुछ ने समझौता (या मुख़बिरी) कर अपने लिए कुछ बेहतर स्थिति भी बनायी।

दूसरे समूह यानी तिलंगों में से कुछ को फाँसी हुई, कुछ कारागार में या काला पानी (अंडमान) में भेजे गए, कुछ पहचान छुपा कर गिरमिटिया जहाजों में सुदूर द्वीपों पर मजदूरी करने भी गए (जिन पर विस्तार से 'कुली लाइंस' पुस्तक में चर्चा की है)।

तीसरे समूह को सबसे कठिन सजा झेलनी पड़ी, क्योंकि उनके समुदाय को ही 'ब्लैक लिस्ट' कर दिया गया। यह मान्यता है कि 1871 में लाए गए 'आपराधिक जनजाति अधिनियम' (क्रिमिनल ट्राइब्स एक्ट) में गुर्जरों और पासियों को शामिल करने के पीछे विद्रोह में प्रतिभागिता एक कारण हो सकता है। उनके अतिरिक्त

---

1   नागर, अमृतलाल, गदर के फूल, प्रकाशन शाखा, सूचना विभाग, उत्तर प्रदेश, 1957

मुसहर, नोनिया, लोदी, डोम, चमार आदि को भी 'पैदाइशी' अपराधी की तरह देखा गया।

नेपाल भागने में भी समस्या यह थी कि वहाँ के प्रधानमंत्री जंग बहादुर राणा तो स्वयं ब्रिटिशों के साथ अवध विजय में शामिल थे। उन्हें ईनाम के तौर पर ब्रिटिशों ने कुछ हड़पी ज़मीनें भी वापिस कर दी। 15 जनवरी 1859 को उन्होंने आदेशनामा निकाला कि बेगम हजरतमहल को शरण नहीं दी जाएगी, और ब्रिटिश सैनिकों को बाग़ियों को पकड़ने के लिए नेपाल आने की इजाज़त दी। हालाँकि यह भी कयास लगते हैं कि राणा 'डबल गेम' खेल रहे थे, अन्यथा सभी बाग़ी भाग कर नेपाल ही क्यों आते? उनकी पोज़ीशन कुछ ऐसी थी कि दोनों से संबंध बना कर रखने थे।

नेपाल की तराई में यूँ भी जीवन दूभर ही था। दिसंबर 1859 तक अमर सिंह (कुंवर सिंह के भाई), ज्वाला प्रसाद (नाना साहेब के सेनापति) और बरेली के वयोवृद्ध बाग़ी नेता ख़ान बहादुर ख़ान नेपाल से गिरफ़्तार कर लिए गए। अमर सिंह गोरखपुर जेल में खुद ही मर गए, बाकी दो को फाँसी दे दी गयी। बेगम हजरतमहल के सहयोगी मम्मू ख़ान को भी फाँसी मिली। माना जाता है कि स्वयं बेगम को राणा ने अंततः शरण दी, और वह 1879 में काठमांडू में मर गयी। बाद में बाग़ बाज़ार, काठमांडू में उनकी एक कथित कब्र ढूँढी गयी।

नाना साहेब एक किंवदंती बनते गए। कानपुर के मजिस्ट्रेट के अनुसार ज्वाला प्रसाद ने उन्हें बताया कि नाना का दाह-संस्कार नेपाल में ही हो गया। यह मुमकिन है कि ऐसा बरगलाने के लिए कहा गया हो। कई अफ़वाहें चलती रही, जिनमें नैमिषारण्य (सीतापुर), शिहोर (गुजरात) से लेकर इस्तांबुल तक उनके होने की संभावना रही। उनके भाई बाबा भट्ट, बाला साहेब और कथित भतीजे राव साहब भी गुमनाम रहे। अज़ीमुल्ला ख़ान के विषय में रिपोर्ट मिले कि वह एक फ़िरंगी प्रेमिका मिसेज क्लेटन के साथ पश्चिम एशिया भाग गए और इस्तांबुल के पास मरे (अथवा मारे गए)।

जो बच गए, भागने में सफल हुए, वह किसी ब्रिटिश-विरोधी या मुखर राष्ट्रवादी गतिविधि में उसके बाद नहीं दिखे। जिनको सजा मिली, उन्हें मौत मिली या ज़िल्लतें बर्दाश्त करनी पड़ी। यहाँ मैं कुंवर सिंह के सहयोगी हरकिशुन सिंह के ट्रायल से एक उद्धरण दे रहा हूँ,

"...मुजरिम का नाम शाहाबाद में जुलाई, 1857 से ही खौफ़ का पर्याय हो गया था। इस निर्दयी व्यक्ति ने तमाम बाग़ियों और अपने भाइयों के साथ मिल कर क्रूरतम अपराध किए। इलाके में इसकी तानाशाही चलती थी और इसके भय के कारण इसकी बात अंतिम सत्य की तरह मानी जाती थी।

सभी गवाहों और दस्तावेज़ों को देखने के बाद मुझे एक भी ऐसी वजह नहीं मिली कि इसे क्षमा-दान मिले। मेरा आदेश है कि इसे आरा जेल से निकाल कर उसी जगदीशपुर चौक पर लाया जाए, जहाँ इसने तमाम क्रूरताओं को अंजाम दिया। वहीं जनता के समक्ष इसे लटका कर फाँसी दी जाए।

इसकी संपत्ति पहले ही जब्त कर ली गयी, इसलिए उस विषय में आगे कुछ कहने की आवश्यकता नहीं...

-आर जे रिचर्डसन, सेशन जज एवं स्पेशल कमिश्रर,
शाहाबाद, 17 दिसंबर 1859"

अगर सजाएँ मिली, तो ईनाम भी मिले। जिन राजा-नवाबों ने अंग्रेजों का खुल कर सहयोग किया, उन्हें कुछ अधिक। जो तटस्थ रहे, उन्हें कुछ कम।

पंजाब के जिन सिख राजाओं ने दिल्ली पर पुनः कब्जे में प्रत्यक्ष अथवा अप्रत्यक्ष सहयोग दिया, उन्हें सम्मानित किया गया। जिंद के राजा स्वरूप सिंह ने 'बदली की सराय' में निर्णायक लड़ाई में अपनी सेना भेजी थी। उन्हें ग्यारह तोपों की सलामी, दिल्ली में एक बड़ा बंगला, लाख रुपए की ज़मीन और एक महत्वपूर्ण पदवी मिली-'Most cherished son of the true faith'।

पटियाला महाराज नरिंदर सिंह ने पश्चिम से दिल्ली पर आक्रमण के लिए सड़क मार्ग और संसाधनों में सहयोग दिया। हालाँकि उन पर बाग़ियों से बातचीत के सबूत भी थे, लेकिन एक धनाढ्य और शक्तिशाली राजा होने और पर्याप्त ब्रिटिश सहयोग देने के नाते उन पर अभियोग नहीं लगे। उन्हें भी दिल्ली में बंगला और तीन लाख रुपए की जमीन मिली। उन्हें पदवी मिली-Choicest son of British Government.

इसी तरह नाभा के राजा को भी सम्मानित किया गया। यह सूची जब लंबी होती गयी, तो एक बाक़ायदा 'दरबार सूची' बनी, जिस पर आगे चर्चा करूँगा।

ग्वालियर के सिंधिया महाराज को अंग्रेज़ों ने विशेष सम्मान दिया। उन्हें अपनी सेना 3000 से 5000 करने की अनुमति मिली और तीन लाख से अधिक मूल्य की ईनामी ज़मीन मिली। यह बताने की ज़रूरत नहीं कि ये तमाम ज़मीन किसी से छीन कर ही किसी को मिल रहे थे, या उनकी ही पुरानी ज़मीन मिल रही थी। जैसे सिंधिया को मोरार छावनी और कुछ गाँव मिल गए, और उनकी रियासत अब 25 हज़ार वर्ग मील से भी बड़ी हो गयी, जिससे उनका खजाना बढ़ता ही गया।

मुसलमान नवाबों में हैदराबाद के निज़ाम को सबसे अधिक तोहफ़े मिले। उनकी पुरानी हड़पी ज़मीनें वापस मिल गयी। उन पर लगभग पाँच लाख पाउंड का कर्ज था, जो माफ़ कर दिया गया, और शोरापुर की संपत्ति दी गयी। नेपाल के राणा जंग बहादुर राणा को नाइटहुड (GCB) मिला, और पहले के कुछ अधिकृत जमीन वापस मिले।

सबसे महत्वपूर्ण बात यह हुई कि जहाँ से यह सारा मसला शुरू हुआ था, वही खत्म कर दिया गया। लॉर्ड कैनिंग ने महारानी विक्टोरिया के निर्देश पर 'हड़प नीति' (डॉक्ट्रिन ऑफ़ लैप्स) ख़ारिज कर दी। इंदौर के होलकर महाराज जिनके संतानों की मृत्यु हो गयी थी, उन्हें दत्तक पुत्र को उत्तराधिकारी बनाने की आज्ञा मिली। अगर यही नीति पहले आ जाती तो शायद विद्रोह ही नहीं होता, या कम से कम कुछ रियासत तो नहीं ही शामिल होते।

इसी तरह छोटे ज़मींदारों को भी बाग़ी ज़मींदारों से छीन कर ज़मीन की बंदोबस्ती मिली। जैसे गोंडा और बोंडी की रियासतें जब्त कर ली गयी। कुछ ऐसे भी उदाहरण हैं जहाँ बग़ावत के समय बग़ावत में भाग लिए, और जब यह खत्म हुआ तो वापस विश्वासपत्र दाखिल कर दिया। यह प्रायोगिक निर्णय था। जैसे भयारा के किदवई परिवार से एक उद्धरण (देखें-ग़दर के फूल) रखता हूँ जो इस अंतर्द्वंद्व को खूब बयाँ करता है,

<blockquote>
"बावन गाँव किदवारा
सबसे बड़ा भयारा"
</blockquote>

यह भयारा हमारे खानदान की ज़मींदारी में शुरू से रहा है...जब हिंदू-मुसलमान फौजें हज़ारों की तादाद में लखनऊ की ओर से बढ़ीं...मेरे दादा शेख यासिन अली किदवई भी अपनी छोटी-मोटी टुकड़ी लेकर क़ौम के जानिसारों के हज़ूम में शामिल हो गए...मगर जब लड़ाई बिगड़ी तो इन लोगों के पैर उठ गए। बहादुर तो बस एक बलभद्रसिंह था। खैर तो मेरे दादा भी लड़े मगर उनके सारे सिपाही कट गए...मेरे दादा ख़ुद भी ज़ख़्मी थे...बच जाने के बाद बहादुरों की हालत कुछ अजीब हो जाती है।

लड़ाई में जूझ जाना आसान है मगर फाँसी चढ़ कर मरना किसी को अच्छा नहीं लगता। इसलिए फाँसी के डर से मेरे दादा भागे-भागे फिरे। इलाका दूसरों के पास चला गया। बाद में जब यह ऐलान हुआ कि जिन्होंने लड़ाई के मैदान के अलावा किसी निहत्थे गोरे, मेम, बच्चे को नहीं मारा, उसे हम माफ़ कर देंगे; तब हमारे दादा अदालत में हाज़िर हुए। बयान दिया, तब हमारा भयारा वापस मिला।"

इस प्रकरण का तर्क यह हो सकता है कि मिट्टी से प्रेम सिर्फ़ नारे लगाना नहीं, बल्कि उसे पीढ़ी-दर-पढ़ संभालना, सींचना भी था। जब ज़मीनी बंदोबस्ती छीन कर किसी दूसरे भारतीय को ही मिलनी थी, तो कोई इस कारण क्यों गँवाए कि उसने विद्रोह में भाग लिया। नैतिक रूप से तो ईनाम उन्हें मिलना चाहिए था, अथवा उन ज़मींदारों द्वारा स्वयं ही वापस कर देना चाहिए था जिन्हें मिली थी।

खैर, भावनाओं में न बहते हुए, पुनः सपाट इतिहास की ओर बढ़ता हूँ। मैं 1857 के बाद जन्मे इतिहास लेखकों के आकलन पर बाद में आऊँगा, पहले उन लोगों के कथन देख लूँ, जो उस समय मौजूद थे। जिन लोगों ने अपनी आँखों से यह सब देखा था, वे क्या सोचते थे।

सैयद अहमद ख़ान बिजनौर में कंपनी के मुलाजिम थे, और उन्होंने 'ग़दर' शब्द के प्रयोग में योगदान दिया। यह शब्द बाद में इंक़लाबी (क्रांति) रूप में बहुत उपयोग हुआ। लेकिन इसका अनुवाद mutiny या rebellion भी बनता था और अंग्रेजों ने उसी अर्थ में लिया। इस मामले में यह दुनिया का अनूठा घटनाक्रम है, जिसमें शब्दों को लेकर खूब उठा-पटक हुई और आज तक चल ही रही है। कई अंतर्द्वंद्व भी हैं।

सावरकर ने इसे अंग्रेजों के विरुद्ध स्वतंत्रता संग्राम कहा, लेकिन ऐसे कई हिन्दुत्ववादी हैं जो अंग्रेजों के आभारी हैं कि मुग़लों से निजात दिलायी। कई आधुनिक मार्क्सवादी इसे संग्राम नहीं मानते, जबकि कार्ल मार्क्स की पुस्तक ही प्रथम स्वतंत्रता संग्राम शीर्षक से है। कई मुसलमान इसे आज़ादी से जोड़ते हैं, जबकि 1857 के बाद सबसे प्रखर मुसलमान नेता सैयद अहमद ख़ान ऐसा नहीं मानते थे।

सैयद अहमद ख़ान ने बिजनौर के अपने रिपोर्ताज़ में लिखा,

"हर आदमी को दुनिया की घटनाओं के विषय में सोचना चाहिए, और उसके निष्कर्षों से सीख लेना चाहिए। जो हिंसा की उथल-पुथल चली, वह हिंदुस्तानियों की कृतघ्नता का परिणाम थी। ऐसे कई लोग हैं जिन्होंने सिर्फ़ अंग्रेज़ी शासन देखा है, या उसी शासन में पैदा हुए। इसलिए उनकी दृष्टि ब्रिटिश शासन से प्रभावित है...आपने संभवतः वह अन्याय और दमन नहीं देखा, जो ब्रिटिश शासन के पहले के शासकों द्वारा हो रहा था। क्या गरीब और क्या अमीर, हर किसी पर विपदा आयी थी। अगर आप अपना इतिहास जानते तो अंग्रेजों का महत्व समझते, और ख़ुदा का शुक्र कहते...

आप याद करिए उन मुसलमान शासकों का समय जब यह (बिजनौर) जिला स्थापित हो रहा था। किस तरह हिंदुओं को बरबाद किया गया, लूटा गया, मारा गया...जिले के रईसों को अपनी ज़मीन छोड़ कर भागना पड़ा...मुसलमान इस बात से खुश न हों कि नवाबों ने उनको बख़्श दिया। वह तो सिर्फ़ इसलिए कि उन्हें आपकी ज़रूरत थी। एक बार वह अपनी गद्दी जमा लेते, तो अपने मज़हब के लोगों के साथ भी वैसा ही बुरा बर्ताव करते...

जब नवाब अपनी जगह पक्की कर रहे थे, तो चौधरी हिंदुओं ने भी अपनी ताक़त बढ़ाई। फिर हमारे पूर्वजों को हिंदुओं का स्वाद मिला, जब मुसलमानों के घर लूटे गए। आप पता करिए कि कितने घर बरबाद हुए, लुटे, मारे गए।

अंग्रेज़ों ने इस जिले पर चौवन वर्ष राज किया। किसी हिंदू या मुसलमान ने कोई परेशानी उठायी? क्या वे पुराने शासकों की अपेक्षा अधिक क्रूर थे? इतिहास के पन्ने पलट कर देखिए कि पुराने शासकों की क्रूरता से इनकी तुलना हो भी

1857 हमने सुनी कहानी थी

सकती है या नहीं...हमें यह मान लेना चाहिए कि ब्रिटिश शासन मुग़लों से कहीं बेहतर है।”

सैयद अहमद ख़ान पर सवालिया निशान लगाने से पहले सम्यक रूप से स्थिति समझनी चाहिए।

चूँकि 1857 में मुसलमान अभिजात्य वर्ग पूरी तरह अंग्रेजों के निशाने पर आ गया था, कई लोग मारे जा रहे थे; दिल्ली और लखनऊ के उनके सांस्कृतिक गढ़ नेस्तनाबूद हो रहे थे, उन्हें यह भय था कि मुसलमानों को पूरी तरह से ‘कॉर्नर’ कर दिया जाएगा। इस कारण वह मुसलमानों का भविष्य पाश्चात्य शिक्षा और ब्रिटिश नियमों से चलने में ही देखते थे।

यह मात्र इत्तफ़ाक़ नहीं था कि 1857 में ही कलकत्ता, मद्रास और बंबई में विश्वविद्यालयों की नींव पड़ रही थी। अंग्रेज़ों के शासन को भारी समर्थन मिल रहा था। ग़दर के बाग़ियों को बृहत् भारतीय जनमानस ने अगले कुछ दशक तक ठंडे बस्ते में डालना ही ठीक समझा।

इस जिन्न को कुछ दशकों बाद वापस निकाला गया, जब राष्ट्रवाद की लौ जलानी थी।

❊ ❊ ❊

“हमें जनता ने चुन कर गद्दी पर नहीं बिठाया। हमें सत्ता मिली क्योंकि हम नैतिक रूप से श्रेष्ठ थे, हमारी परिस्थितियाँ बेहतर थी, और ईश्वर का आशीर्वाद था।”

-जॉन लॉरेंस

अंग्रेजों को 1857 के बाद स्वयं को बदलना पड़ा। ईस्ट इंडिया कंपनी तो खत्म हुई ही, अन्य आमूल-चूल परिवर्तन भी हुए। ऐसा लग रहा था कि वे अब दो-तीन सौ वर्षों तक तो कहीं नहीं जाने वाले। ‘एम्प्रेस ऑफ इंडिया’ का बेशकीमती ताज महारानी विक्टोरिया के सर पर था और भारत की जनता भी ब्रिटिश शासन की खूबियाँ ढूँढने में मशगूल थी। भरोसा दिलाया जा रहा था कि अब भारतीयों को ब्रिटिश नागरिक की तरह ही देखा जाएगा, और एक समान न्याय होगा।

लेजिस्लेटिव काउंसिल में भारतीय अनौपचारिक सदस्यता लाने की बात हुई। ब्रिटेन के स्तर की शिक्षा, और भारतीयों को लंदन जाकर उच्च शिक्षा प्राप्त करने की सुविधा मिली। अधिक भारतीयों को प्रशासनिक सेवाओं में सम्मिलित होने के की संभावना दिखी। प्रबुद्ध भारतीय उत्साहित थे, और 'रक्त से भारतीय, मन से अंग्रेज' बनने की दिशा में अग्रसर थे।

लेकिन सिपाही विद्रोह का क्या? ब्रिटिश अब कुछ ऐसे कदम उठाना चाहते थे कि ऐसी नौबत फिर कभी न आए।

पहली चीज कि यूरोपीय सैनिकों का अनुपात बढ़ा कर 1:2 कर दिया गया। ऐसी कोई बड़ी छावनी नहीं छोड़ी गयी, जहाँ ब्रिटिश टुकड़ियाँ न हो। एक सशक्त आदेश और दंड प्रणाली बनायी गयी, जिसमें वरिष्ठ के पास अपने जूनियर को अनुशासित करने के अधिक साधन थे।

दूसरा कदम यह कि भारतीय सिपाहियों की वेतन और सुविधाएँ बढ़ा दी गयी। उनकी बहाली भी सख्त की गयी। एक स्पष्ट अंतर यह दिखने लगा कि अवध और बंगाल के सवर्ण सिपाही घटते गए। पंजाब के सिख और पठान, गुरखा, और निचली जाति के हिंदुओं की बहाली बढ़ गयी। ब्राह्मणों, अवध के मुसलमानों और राजपूतों को सेना से दूर रखने के कदम उठाए गए। लॉर्ड नैपियर ने दो दशक बाद टिप्पणी की,

"अब हमारी फौज पहले से अधिक अनुशासित है। हमारे फौजी धार्मिक भावनाओं से नहीं भड़कते, और किसी भी मुहिम के लिए सदैव तैयार रहते हैं"

सिपाहियों की समस्या निपटाने के बाद ज़मींदारी पर निर्णय लेना था। ब्रिटिशों का निष्कर्ष यही रहा कि भारतीय जनमानस राजा-नवाबों और ज़मींदारों में विश्वास और श्रद्धा रखता है। इस कारण इस प्रथा को खत्म करने के बजाय इसे अपने फ़ायदे के लिए उपयोग किया जाए। यानी इन सामंतों को अपना विश्वासपात्र बनाया जाए। इलाहाबाद में लॉर्ड कैनिंग ने एक दरबार आयोजित कर तालुकदारों को आमंत्रित किया, और उन्हें विश्वास दिलाया कि उनका अधिकार बना रहेगा। बल्कि जिन विद्रोही ज़मींदारों की बंदोबस्ती छीनी गयी, वह उन्हें बाँट दिया जाएगा।

1861 में अवध के तालुकदारों ने एक बाक़ायदा ब्रिटिश इंडियन एसोसिएशन

बनाया[1], जिसने ब्रिटिश सत्ता में अपना पूर्ण विश्वास जताया। बलरामपुर के महाराज दिग्विजय सिंह इसके अध्यक्ष बने, मान सिंह उपाध्यक्ष और एक बंगाली ब्राह्मण बाबू दक्षिणा रंजन मुखर्जी सचिव। धीरे-धीरे अंग्रेज़ों ने एक ब्रिटिश समर्थक कुलीन नस्ल तैयार कर ली, जिन्हें वह गाहे-बगाहे तमाम पदवियाँ भी देते रहते।

लॉर्ड कैनिंग की टिप्पणी थी, "हम अगर बाहर से जनता पर प्रशासन थोपते, तो शायद जनता हम से पुनः भड़क जाती। इससे बेहतर यही है कि हम उन लोगों को ही अपना प्रशासनिक और राजस्व अधिकारी बना दें, जिनका यहाँ की जनता पर खानदानी रुतबा रहा है।"

लॉर्ड कैनिंग के ये आख़िरी निर्णय काम आए, और अगले नब्बे वर्षों में वाकई कोई बड़ा संगठित हिंसक सिपाही या सामंत विद्रोह नहीं हुआ। हालाँकि बीस छोटे सिपाही विद्रोह गिने जाते हैं, लेकिन उन्हें सैन्य इतिहास में 1857 के निकट नहीं माना जाता।

लॉर्ड कैनिंग का कार्यकाल डलहौजी के किए-धरे को भुगतने, विद्रोह की आग झेलने, उसके बाद के क्रूर दमन का भागी बनने, और महारानी के सर पर भारत का ताज सुनिश्चित करने में बीत गया। 1861 में उनकी पत्नी भारत में ही मर गयी, और अगले वर्ष वह इंग्लैंड पहुँच कर मर गए।

❊ ❊ ❊

यह आश्चर्यजनक है कि लगभग ढाई साल की दोतरफ़ा हिंसा के बाद अचानक सब कुछ शांत हो गया। अगर बाहर से शांत हो भी गया तो भावनाएँ कैसे बदल गयी? कैसे गाँवों की जनता यह भूल गयी कि कुछ ही महीने पहले भारतीय पेड़ों पर लटकाए जा रहे थे? अंग्रेज़ कैसे भूल गए कि उनको और उनके परिजनों को खदेड़ कर, घेर कर मारा जा रहा था? लंदन के अखबार कानपुर नरसंहार से भरे पड़े थे, और लॉर्ड मकाले ने कहा था-

"मैं एक पशु या पक्षी को भी मरते हुए देखता हूँ तो दुख होता है, लेकिन उस नाना (साहेब पेशवा) को तो मैं रवैलाक की तरह तड़प-तड़प कर मरता देखना चाहूँगा"

---

1   बंगाल में पहले से यह मौजूद था

(रवैलाक ने फ्रांस के हेनरी चतुर्थ की हत्या की थी, और सजा के तौर पर उसके शरीर को चार घोड़ों द्वारा चीर दिया गया था)

थॉमस मेटकाफ़ का आकलन है कि ब्रिटिशों और भारतीयों के मध्य सिर्फ़ दिखावटी प्रेम ही बचा, और अंदर से उनकी नस्लीय नफ़रत बढ़ती ही चली गयी। अगर विद्रोह नहीं होता, तो संभवतः ब्रिटिशों और भारतीयों में सामुदायिक संबंध (शादियाँ आदि) भी हो सकते थे। यह भी संभव था कि मिशनरी के माध्यम से ईसाइयत अपनी पकड़ बेहतर बनाती। लेकिन, 1857 ने इन दो समुदायों को पूरी तरह दो फाँक में बाँट दिया। अंग्रेज़ भारतीयों को एक भूरी और घृणित नस्ल की तरह ही देखने लगे, और उनमें मालिक-नौकर की भावना अधिक आ गयी।

1861 में एच एम डूरांड ने लखनऊ से अपनी पत्नी को चिट्ठी लिखी,

“मैंने अपने अंदर उबलते गुस्से को जैसे-तैसे संभाल कर रखा है, मगर मैं कुछ भी भूला नहीं हूँ। पहले मैं यहाँ के वासियों को बहुत पसंद करता था, घुलता-मिलता था, लेकिन अब मैं उन्हें हिकारत की नज़र से ही देखता हूँ।”

कई अंग्रेजों के अंदर मुसलमान-विरोधी भावना भी आयी। हालाँकि हिंदू भी विद्रोह में बड़ी संख्या में थे, और कुंवर सिंह से लक्ष्मीबाई तक ने नेतृत्व भी संभाले, लेकिन एक समुदाय के रूप में उन्हें मुसलमान अधिक हिंसक लगे। हिंदुओं में उन्होंने कुछ जातियों को ज़रूर ब्लैकलिस्ट किया, और क्रिमिनल ट्राइब कहा, लेकिन हिंदू अभिजात्य वर्ग को उन्होंने भीरू और कुछ हद तक अंग्रेज़-परस्त मानना शुरू किया।

ऐसा सरकारी नौकरियों में बहालियों से भी स्पष्ट होता है। 1886-87 तक बंगाल प्रांत में कुल 171 हिंदू डिप्टी-कलक्टर बने, जबकि मात्र 26 मुसलमान; 46 सहायक न्यायाधीश हिंदू थे, और सिर्फ़ एक मुसलमान। हालाँकि अवध और उत्तर पश्चिम प्रांत में यह अनुपात कुछ बेहतर था।

इसकी एक वजह यह भी थी कि हिंदुओं का शहरी समुदाय अंग्रेजी शिक्षा में बढ़-चढ़ कर शामिल हो रहा था, जबकि मुसलमान दिल्ली और लखनऊ के हताशे से बाहर नहीं आए थे। सर सैयद अहमद ख़ान ने यह भाँपते हुए ही 1860 में एक पर्चा छापा-‘लॉयल मोहम्मदन्स ऑफ़ इंडिया’, जिसमें उन्होंने मुसलमानों

के ब्रिटिश शासन में विश्वास को ज़ाहिर किया। लेकिन उनका साथ कई मुसलमान भी नहीं दे रहे थे, क्योंकि अभी-अभी तो ग़दर का वक्त गुजरा था।

1875 में मोहम्मदन एंग्लो-ओरिएंटल कॉलेज की स्थापना कर वह मुसलमानों का एक नया अभिजात्य वर्ग स्थापित कर रहे थे, जो अचकन पहन पान खाते सिर्फ़ शायरियाँ नहीं करते, बल्कि सूट-बूट में अंग्रेज़ी बोलते हुए ब्रिटिशों से संबंध बनाते। उनके बनाए इस वर्ग ने ही काफ़ी हद तक ब्रिटिश राज में मुसलमानों के लिए अलग इलेक्टॉरेट (और बाद में अलग मुल्क) की भी ज़मीन बनायी।

वहीं हिंदुओं में भी न सिर्फ़ सांस्कृतिक नवजागरण, बल्कि धार्मिक सुधार और वैचारिक विमर्श चलने लगे। इस विषय पर कुछ विस्तार से 'रिनैशाँ' पुस्तक में चर्चा की है, इसलिए यहाँ दुबारा लिखने की ज़रूरत नहीं।

यह कहा जा सकता है कि जहाँ एक तरफ़ 1857 ने भारतीय जनमानस में एक हताशा और हीन-भावना लायी, वहीं दूसरी तरफ़ एक सामूहिक चेतना का भी संचार किया। आत्म-विश्लेषण कर अपने-अपने समुदाय की कमजोरियों में झाँकने को विवश किया। 1857 का सबसे बड़ा हासिल यह रहा कि इसने भारत को 'रीबूट' कर दिया।

रीबूट दुनिया भी हो रही थी। भारत उपनिवेशवाद का सबसे बड़ा हासिल था। औद्योगिक क्रांति उफ़ान पर थी। शक्तियों का संघर्ष अवश्यंभावी था।

ईस्ट इंडिया कंपनी ने तो भारत में अपना शतक पूरा कर लिया; लेकिन आत्मविश्वास से लबरेज़ ब्रिटिश सरकार बनी-बनायी ज़मीन पर भी नर्वस नाइंटीज़ की शिकार हो गयी।

संदर्भ

1. केये, जॉन और मेलेसन, हिस्ट्री ऑफ द इंडियन म्यूटिनी ऑफ 1857-58, लॉन्गमेन्स ग्रीन, 1898

2. चंद्रा, उषा, सन सत्तावन के भूले बिसरे शहीद, प्रकाशन विभाग, 1986

3. पामर, जे ए बी, द म्यूटिनी आउटब्रेक एट मेरठ इन 1857, कैंब्रिज यूनिवर्सिटी प्रेस, 1966

4. गुप्ता, प्रतुल चंद्र, नाना साहेब एंड द राइजिंग एट कानपुर, क्लैरेंडोन प्रेस, 1963

5. मेटकाफ, थॉमस, द आफ्टरमाथ ऑफ रिवॉल्ट, प्रिंसटन यूनिवर्सिटी प्रेस, 1964

6. फोर्ब्स-मिशेल, विलियम, रिमिनेशेंसेस ऑफ ग्रेट म्युटिनी, मैकमिलन एंड कंपनी, 1910

7. टोपे, पराग, तात्या टोपेज ऑपरेशन रेड लोटस, रूपा एंड कंपनी, 2009

8. दत्ता, के के, बायोग्राफी ऑफ कुंवर सिंह एंड अमर सिंह, के पी जयसवाल रिसर्च इंस्टीच्यूट, 1957

9. मजूमदार, आर सी, द सिपॉय म्यूटिनी एंड द रिवॉल्ट ऑफ 1857, फर्मा के एल मुखोपाध्याय, 1957

10. फॉरेस्ट, जी, डब्ल्यू (संपादन), लेटर्स, डिस्पैचेज एंड अदर स्टेट पेपर्स, मिलिट्री डिपार्टमेंट प्रेस, 1902

11. फिचेट, डब्ल्यू एच, द टेल ऑफ द ग्रेट म्यूटिनी, सानी पहवार द्वारा पुनर्प्रकाशित, 1903

12. शेरर, जे डब्ल्यू, हैवलॉक्स मार्च ऑन कानपुर 1857, थॉमस नेल्सन एंड सन्स, 1910

13. मेटकाफ, चार्ल्स (अनुवादक), टू नेटिव नैरेटिव्स ऑफ द म्यूटिनी इन दिल्ली, आर्चीबाल्ड कॉन्सटेबल एंड कंपनी, 1898

14. चौधरी, शशि भूषण, इंग्लिश हिस्टोरिकल राइटिंग्स ऑन इंडियन म्यूटिनी 1857-59, वर्ल्ड प्रेस प्राइवेट लिमिटेड, 1979

15. मार्क्स, कार्ल और एंजेल्स, फ्रेडरिक, द फर्स्ट इंडियन वार ऑफ इंडिपेंडेंस, फॉरेन लैंग्वेजेज पब्लिशिंग हाउस, मास्को, 1960

16. टेलर, डब्ल्यू, द पटना क्राइसिस, जेम्स निस्बत कंपनी, 1858

17. डैलरिंपल, विलियम, द लास्ट मुगल, ब्लूम्सबरी, 2008

18. मैकिंजी, ए आर डी, म्यूटिनी मेमोइर्स, पायोनियर प्रेस, 1891

19. मुखर्जी, रुद्रांशु, मंगल पांडे, पेंगुइन, 2005

20. फुएस्ट, इलीसे, इंडियन मुस्लिम माइनरीटीज एंड द 1857 रिबेलियन, आइ बी टॉरिस, 2017

21. वर्ड, आर डब्ल्यू, अवध की लूट, अनुवाद – राजेंद्र पांडे, हिंदी समिति, 1966

22. हिल्टन, ई एच, द टूरिस्ट गाइड टू लखनऊ, मेथोडिस्ट पब्लिशिंग हाउस, 1907

23. कूर्सी, एन डी, द फिशिंग फ्लीट, हार्पर कॉलिंस, 2012

24. सिंह, हरलीन, द रानी ऑफ झाँसी, कैंब्रिज, 2014

25. दत्ता, कालीकिंकर, द संताल इनसरेक्शन ऑफ 1855-57, यूनिवर्सिटी ऑफ कलकत्ता, 1940

26. गॉट, रिचर्ड, ब्रिटेन्ज एंपायर, वर्सो, 2011

27. पिल्लई, मनु, फाल्स एलाइज, जगरनॉट, 2021

28. डेविड, सॉल, द इंडियन म्यूटिनी, गार्डनर बुक्स, 2003

29. खान, सैयद अहमद, द कॉजेज ऑफ द इंडियन रिवॉल्ट, मेडिकल हॉल प्रेस, 1873

30. सिधु, अमरपाल, द फर्स्ट एंग्लो सिख वार, एंबरले, 2013

31. डैलरिंपल, विलियम और आनंद, अनीता, कोहिनूर, ब्लूम्सबरी, 2017

32. हिबर्ट, क्रिस्टोफर, द ग्रेट म्यूटिनी, वाइकिंग, 1978

33. राइट, चार्ल्स, मेमोइर ऑफ जॉन लोवरिंग कुक, जेंस निस्बत, 1873

34. सावरकर, विनायक दामोदर, 1857 का स्वातंत्र्य समर, प्रभात प्रकाशन, 2020

35. बेट्स, क्रिस्पिन (संपादक), म्यूटिनी एट द मार्जिंस, सेज, 2013

36. बार्नस, ग्रेगरी, द इंडियन म्यूटिनी 1857-58, ऑस्प्रे, 2007

37. मुखर्जी, रुद्रांशु, अ बेगम एंड अ रानी, पेंगुइन, 2021

38. दासगुप्ता, सुब्रत, अवेकनिंग, रैंडम हाउस, 2010

39. भट्ट, विष्णु और वरसायकर, गोडसे, 1857 – द रियल स्टोरी ऑफ द ग्रेट अपराइजिंग, अनुवाद-मृणाल पांडे, हार्पर कॉलिंस, 2011

40. देहलवी, ज़हीर, दास्ताने ग़दर, अनुवाद – राना सफ़वी, पेंगुइन, 2017

41. टेलर, पी जे ओ, क्रोनिकल्स ऑफ म्यूटिनी एंड अदर हिस्टोरिकल स्केचेज, हार्पर कॉलिंस, 1992

42. एबॉट, हरबर्ट एडवर्ड स्टेसी, पर्टिकुलर्स ऑफ द म्यूटिनी एट दिल्ली ऑन द 11 मई 1857, 1857

43. रोजेट्टी, क्रिस्टीना, द कंप्लीट पोएम्स, पेंगुइन क्लासिक्स, 2001

44. चड्ढा, किरण, डलहौजी थ्रू माई आइज, ग्राफिक लॉजिस्टिक, 2017

45. मार्शमैन, जॉन क्लार्क, द हिस्ट्री ऑफ इंडिया, सीरामपुर प्रेस, 1863

46. पैगेट, लियोपोल्ड ग्रीमस्टों, कैंप एंड कैंटोनमेंट-ए जर्नल ऑफ़ लाइफ इन इंडिया इन 1857-59, ब्रिटिश लाइब्रेरी, 1865

47. ग़ालिब, मिर्ज़ा, दस्तंबू – 1857 की डायरी, राजकमल प्रकाशन, 2012

48. प्रोसीडिंग्स ऑन द ट्रायल ऑफ़ मुहम्मद बहादुर शाह, टाइच्युलर किंग ऑफ़ दिल्ली, बिफ़ोर ए मिलिट्री कमीशन, अपॉन ए चार्ज ऑफ़ रिबेलियन, ट्रीज़न एंड मर्डर, दिल्ली, 27 जनवरी 1858

49. हॉल, जॉन जेम्स, टू मॉन्थ्स इन आरा इन 1857, स्पॉटिश्वुड एंड कंपनी, 1860

50. बेंसन, आर्थर क्रिस्टोफर और ईशर विस्काउंट (संपादक), द लेटर्स ऑफ़ क्वीन विक्टोरिया वॉल्यूम 2, जॉन मुर्रे, 1908

51. बेट्स, क्रिस्पिन, म्यूटिनी ऐट द मार्जिंस, सेज पब्लिकेशंस, 2013